# POR UM BEIJO
# ETERNO

*Américo Simões Garrido Fh*
*Ditado por Clara*

# POR UM BEIJO
# ETERNO

*Barbara*

*Revisão:* Sumico Yamada

*Projeto gráfico e diagramação:* Meco Simões

*Foto capa: Oliver Rossi/Corbis/Latinstock*

Edição 2015/2016
8000 exemplares

ISBN 978-85-99039-45-8

**Índices para catálogo sistemático:**
1. Romances espíritas psicografados: Espiritismo

BARBARA EDITORA
Rua Primeiro de Janeiro, 396 - 81
Vila Clementino - São Paulo - SP
CEP: 04044-060
Tel.: (11) 26158082
(11) 992084999 - (11) 55815472

E-mail:barbara_ed@estadao.com.br
americo.simoes@uol.com.br
www.barbaraeditora.com.br

Todos os direitos reservados. Proibida a reprodução total ou parcial desta obra, por qualquer forma ou meio, seja ele mecânico ou eletrônico, fotocópias, gravação etc., tampouco apropriada ou estocada em sistema de bancos de dados, sem permissão expressa do editor (lei n° 5.988, de 14/12/73).

A descoberta da mediunidade geralmente ocorre através de algum fenômeno (porque o que se destaca no meio espírita geralmente é o fenômeno e não a sensibilidade) o que geralmente causa temor, dependendo do contexto familiar.

*Maria Aparecida Martins*
*autora do livro Mediunidade e Auto-Estima*

"Auxilia aos outros, tanto quanto puderes. Cada pessoa que hoje te encontra talvez seja amanhã a chave de que necessitas para a solução de numerosos problemas."

"É exatamente disso que a vida é feita: de momentos! Momentos pelos quais temos que passar, sendo bons ou não, para o nosso próprio aprendizado, por algum motivo. Nunca nos esquecendo do mais importante: nada na vida é por acaso."

*Chico Xavier*

*Dedicado a todos os médiuns do Brasil e do mundo...*

# Apresentando-me

Meu nome é Cristal Adkins, nasci em 16 de outubro de 1980 no bairro do Brooklin, cidade de Nova York, Estados Unidos da América. Sou filha única de Walter e Susan Adkins e tenho atualmente 23 anos de idade.

Atualmente resido sozinha em Manhattan, o bairro mais cobiçado e glamoroso de Nova York. A tradição americana dita que todo filho, ao completar seus 18 anos de idade, deve deixar a casa dos pais para ir morar só ou numa *república* para aprender a assumir suas responsabilidades. Meus pais nunca levaram a tradição à risca, sendo filha única, acho que nunca o fariam. Fui eu quem quis alugar um apartamento e assumir a minha vida por completo logo depois de conseguir um estágio remunerado em Propaganda e Marketing, a matéria que estava cursando na Universidade de Nova York (NYU).

Se fui feliz, dando esse grande passo na minha vida? Fui. Ajudou a ocupar minha mente, desviá-la do que sempre temi, o dom misterioso que o universo me deu e até hoje não sei ao certo o porquê: o dom da mediunidade.*

---

*Adaptações foram feitas na narrativa desta história, para que o leitor pudesse compreendê-la de forma mais direta.

# Primeiro Capítulo

É 2003 e estamos no mês de novembro cujos dias já não são mais iluminados pelo sol escaldante com o qual nos acostumamos no verão*. Estou num crematório em Detroit**, Michigan, Estados Unidos, uma região muito erma.

Vim de Nova York para a cerimônia de cremação do pai de minha amiga Maryann Brandon. Não poderia deixá-la num momento tão doloroso como este.

Confesso que estive muito poucas vezes num crematório. Para falar bem a verdade, acho que essa é a minha segunda vez. Não estou participando da cerimônia do adeus, não gosto desse tipo de cerimônia, não só por ser dolorosa, mas por motivos que explicarei adiante.

Nunca consegui compreender o porquê de velar uma pessoa, deixá-la exposta a amigos e inimigos, pois num velório vai sempre todo tipo de gente. Por que não deixar para todos apenas a memória da pessoa em vida? É menos doloroso.

Enquanto espero a cerimônia terminar, dou uma volta pelos belos jardins que rodeiam o crematório. De longe é um lugar aprazível, de perto, há muita tristeza espalhada pelo chão.

Sempre tive curiosidade de saber por que uns preferem ser cremados depois de mortos e outros não. Os que não, seria por questões religiosas? Porque sua religião não aprova a crema-

---

*Nos Estados Unidos, o outono acontece quando é primavera no Brasil. Quando é inverno lá, é verão aqui e assim por diante.
**Detroit é a cidade mais populosa do estado norte-americano do estado do Michigan. (Nota do Autor).

ção? Se a cremação fosse vista com bons olhos pelas religiões, haveria muito mais pessoas, optando por serem cremadas após a morte? Haveria outro motivo para elas repudiarem o método? Uma fobia, talvez? Medo de despertar da morte, fenômeno chamado catalepsia* e se deparar com o forno ou quem sabe até, sentir as chamas, mesmo estando morto? O espírito seria capaz de senti-las?

Subitamente, meus olhos pousam num portão que fica na parte baixa do crematório. Um local como se fosse o *basement*** de uma casa. Deve ser por ali que entram os corpos no local. Sinto, de repente, vontade enorme de ver com os meus próprios olhos, o que se passa lá dentro, como procedem com a cremação.

Ouvi dizer que os cadáveres não são cremados assim que termina a cerimônia de despedida com a família. Muitos ficam ali, guardados em congeladores, até que chegue o momento certo da cremação.

Dizem que agem assim porque se torna muito caro acender a fornalha para cremar somente alguns corpos, por isso aguardam juntar um número que compense.

Outros afirmam que é por causa do espírito. Segundo os médiuns, muitos espíritos têm dificuldade de se desligar do corpo físico, por isso devem aguardar pelo menos sete dias para que não presenciem o processo que pode ser chocante ou mal interpretado por eles mesmos. Médiuns, alertam, entretanto, que devem-se cremar os corpos de pessoas envolvidas em acidentes para que o espírito pare de sofrer pelo acontecimento.***

Qual será o verdadeiro motivo?

Chego ao portão, tento espiar, mas não há nenhuma fresta por onde eu possa sondar. Resultado: frustração. Noto

---

*A catalepsia patológica faz com que uma pessoa pareça morta quando não está. No passado muita gente foi enterrada viva por essa razão. Antigamente acreditava-se que pacientes com catalepsia, tinham revivido, por milagre divino ou por magia negra. **Porão. ***Dados segundo Francisco Cândido Xavier.

que ele está destrancado. Não sei por que a vontade de espiar lá dentro vibra mais forte em mim. Espanto-me comigo, pois nunca fui de bisbilhotar nada. No entanto, a curiosidade me aperta até a alma. Abro com cuidado o portão, até uma posição que eu possa pôr a cabeça para dentro. Não há muito para se ver. Não vejo vivalma. Sinto-me atraída a entrar no local. Respiro fundo e entro. Não sei por que sinto tão forte atração em ver o que se passa ali com meus próprios olhos. Sigo por um curto corredor, ligeiramente largo que finda no que me parece ser uma sala subterrânea. Meu coração palpita. Entro na sala sem me dar conta. Meus olhos saltam. O medo toma conta de mim. Há pessoas ali, aterrorizadas diante de um rapaz, por volta dos dezenove anos, apontando uma arma na direção deles. Deixo escapar um leve grunhido. Todos voltam o olhar na minha direção.

O rapaz, trêmulo, aponta a arma para mim e diz num tom desesperado:

– Para cá, vamos!

Eu, que nunca estivera antes sob a mira de um revólver, sinto um frio atingir minha espinha.

– Eu disse para cá! – berra o rapaz em total descontrole.

Eu atendo sua ordem, junto-me as outras pessoas que estão ali, visivelmente apavoradas.

O rapaz continua empunhando a arma na nossa direção e ordena:

– Faça o que eu pedi, agora!

Um rapaz, certamente funcionário do crematório, tenta mais uma vez se explicar:

– Eu não posso fazer o que me pede, rapaz, não é permitido.

A voz rasgada do jovem interrompe o que ele diz:

– Se vocês não fizerem o que eu estou mandando, eu atiro! Juro que atiro!

– Calma, moço, por favor – suplica outro funcionário.

– Eu atiro! – reforça o rapaz com a arma em punho.

– Não estrague a sua vida!
O jovem, trêmulo, caminha até o funcionário e encosta a ponta do revólver em sua testa e brame:
– É a sua última chance!
O funcionário que está ao lado manifesta-se:
– Jack, não custa nada atender ao pedido do rapaz.
– É verdade – concorda Jack, soando frio. – Está bem, meu rapaz, pode abaixar essa arma, nós vamos fazer o que nos pede.
O jovem grita:
– Agora!
Eu jamais havia visto tanta ansiedade e desespero nos olhos de alguém. É de dar pena.
Até o momento não estou entendendo nada. Absolutamente nada. Só compreendo o que se passa quando o funcionário de nome Jack vai até a geladeira, com diversas portas, e abre uma delas. Puxa então para fora o cadáver do que me parece ser um rapaz. De onde estou não posso ver direito, pois estou a certa distância do local. Além do mais, estou tão assustada com tudo, que minha visão se embaralha e minha mente parece não mais conseguir concatenar direito as ideias.
Quando o rapaz armado se vê diante do corpo estirado naquela espécie de maca, ele abaixa a arma e rompeu-se num choro agonizante.
Abraça o morto com força enquanto o pranto se intensifica.
– Não! Não é justo – lamenta, chorando convulsivamente.
Eu e os funcionários do crematório olhamos para a cena, consternados. É impossível olhar com outros olhos. É impossível também impedir que algumas lágrimas rolem por nossas faces. A cena é deveras tocante.
Acho que todos ali chegam a pensar como eu, que tudo o que vemos é irreal. Todos estamos tendo o mesmo pesadelo e, dentro em breve, despertaremos. É só uma questão de espera.

O jovem, um espécime belo e robusto, lança-me um olhar apreciativo, apesar de sua raiva. Quando consegue falar, diz:
— É meu irmão! Meu amado irmão.
Tenho a impressão de que todos ali se compadecem da sua dor.
— Eu tinha de vê-lo, entende? — continua o rapaz desesperado. — Abraçá-lo, pela última vez.
O desabafo causa novamente grande impressão em todos nós.
Ele abraça ainda mais o corpo sem vida do irmão e acrescenta:
— Não consegui chegar a tempo, não tinha teto no aeroporto da cidade onde eu estava para que os aviões decolassem.
As palavras finais são cortadas ao meio por outra forte crise de choro.
— Eu o amava — prossegue ele, com voz sumida —, o amava mais do que tudo. Como isso foi acontecer com ele? Por quê? Por que ele que era tão jovem e tão bom?
Os olhos de todos ali brilham mais uma vez, comovidos com as palavras do rapaz que invadiu o crematório para poder ver e abraçar o irmão pela última vez.
Ele deveria saber, sim, certamente, que os corpos só são cremados dias depois de chegarem ali, por isso, foi até lá, à mão armada, para exigir que lhe mostrassem o corpo do irmão, para que pudesse abraçá-lo e beijá-lo como fazia agora.
Enquanto ele tem outra crise de choro, eu, intimamente prometo a mim mesma, protegê-lo, com persistência, das consequências que ele terá por ter invadido o crematório daquela forma.
Quando dou por mim, noto que há mais alguém ali conosco. Um rapaz quase da minha idade está parado a pouco mais de um metro de onde me encontro, olhando fixamente para aquele que abraça desesperadamente o cadáver do irmão amado. Entrara, certamente, sem que o notássemos. Diante do choque do que víamos, ninguém ali notaria a chegada de mais alguém.

*11*

Trata-se de um moço com um rosto simpático e encantador e há algo em torno dele que me encanta. Pergunto-me se já não vira aquele rosto antes, mas pouco me importo com a resposta que eu mesma possa me dar, nada agora é mais importante para mim do que admirar seu belo perfil.

O jovem faz um rápido movimento para frente e depois recua. Está, com certeza, incerto quanto ao que fazer, que atitude tomar diante de tudo aquilo. Sua voz soa, admirada e assustada:

– Pobre Tom.

Uma pergunta salta a minha boca, como que por vontade própria:

– V-você... Você o conhece?

A resposta dele é imediata:

– Sim. É meu irmão.

Torno-me escarlate de repente. Até minhas sobrancelhas devem ter ficado de outra cor. Recupero o controle sobre a minha pessoa e externo os meus sentimentos:

– Eu sinto muito.

O rapaz parece não me ouvir, diz simplesmente:

– Alguém tem de fazer alguma coisa por ele.

Ele não o fará e compreendo imediatamente por que. Está tremendo por inteiro. Algo que até então não havia notado.

Ele olha para mim pela primeira vez e os seus olhos, em total desespero, suplicam-me para que eu ajude e oriente seu irmão.

Em quatro rápidos passos, vou até o Tom. Ainda que eu tenha dúvidas se ele me responderá com a mesma cordialidade com que me disponho a ajudá-lo, sigo em frente.

Por nenhum momento temo que ele pegue novamente a arma e, num rompante, atire em mim. Sei que ele não é um assassino, um delinquente, é apenas um ser humano desesperado, em choque pela perda de um irmão amado.

Paro diante dele, estendo-lhe minha mão e digo:

– Venha Tom, deixe-me ajudá-lo.

Ele se agarra ainda mais ao cadáver do irmão e eu insisto,

com delicadeza:
— Venha, por favor.
O seu olhar, inundado de tristeza e amargor, volta a se cruzar com o meu.
— Eu não vou me soltar dele, jamais! — grita. — Jamais, ouviu? Eu o amo, ele me ama!
Uso de muita cautela a seguir:
— Eu sei, Tom. Mas, agora, seu irmão pertence a outro mundo.
— Não! Eu não aceito! Não aceito isso de jeito algum!
— Sei que é difícil aceitar, mas é preciso, Tom. É só o que nos resta nesta hora.
— Ele era tão jovem, tão cheio de vida.
— A vida quis assim...
— Que a vida se dane!
Por um instante, um segundo ou dois, a maldade transparece tanto na sua expressão quanto na sua voz.
— Eu odeio a vida! Odeio a morte, odeio tudo!
Tom se solta por um momento do corpo do irmão, mas só o tempo necessário para protestar, logo, torna a abraçá-lo, forte e desesperadamente.
Eu, que vivera boa parte da minha vida, evitando o contato com os mortos, evitando olhar para aquela triste realidade, estou surpresa por estar ali, enfrentando tudo aquilo e de cabeça erguida. Surpresa também por ter sido levada até lá para presenciar uma situação tão delicada quanto aquela. Incrível como nessas horas somos mais fortes do que pensamos.
Com muito tato, pouso a mão sobre o braço de Tom, faço pressão em sua pele, querendo transmitir-lhe conforto, apoio e esperança.
Finalmente ele se desvencilha do cadáver, endireita o corpo, volta-se para mim, olha-me de relance e volta a chorar convulsivamente. Estendo-lhe os braços, convidando-o para um abraço. Ele me olha com incerteza e desespero. Eu o convido novamente para um abraço e ele, finalmente, cede. Acolho-o em meus braços, apertando-o forte e calorosamente. Como faz uma

mãe quando quer transmitir algum conforto para um filho.
– Estou aqui Tom, estou aqui por você.
Seu pranto se intensifica.
– Isso mesmo, Tom, chore, pode chorar, ponha para fora a sua tristeza e revolta por meio das lágrimas.
Ele me abraça mais apertado. Sinto suas lágrimas caírem por sobre meus ombros.
– Eu o amava – desabafa. – Uma hora a gente está junto de quem ama e, num repente, já não está mais. É horrível viver assim.
– Eu sei – é só o que me resta dizer.
Olho, sem querer, para o corpo do irmão de Tom, sem vida, que jaz sobre a maca, e medito em como era verdade que quando morremos, é só o físico que resta. Toda a personalidade viva, ardente e impulsiva do ser humano vaga por outro plano!
Espanto-me comigo mesma por ter a coragem de olhar para um cadáver, sem me desesperar. Desde os oito anos, creio eu, decidira nunca mais olhar para um, para não sofrer depois.
As palavras de Tom voltam a ecoar na minha mente: "Ele era tão jovem...".
De fato, era jovem, muito jovem, observo. Confesso que fico indignada, assim como Tom, com a morte de seu irmão. Por mais que eu tente compreender, não consigo entender por que muitos jovens morrem tão cedo. A morte dos idosos é até compreensível, o espírito precisa deixar o corpo gasto e envelhecido, muitas vezes, dolorido para não sofrer mais. Para o idoso, neste caso, a morte é uma libertação. Ainda que triste, uma libertação. Mas por que haveria um jovem de morrer na flor da idade? Por quê? A pergunta parece ficar suspensa por uns segundos e depois desaparece.

  Volto a prestar atenção em Tom, ele continua chorando e eu continuo massageando suas costas com minhas mãos, na esperança de lhe dar algum conforto, alguma centelha de calma.

Quando posso, encaminho-o até um banco que há ali e o faço se sentar. Tom já não chora mais tão desesperado.
— Isso mesmo, sente-se. Agora relaxe.
Confesso que me sinto mais tranquila, ao ver Tom sentado, recuperando a calma. Se seu desespero contagiara todos ali, sua calma deveria fazer o mesmo. Só então volto a prestar atenção nos funcionários do lugar. Eles se mantêm olhando para nós, ainda perplexos.
Um deles volta-se para Jack e diz:
— É melhor chamarmos a polícia agora.
A sugestão desperta Jack e os demais do transe.
— Sim — concorda ele com um aceno de cabeça.
O irmão de Tom se aproxima de mim e diz:
— Converse com eles, por favor, não permita que meu irmão vá parar na cadeia.
Olho para ele, reflito por um instante e digo:
— Você tem razão. Falarei com eles.
— Por favor. Eu cuido dele enquanto isso.
Deixo Tom aos cuidados do irmão, vou até a equipe de funcionários e digo, baixinho:
— Não chamem a polícia, por favor.
Todos me olham com espanto.
— Ele estava desesperado. Vocês viram com os seus próprios olhos. Ponham-se no seu lugar.
— Ele estava armado — retruca um dos funcionários.
— Estava, mas duvido muito que atirasse em alguém.
— Você diz isso, agora.
O silêncio pesa no ar a seguir.
— Está bem — concorda Jack —, vamos esquecer o que se passou aqui, se é que é possível.
— É melhor assim — admite outro funcionário —, para evitar um escândalo.
Depois de definido o desfecho daquela história, os funcionários voltam a executar suas funções.
Volto-me então para Tom, sob cuidados do irmão que chegara pouco depois de mim. O rapaz de rosto bonito fala com

*15*

ele, procurando transmitir com suas palavras, até mesmo nas entrelinhas, algum conforto.
Ao me aproximar, ele volta-se para mim e diz:
– Agora é com você.
Um sorriso triste transparece na sua face encantadora. Nossos olhos, de repente, não conseguem se desprender um do outro. É como um ímã, atraindo o metal.
"Que olhos lindos", comento comigo mesma. "Que azul profundo, parece um cristal azulado."
Outro sorriso triste volta a se insinuar na face linda do rapaz. Um sorriso que me desperta do transe. Volto-me então para junto de Tom.
– Está tudo bem, acalme-se – sussurro enquanto aliso os seus cabelos claros, tão claros quanto o sol.
Minhas palavras de conforto parecem fazê-lo voltar, cada vez mais, para a linha do equilíbrio. Meus olhos voltam a se encontrar com os de seu irmão e, de repente, para meu espanto, seus olhos azuis me inspiram palavras. Palavras que passo a derramar com muito cuidado sobre o rapaz, sentado ao meu lado.
– Ouça-me, Tom – digo, com sinceridade. – Toda vez que sentir saudade de seu irmão, relembre os dias felizes que passou ao seu lado, tudo o que fez que lhe desse tanta felicidade. Você pode também se recordar dos dias tristes que passou junto dele, não faz mal. Tudo que fizer acalantará o seu coração, quebrará o gelo da saudade.
Uma óbvia admiração espalha-se pelo rosto franco de Tom. Ele diz:
– Você tem razão. Recordarei todos os dias, felizes ou infelizes, que passei ao lado dele. Tudo que possa me trazê-lo à memória e matar a saudade.
– Isso mesmo, Tom!
– Não há outro jeito, não é mesmo? Não há como ressuscitá-lo, não é verdade?
– Não há, infelizmente. Só nos resta lembrar os momentos bons que tivemos.

Agradeço por meio do olhar, o apoio que o jovem de lindos olhos azuis me deu. Então, repentinamente, fujo dos olhos dele, tomada de súbito acanhamento. Ele volta a estampar um sorriso triste, tão triste quanto a dor do irmão. Só então percebo que há também uma sombra de tristeza, cobrindo sua face. Estou prestes a lhe fazer uma pergunta, quando Tom diz:
– Desculpe pelo que fiz, estava desesperado, eu precisava ver o meu irmão, pelo menos pela última vez.
– Eu compreendo, Tom. Nós compreendemos.
– Sim, Tom – ajuda o irmão. – Nós compreendemos.
Tom me olha agora com admiração e pergunta:
– Quem é você?
– Meu nome é Cristal.
– Cristal?!
– Sim.
– Seus pais não podiam ter-lhe dado um nome melhor. Você é realmente cristalina.
– Isso é um elogio?
– É.
Voltando-se para Jack, Tom pergunta:
– Ela não é mesmo cristalina?
O funcionário respondeu de imediato:
– É sim, *brother**.
Os dois sorriem e Tom volta a me olhar com evidente admiração, da mesma forma que faz seu irmão, parado, em pé, a não mais que dois metros de onde estamos.
– É melhor eu ir, deixar todos aqui em paz. Acho que já causei muita confusão por hoje.
Seu irmão diz:
– Tom, meu velho, não se critique. Todos nós compreendemos o seu desespero.
Tom diz:
– Só não entendo como não chamaram a polícia.
Dessa vez, falo eu:
___
*Maneira carinhosa de chamar um amigo, colega ou semelhante. Pode ser traduzido como "irmão", "meu chapa", "companheiro".

— Eles iam chamar, mas pedi a eles que não fizessem isso.
Tom volta a me olhar, com olhos de espanto.
— Pedi que não fizessem isso, porque compreendi as razões que o levaram a invadir o crematório.
Tom, emocionado, me agradece:
— Muito obrigado. Obrigado, mesmo, de coração.
Ele se põe de pé, ajeita a camisa e repete:
— É melhor eu ir.
Seus olhos claros, quase tão claros e azuis como o do irmão, voltam a se fixar nos meus. Só então posso notar traços semelhantes nos dois.
Saímos do local, fechando o portão, ao passarmos por ele.
Tom novamente se despede de mim e gosto do modo caloroso e firme com que aperta a minha mão e da admiração com que me olha.
— Adeus e, mais uma vez, obrigado por tudo.
— Adeus. Cuide-se!
Assim que Tom se vai, seu irmão comenta:
— Obrigado. Nem sei como agradecer-lhe.
— Não há de que. Você cuida dele agora?
— Cuido.
— Que bom! No estado desesperador em que ele se encontra, tenho medo de que cometa alguma tolice. Seus pais sabem aonde ele se encontra?
— Ainda não. Com certeza, não! Ele deve ter vindo direto do aeroporto para cá. Chegou quase três horas depois do término da cerimônia do adeus. Quando já não havia mais nenhum familiar nosso por aqui.
— Que Deus ilumine vocês.
— Obrigado.
Dou um passo adiante, paro, voltou-me para ele e digo:
— Você não me disse seu nome!
— Que cabeça a minha. É Mark. Mark Belson.
— Cuide de seu irmão, Mark.

Ele bate continência e ri, lindamente. Mas a tristeza ainda transparece em seu sorriso. Sinto, de repente, pena de deixá-lo só, mais do que sentira há pouco por Tom. Dou mais um passo e paro novamente, estremecendo dos pés à cabeça.

— Cristal, está tudo bem? — pergunta-me Mark e eu volto a encará-lo.

— V-você... — murmuro enquanto meus olhos se enchem d'água. Logo lágrimas rolam por minha face e agora parece ser Mark quem tem pena de mim.

— E-eu pensei que tivesse percebido — comenta ele com repentina tristeza na voz.

— Não — respondo emocionada. — Fiquei tão aturdida com tudo que nem percebi. Há muito, muito tempo que isso não mais me acontecia.

— Confesso que fiquei deveras impressionado quando você se dirigiu a mim. Até pensei que estivesse morta assim como eu.

Estremeço novamente porque recordo nessa hora o rosto do irmão, morto, que Tom abraçava com tanto carinho e desespero. Era Mark que ele abraçava chorando. Mark Belson com quem eu conversava agora. Ele, despido de seu físico, somente em espírito.

— E-eu... — ele volta a falar em tom de lamento —, eu não queria te chocar... Sinto muito.

— Eu também sinto muito, Mark. Meu Deus, você foi, ou melhor, está sendo tão forte para lidar com tudo isso. Por ter encarado seu irmão em total desespero.

— Não é fácil, mas...

O silêncio nos envolve a seguir tanto quanto um desconforto, um frio repentino na alma.

— Algo me diz que você não é de Detroit, Cristal. Estou certo?

— Está sim, Mark. Sou de Nova York.

— Nova York...

— Chegou a conhecer?

— Não.

19

– Que pena. É uma cidade admirável.
– Eu ainda posso vê-la, não posso?
Diante da minha expressão de interrogação, ele, sorrindo, explica:
– Refiro-me à cidade.
– Não sei lhe responder.
– Bem, eu acho que eu, como espírito, posso me transportar de um lugar para o outro, não? Pensei que soubesse.
– Não sei muito a respeito, o fato de eu poder ver e me comunicar com os espíritos não quer dizer que eu conheça em detalhes o que se passa no mundo espiritual.
– Compreendo.
– Mas se puder ir à Nova York, vá!
– Com você morando lá, irei com certeza.
As palavras dele me deixam sem graça, acho que enrubesço e ele, bem humorado, ri de mim e eu acabo rindo com ele. Relaxo. Passa um minuto e a pergunta inevitável vem à tona:
– Diga-me, Cristal... Por que você pode me ver e os outros não? Pode até se comunicar comigo.
Respiro fundo e respondo afinal:
– É um longa história... Desde menina eu podia ver os mortos e sofri horrores por causa disso. Alguns me assustavam um bocado. Despertava no meio da noite com eles me chamando, querendo conversar comigo, contar algo, algo que acreditavam ser muito importante, queriam me mostrar coisas... Levou tempo, muito tempo para eu compreender que na verdade eu falava com os mortos. Até então meus pais e os psicólogos que eles me levaram, pensavam que minhas visões não passavam de frutos da minha imaginação. Amigos imaginários, aqueles que toda criança tem durante uma fase da infância.
– A descoberta deve ter sido assustadora para você, não?
– Foi, foi sim. Especialmente porque eu era muito menina para enfrentar algo desse tipo. Desde então, passei a pedir a Deus que nunca mais me deixasse ver e me comunicar com os mortos.

— E Deus atendeu ao seu pedido?
Ri.
— O que você acha?
Rimos. Se eu estava falando com ele, obviamente que não. Fazemos uma pausa e meio minuto depois, Mark pergunta:
— Quantos mais têm essa sua mesma habilidade, Cristal?
— Eu não sei. Só sei que muitos fingem ter esse poder, se é que podemos chamá-lo assim, para impressionar os outros, obter alguma coisa deles em troca. Outros para inflar seus egos, sentirem-se superiores aos demais. Por outro lado, muitos não percebem que têm essa habilidade e outros a escondem dos demais para não serem chamados de malucos. Essa habilidade ou dom como também podemos chamar, é conhecida por muitos como mediunidade. As pessoas que veem e se comunicam com os mortos, como eu, são chamadas de médiuns.
— Ah, sim, já ouvi falar.
Fazemos uma pausa e, então, quero saber dele:
— E você, como está enfrentando tudo isso?
— É difícil, não vou mentir...
— O que houve exatamente? O que o levou à morte?
Nisso, um burburinho desvia nossa atenção. A cerimônia do adeus do pai de Maryann, minha amiga terminou.
— Eu preciso ir – digo.
— Eu também – admite Mark. – Não quero deixar o Tom sozinho por muito tempo. Ele precisa de mim, agora acho que mais do que antes. Vou pra casa da minha família.
— Você tem razão, Mark, vá mesmo.
— Obrigado mais uma vez pelo que fez por ele, Cristal.
— Não há de que, Mark.
— Eu jamais vou me esquecer do seu gesto tão carinhoso. Poucas pessoas fariam isso, teriam esse cuidado para com o próximo. Se não fosse você, ele estaria na cadeia à uma hora dessas. Ele só queria me ver, me abraçar, só isso... Se ele tivesse a sua habilidade, não precisaria ter vindo aqui, armado e fazer o que fez.

– O desespero o levou a isso.
– Eu sei. Por isso ele não merecia ser punido.
Silêncio novamente entre nós.
– É melhor eu ir – digo eu, ao avistar Maryann.
– Vá.
– Adeus, Mark.
– Adeus, Cristal.
– Você tem certeza de que vai ficar bem?
– Espero que sim... Adeus.
– Adeus, Mark.
Meus olhos se fecham, não quero vê-lo partir. É doloroso demais. Embrenho-me no jardim e me encosto, então, contra o tronco de uma árvore que há ali. Derramo-me em lágrimas. Estou sentida, arrasada por ver um moço tão lindo, morto. Ainda que eu saiba que o espírito sobrevive à morte, não gostaria de ver ninguém do lado de lá. Também nunca procurei saber o que se passa do lado de lá da vida, talvez devesse, assim poderia confortar melhor meu coração.

O rosto lindo e encantador de Mark volta a ocupar a minha mente. Eu olho novamente com admiração para os seus olhos azuis, penetrantes, vermelhos de chorar e sinto necessidade de abraçá-lo mais uma vez, acariciar seu rosto tristonho como faz uma mulher que ama desesperadamente um homem.

Desperto dos meus devaneios, ao avistar um aglomerado de pessoas, seguindo para o estacionamento. Só então me lembro da razão de estar ali. Corro em busca de minha amiga Maryann. Encontro-a mais conformada, se é que alguém realmente pode se conformar com a perda de um ente querido, ainda mais um pai. Abraço-a, procurando externar todo o meu carinho e dali pegamos o carro e seguimos para sua casa, onde é servido um almoço para todos que foram à cerimônia de despedida.

Só então percebo que Mark está o tempo todo na minha lembrança. Seus olhos bonitos, seu sorriso triste. Revejo-o em pensamento, acariciando os ombros do Tom enquanto esteve sentado junto a mim. Não deve ser fácil perder um irmão, deve ser dolorido tanto para o irmão que fica quanto para o que parte para o outro lado da vida. Eu nunca saberia como é; sendo filha única, só poderia sentir mesmo pela morte de meus pais, parentes e amigos. E do homem com quem um dia eu vier a me casar.

Mais tarde, naquele mesmo dia...

— A morte só causa estragos — comenta Maryann enquanto dobra as camisas do pai para doá-las.

— No entanto — respondo, tentando alegrá-la —, Deus nos fez fortes o suficiente para superar a perda de entes queridos. Nem todos são tão fortes assim, admito, mas a maioria é. Precisamos também nos esforçar para isso.

— Cristal — o chamado de Maryann me desperta de meus pensamentos.

— Você parece tão distante, o que há?

— A morte me deixa aérea...

— É só isso mesmo?

— Bem...

Maryann, por ter sido minha amiga desde os oito, nove anos de idade, sabe tudo a respeito da minha mediunidade e o drama que passei por causa dela. Foi a única a acreditar em mim desde sempre e a estudar o fenômeno por meio de livros a partir dos quinze, dezesseis anos. Posso dizer, sem sombra de dúvida, que ela sabe mais a respeito do que eu que pouco me interessei em estudar o fenômeno. Por isso, não vejo por que não contar a ela o que se passou comigo no subsolo do crematório. E assim faço, deixando Maryann surpresa e maravilhada ao mesmo tempo.

— Cristal, que história mais fascinante! Como a maioria que você já viveu com seu dom. Mas essa, confesso, bateu todos os recordes.

Não sei se rio ou se choro.

— Como é mesmo o nome do rapaz, o que invadiu o crematório a mão armada?

— Tom. Tom Belson. E o irmão falecido é Mark. Mark Belson.

– Ah... Perguntei, porque vai que eu o conheço, né?
– Seria coincidência demais.
– O mundo é feito de coincidências, Cristal.
Maryann achega-se a mim, alisa meus cabelos e me agradece mais uma vez:
– Obrigada, muito obrigada por ter vindo. Não precisava, sei o quanto isso é difícil para você.
– Não poderia deixá-la só num momento tão doloroso como este, Maryann.
– Você foi formidável.
Ela me abraça e minutos depois, pergunta, acanhada e ansiosa ao mesmo tempo:
– Só gostaria de saber se...
– Diga.
– Se você, por acaso o viu.
Ela me pergunta do pai morto há não mais que vinte e quatro horas.
– Não, Maryann, eu sinto muito.
– Se o vir, por favor, telefone-me, contando.
– Farei com muito gosto. Entretanto, duvido muito que isso aconteça, já faz tantos anos que... bem... não gosto nem de falar a respeito. Sofri tanto por aquilo, *you know...*\*.
– Eu faço ideia. Desculpe-me.
– De qualquer modo se eu o vir...
– Diga lhe que o amo muito e que sentirei muito a sua falta. Tivemos tanto tempo juntos para eu lhe dizer isso e, no entanto, nunca lhe disse.
– Fique tranquila. Se eu o vir, direi e ligarei para você, contando.
– Obrigada, Cristal, muito obrigada.
Maryann Brandon é realmente uma amiga e tanto. Não só fora a primeira a acreditar em mim, mas uma das poucas, senão a única de verdade a se manter do meu lado quando a maioria dos colegas de escola e da vizinhança faziam *bullying*
___
\*Expressão muito usada pelos nova-iorquinos em meio às falas. Significa "Você sabe...".

de mim ou fugiam por me achar maluca.

Sim, fora muito difícil para mim, lidar com a mediunidade. Ainda mais aflorando, quando eu ainda era criança, uma menininha que só se interessa por bonecas e o amor de seus pais.

Mas ver e me comunicar com Mark foi diferente, poder ajudá-lo fez me sentir bem, foi algo recompensador e nada assustador. Foi mais apavorante me ver diante de Tom, segurando aquela arma, ameaçando atirar em todos se não fizessem o que pedia, do que propriamente tudo o que se desenrolou a seguir. Mark me transmitia paz, talvez fossem seus olhos azuis que tinham o poder de me tranquilizar diante da mediunidade que sempre me pareceu medonha e assustadora.

Ao me deitar, volto a pensar em tudo que vivi naquela surpreendente manhã. A triste cena que presenciei no subsolo do crematório emociona-me novamente. Como estaria o Tom? Recuperado? Não, recuperado, não. Mais calmo, talvez. Levaria muitos meses, até mesmo anos para que se recuperasse totalmente da perda do irmão. Se é que algum dia isso aconteceria.

Lembro-me então de Mark, do seu sorriso bonito e cativante. Do tremor do seu corpo ao ver o Tom, chorando e abraçando, desesperadamente, seu corpo sem vida. E ele, como estaria? Pareceu-me enfrentar tudo aquilo com mais força e coragem do que Tom. Seria mesmo verdade, ou mera encenação? Teria se mostrado forte diante de tudo para não parecer fraco diante dos outros, especialmente de mim? Como eu poderia saber?

Estou surpresa com a vida, mais uma vez, por ter me feito presenciar algo tão incomum, algo de que jamais me esquecerei até o meu desencarne.

# Capítulo 2

O sol acaba de despontar no horizonte. O tempo está claro e ensolarado quando Maryann me deixa no aeroporto Metropolitano de Detroit Wayne County.

– Quero que você fique bem, minha amiga – digo eu a ela, antes de deixar o carro.

– Vou me esforçar, Cristal. Prometo.

– Estarei torcendo por você.

Abraçamo-nos apertado e nos beijamos e, então, sigo para o meu destino.

– Voo 881 para Nova York. Delta Airlines. Portão 08 – anuncia a monitora.

As pessoas na sala de espera levantam-se das cadeiras e formam fila diante do balcão para o *check in*.

Permaneço sentada até que a fila diminua. Somente quando restamos eu e mais duas pessoas é que apanho a minha mochila e me dirijo ao balcão. Sou atendida por um funcionário simpático e sorridente.

Tenho então a impressão de ouvir alguém, gritando meu nome a certa distância. Volto-me para trás e não avisto ninguém, ninguém que poderia ter feito aquilo.

Meio minuto depois, sigo em direção à aeronave pelo corredor que a liga à sala de embarque. Em contraste com a sala de espera aquecida, o local está um gelo, por algum lugar, suponho, entra o vento frio lá de fora. Estremeço e aconchego-me melhor dentro do meu casaco de pele artificial.

Estou prestes a entrar no avião quando tenho novamente

a impressão de ter ouvido meu nome, sendo dito alto e em bom som a certa distância. Volto os olhos por sobre meu ombro esquerdo e tudo que vejo é o fim do túnel vazio. Seria Maryann, trazendo-me algo que eu esquecera, sem querer, no carro? Volto até a sala de embarque e a encontro vazia.

Antes que a aeromoça que está à porta, recepcionando os passageiros se irrite com a minha demora, entro na aeronave e sou acompanhada até a minha poltrona. Aconchego-me ali e olho pela janelinha do avião.

O ronco dos motores causa-me certa excitação. Parece-me que o ruído nunca fora tão forte, tenho a impressão de estar sentada em cima da turbina.

Tento me distrair com uma das revistas da aeronave, mas não consigo. O avião começa a deslizar vagarosamente pela pista e a aeromoça diz:

– Queiram apertar o cinto, por favor.

A aeronave faz meia-volta e fica aguardando permissão para decolar. Permissão concedida. As turbinas vão ao máximo e um minuto depois levantamos voo.

"Nova York", penso, aprumando-me na poltrona, "Aí vou eu!".

Durante algum tempo, sigo olhando pela janelinha do avião, e pensando em como o mundo é curiosamente igual, quando visto de cima. Montanhas, vales, estradas, casas, rios, riachos... Ainda assim tudo de uma beleza singular.

Desperto dos meus pensamentos quando a aeromoça chega, servindo-me o lanche. A senhora que ocupa a poltrona ao lado da minha, puxa conversa e, eu, sem disposição para aquilo, querendo muito ficar a sós com os meus pensamentos, quem sabe até tirar um cochilo, penso em fingir que não a ouvi, mas minha boa educação não permite.

Trata-se de uma senhora indubitavelmente inglesa, de rosto alongado e equino que desanda a falar, contando fatos sobre sua vida, e eu a ouço, sem interesse algum, implorando intimamente por uma desculpa para eu poder virar para o lado e desfrutar de um abençoado silêncio.

A conversa continua desinteressante por mais algum tempo, até que eu, exaurida, alego cansaço, desculpo-me e viro o rosto para o lado.

Volto então, sem perceber, ao meu triste passado de menina, época em que eu acordava na madrugada com os espíritos me chamando e eu me recusava a abrir os olhos. Virava de lado, cobria o ouvido com o travesseiro e, mesmo assim, as vozes atravessavam meus tímpanos. Eu então me levantava, mantendo-me de olhos fechados e seguia até o quarto de minha mãe, apalpando as paredes. Só lá eu ousava enxergar tudo de novo a minha volta, certamente por me sentir mais segura ali, na sua presença. Despertava minha mãe, chamando-a baixinho:

"Posso dormir com a senhora e o papai? Estou tendo sonhos tão esquisitos."

Ela, muito gentilmente me cedia um espaço ao seu lado onde eu me deitava, feliz. Chegando a suspirar de alívio quando ela me abraçava e sussurrava ao meu ouvido:

"Está tudo bem, Cristal, agora relaxe e durma."

E realmente tudo ficava bem, muito bem.

Foi uma época difícil para mim tanto quanto para os meus pais que não entendiam o que se passava comigo, por mais que tentassem.

Levou tempo, muito tempo para que compreendêssemos que eu podia ver e me comunicar com os mortos. Mais ver e ouvir do que sentir a presença deles como acontece com a maioria que tem mediunidade desenvolvida.

Em meio a essas lembranças acabo cochilando e só percebo, como não poderia deixar de ser, quando acordo minutos depois.

O tempo continua claro e ensolarado e me sinto em paz novamente, olhando o horizonte repleto de nuvens pela janelinha do avião. O mar de nuvens sempre me fascina, me leva a pensar em Deus, na grandiosidade de sua criação. Algo que observo desde muito, muito tempo.

O sistema solar, por exemplo, onde a Terra está localizada,

com seus planetas simetricamente alinhados é outro ponto de referência da criatividade divina. Até mesmo o alfabeto descoberto pelo homem, mas oriundo de Deus, revela Sua grandiosidade. Capaz de formar palavras e mais palavras em diversas línguas que, quando escritas, podem ser lidas e compreendidas por todos, possibilitando a leitura e a existência dos livros, só pode ser mesmo obra do Criador.

Um planeta onde, se plantados, podemos ter diversos grãos e frutas para nos alimentar; onde os mares e rios estão repletos de peixes também para nos servir, onde há água potável para bebermos e ar para respirarmos, fogo e o Sol para nos aquecer, só mesmo uma inteligência tamanha para ter criado tudo isso e essa inteligência é Deus. Comprovamos também Sua imensidão, ao nos posicionarmos diante de um espelho para observar o nosso físico, inteligentemente projetado para abrigar o espírito, permitindo, assim, sua interação com o mundo físico terrestre.

Deus é mesmo grandiosidade e inteligência pura, por isso não me canso de admirá-Lo por meio de Suas inúmeras e lindas criações.

Mais uns minutos e o avião aterra suavemente no aeroporto J. F. Kennedy em Nova York. Cheguei! Deixo para trás a tristeza e o sofrimento que vivi ao lado da família de Maryann, e também ao lado de Tom e Mark. A vida, a minha, pelo menos, recomeça a partir de agora. E nada como Manhattan* para espantar a tristeza. Ali há vida pulsante, cor, sol e calor humano. É como se a morte, ali, não tivesse vez, só a vida. Talvez por isso eu tenha escolhido, inconscientemente, morar ali, por querer me distanciar da morte que tanto me persegue desde menina.

Enquanto sigo para Manhattan de micro-ônibus, vou admirando mais uma vez a cidade que para mim é como se fosse uma *selva de pedra,* onde todos lutam para sobreviver

---

*Manhattan é um dos cinco bairros da cidade de Nova York. Por ser o mais importante, muitos pensam que Nova York é somente a ilha chamada Manhattan.

no mundo capitalista da mesma forma que os animais lutam para sobreviver numa selva. Um dos aspectos mais agradáveis de qualquer viagem é à volta para a cidade onde moramos. O regresso nos permite sempre olhar para tudo com renovado entusiasmo.

Moro num conjunto de apartamentos pequenos, a maioria de apenas um quarto, banheiro e sala e cozinha conjugada. São três andares, além do térreo, sem elevadores. Moro no terceiro andar por ser mais barato que os inferiores, são poucos os que se dispõem a subir e descer três andares de escada diariamente. Todavia, é algo que tem feito bem para mim, ganhei mais força e vigor nas pernas desde que me mudei para lá.

O terraço de metal que dá acesso à escada de emergência é um local que utilizo quase que diariamente quando é primavera e verão. Sento-me ali e deixo minha mente divagar, quase que sempre embalada pelas canções de Frederick Kolber, meu vizinho musicista.

É, em suma, um apartamento agradável, orgulhosamente decorado por mim, num prédio bem conservado do Village, o chamado bairro dos artistas, por ter muitos deles, morando ali. Gosto do local e acho que só me mudarei dali quando me casar.

Subo os degraus que conduzem à porta que dá acesso ao hall de entrada do prédio e sou recebida pelo porteiro, o senhor Taylor, um senhor muito simpático que trabalha ali há mais de vinte anos. Trocamos algumas palavras até que Cressida Cowell, uma das moradoras do edifício vizinho ao meu me chama.

Eu e Cressida nos conhecemos da forma mais inusitada possível. As janelas e sacada de emergência dos apartamentos do edifício em que moro dão para o dela e vice versa. Quando estamos à beira de uma janela é impossível deixar de ver o que se passa nos apartamentos do prédio vizinho a não ser que estejam com as cortinas fechadas. Esse é o mal de Manhattan, os edifícios foram construídos muito colados uns aos outros e bisbilhotar a vida alheia, neste caso, é quase sem querer.

Quando estive ali pela primeira vez, vendo o apartamento para alugar, foi quase impossível não me lembrar do filme "Janela indiscreta" de Alfred Hitchcock. Qualquer um que visitasse o local e tivesse assistido ao filme se lembraria da semelhança. A única diferença é que os edifícios são bem mais próximos um do outro do que no filme, dispensando assim o uso de um binóculo para ver o que se passa nos apartamentos vizinhos. Foi assim que eu e Cressida nos conhecemos. Eu na minha janela, ela na dela, muitas vezes tomando café, e trocando um aceno e outro e mais tarde por meio de encontros ao acaso pela calçada.
— Cristal! — exclama Cressida, ao se aproximar de mim. — Por onde andou?
Explico.
— Eu sinto muito.
— São coisas da vida, Cressida. Todo mundo passa por isso.
— Assim como pela vida, não é mesmo?
— Sim — deixo escapar um risinho, ao pronunciar a palavra. Ali estava algo que eu nunca havia me dado conta até então: tanto passamos pela vida quanto pela morte!
Presto melhor atenção à colega e digo:
— Seus olhos estão brilhando, Cressida, o que houve?
O sorriso dela se expande e com orgulho responde:
— Você se lembra do Arthur, o cara com quem venho teclando há quase um ano? Pois ele me garantiu que amanhã estará aqui pra me ver. Das duas últimas vezes não deu certo por causa de imprevistos que acontecem, coitado, mas desta vez, não falha!
— Há quanto tempo mesmo vocês estão se comunicando pela internet?
— Namorando?
— Mas já pode ser considerado um namoro?
— Sim, Cristal, na era do computador é namoro, sim!
— Não sou muito adepta dos computadores, Cressida.
— Eu gosto, me sinto até melhor, namorando por meio de

troca de *e-mails* e *mensagens** do que pessoalmente. Sinto-me mais segura.
— Sim, Cressida, mas um dia vocês estarão cara a cara e daí, como vai ficar?
— Até lá já me acostumei.
Ela riu.
— Ah, Cristal, estou tão feliz, tão feliz!
— Que bom!
— Quer que eu a ajude a carregar a mochila?
— Não está pesada, obrigada.

Dou um passo à frente, paro, voltou-me para trás e pergunto:
— Cressida, desculpe a minha indiscrição, mas... como sabe que o cara que você se comunica há...
— Há mais de um ano, Cristal.
— Pois bem, como sabe que ele é ele mesmo, digo, você não tem provas de que ele é quem ele diz ser, ou tem?
— Claro que sim, Cristal. Fotos, ele me manda muitas fotos! Eu já mostrei muitas dela a você.
— É verdade, havia me esquecido.

Digo até logo novamente e parto, recuando a seguir:
— Só mais uma coisa, Cressida. Como sabe que o cara das fotos é ele mesmo?
— Por que ele haveria de mentir para mim, Cristal?
— É verdade, mas é que tem tanta gente maldosa espalhada por aí, utilizando-se da internet para iludir as moças... Tenho ouvido falar que isso é cada vez mais comum. Tome cuidado, por favor!
— Pode deixar, Cristal. Comigo e com o Arthur é diferente, pode crer!

Dessa vez sigo em frente sem recuar. Na cabeça, vou dialogando comigo mesma: namoro por internet, eu jamais conseguiria fazer algo do tipo. Qualquer um pode se passar

---

*Na época em que se passa esta história, o uso da webcam que permite as pessoas se verem umas as outras enquanto teclam pela tela do computador, não era tão popular como nos dias de hoje.

por quem não é. Jamais confiaria na pessoa que está teclando comigo sem eu nunca tê-la visto pessoalmente.

Entro finalmente no meu edifício e subo as escadas, parando a cada curva para respirar. Assim que entro no meu AP, ligo para minha mãe e conto tudo o que se passou na minha ida a Detroit. Ela, obviamente, fica mais impressionada com o que vivi no subsolo do crematório do que propriamente com o funeral do pai de Maryann. Termino a ligação, prometendo jantar com eles logo mais à noite.

No Brooklin, nesta noite reencontro meus pais com grande alegria. Minha mãe então me pede para contar a meu pai a respeito do que presenciei no subsolo do crematório. Meu pai fica deveras impressionado. Em meio ao jantar, comento:

— Maryann me pediu, caso eu veja o pai dela, que lhe diga que ela o ama.

— E você o viu? — indaga meu pai ternamente.

— Não, papai. Mas se o vir, farei o que ela me pede. Mas duvido muito que isso aconteça.

— Ora, por quê?

— Porque sinto que o pai dela já seguiu a luz. Penso que todos devem segui-la o mais rápido possível porque liberta o espírito das injúrias terrestres.

— Pode ser... — afirma papai pensativo e eu toco em sua mão, sorrindo com ternura e digo com sinceridade:

— Não queria que isso nunca acontecesse conosco, papai.

Minhas palavras o surpreendem.

— O quê? A nossa separação?

— Sim. Seria tão bom se pais e filhos que se amam pudessem viver eternamente juntos, não?

— Os que se amam, sim! Os que se odeiam, não!

— Mas há pais e filhos que se odeiam?

— Sim, acontece, especialmente por parte dos filhos.

Mordo os lábios, pensativa e me sirvo de mais uma garfada de massa. Em seguida, papai me pergunta:

33

— E quanto aos tormentos provocados pelos espíritos, Cristal? Pararam?
— Tudo isso é passado, papai. Hoje pouco os vejo e quando sim, não mais sofro por isso. Também porque não quero sofrer. Decidi assim.
— Fez bem.
Minha mãe opina:
— Pois eu penso que Deus foi injusto conosco, Cristal. Onde já se viu dar tal habilidade a uma criança da sua idade? Uma criança inocente e sensível.
— Não se lastime, mamãe. Se Deus permitiu isso foi porque assim tinha de ser.
— Ou foi o demônio.
— Não foi não, mamãe! Aprendemos isso com Cindy Kebbell, lembra? Todos os dons são bênçãos de Deus.
Mamãe assentiu mesmo não concordando intimamente. Durante a sobremesa, uma deliciosa torta de amoras, meu pai pergunta:
— Como era mesmo o nome do espírito, do jovem que você viu no crematório?
— Mark. Um doce de rapaz.
— E do que foi que ele morreu?
— Bem, isso eu não fiquei sabendo. Não tivemos tempo para conversar a respeito. Mas agora que o senhor mencionou, fiquei ligeiramente curiosa. Só sei que sua morte se deu enquanto o irmão, Tom, estava longe da cidade, tanto que o pobre coitado perdeu a cerimônia do adeus, porque seu avião atrasou.
— Pobre sujeito.
— Sim. Foi muito triste e, por isso, compreendi seu desespero, o porquê de estar ali, exigindo ver o cadáver do irmão. Acho que no fundo todos o compreenderam e se doeram por ele.
Faço uma pausa e, pensando em Tom e Mark, comento quase sem me dar conta:
— Acho que nunca mais os verei... Mas de certo modo gostaria de revê-los, a ambos, ainda que eu saiba que isso seja

impossível, afinal, Tom mora em Detroit e Mark, bem, Mark a uma hora dessas já deve ter seguido a luz. Sim, só pode. E saboreio mais um pedaço de torta.

Volto para casa e avisto Cressida sentada na sacada. Mesmo de longe sinto que ela não está bem e tomo a liberdade de ir até lá. Ela me recebe chorando. Está novamente entristecida por Arthur não ter comparecido novamente ao encontro. Decido então usar de sinceridade com ela, ainda que lhe doa.

– Cressida, minha querida, você não acha que esse sujeito está enrolando você? Se estivesse realmente a fim de algo sério, já teria vindo à sua procura muito antes. É assim que são os homens. Quando interessados por uma mulher, vão atrás dela rápido e sem embromações.

– Todos, Cristal? Nem todos.

– A maioria age assim.

– Mas ele mora noutro estado.

– Sei, mas mesmo assim, por que esperar um ano para vir visitá-la? É tempo demais para um cara que se diz apaixonado por você.

Ela engole em seco e eu volto a lhe aconselhar:

– Se eu fosse você, partia para outra. Começava a prestar atenção aos homens reais a sua volta e não aos virtuais. Penso que terá mais sorte no amor dessa forma.

– Você acha, é?

– Sim. No real as coisas são mais diretas e práticas, e a vida para ser bem vivida, carece de praticidade.

– É...

– Eu só quero ajudá-la, minha amiga, só isso!

– Obrigada.

Parto do apartamento de Cressida, sentindo-me mais confiante na sua pessoa e nos rumos que ela pode dar a sua vida doravante.

A manhã seguinte começa com um bom café da manhã

com leite, frutas, granola e *waffles* com Maple syrup*. Hum, uma delícia!

Chego ao trabalho, pensando que ninguém sentiu minha falta e fico surpresa quando todos vêm me abraçar.

Meus colegas de trabalho mais próximos são Úrsula, Arnold e Sidney, nosso gerente. O único inconveniente por parte do Sidney é sua teimosia em querer me conquistar. Por mais que eu lhe diga que o quero só como amigo, ele continua insistindo, mas mantenho a calma, afinal, é meu gerente.

Ninguém ali sabe do minha mediunidade, há muito sublimada por vontade própria, decisão que tomara há muito, muito tempo.

A certa altura, Úrsula me puxa até a cozinha para me segredar os últimos acontecimentos de sua vida.

– Cristal, querida, Arnold me pediu em casamento ontem!

– Jura?!

– Não é uma notícia maravilhosa?

– Linda! Parabéns! E para quando será o casório?

– Planejamos para o fim de ano. Para termos tempo de preparar uma grande cerimônia.

– Sem dúvida.

– Você acha que é pouco tempo, digo, de agora até lá, para prepararmos tudo?

– Não, em absoluto! Contrate uma cerimonialista e ela arranjará tudo para vocês.

– Ótima ideia, Cristal! Você sempre surge com ideais ótimas! É o que mais admiro em você.

– Que nada...

– É verdade.

Nisso, Sidney, o gerente, aparece.

– Posso saber o que as duas estão cochichando? Estão pensando, por acaso, que isso aqui é a casa da sogra, é?

Eu e Úrsula coramos.

---

*É tipo um caramelo para derramar por sobre panquecas muito usado durante os cafés da manhã nos Estados Unidos e Canadá.

— Estamos na nossa hora do café, seu chato! — responde Úrsula com forçoso bom humor.
— Quantos cafés, afinal, você toma por dia, Úrsula? — brinca ele.
Úrsula responde, mostrando-lhe a língua.
— Eu posso demiti-la por isso, sabia?
— Pois então que me demita. Estou tão feliz, meu caro, que nada pode me entristecer.
— Opa! Aposto que o namorado a pediu em casamento.
— Pois foi isso mesmo, Senhor Sidney, o implacável. Todos ali o chamam assim por causa de um personagem de um desenho animado famoso do final dos anos setenta.
— Quer dizer que vamos ter festa logo, logo?
— Teremos, sim! — responde Úrsula, orgulhosa. — Por isso, vá guardando desde já, dinheiro para me dar um bom presente de casamento. Vou precisar de muitos e dos bons.

Desta vez é Sidney quem faz uma careta e Úrsula mostra-lhe novamente a língua e encaminha-se para a porta, para poder voltar para a sua mesa.

Eu, depois de tomar a última gotinha de café da minha xícara, passo uma água nela e quando faço menção de voltar para o meu trabalho, Sidney me segura pelo braço.

— E aí, Cristal, quando você vai me dar uma chance? Já faz tempo que espero.
— Sidney, por favor... Preciso voltar para a minha mesa.
— Pense em mim, por pelo menos cinco minutos, será que é possível?
— Gosto de você como um amigo, entenda isso.
— Eu tento, mas juro que não consigo.

Acho graça da sua cara de maior abandonado e ele olhando para o fundo da xícara comenta:

— Minha mãe lia a borra do café, sabe? Por meio dela podemos prever o futuro.
— Já ouvi falar a respeito.
— Ela me ensinou a ler e por isso vejo, agora, aqui, no fundo da minha xícara um coração, o que significa um bom

presságio. Sorte no amor. Ainda mais quando isso acontece ao lado da garota por quem o cara está afim.
– Que bom!
Ao espiar o fundo da xícara de Sidney me surpreendo com um fundo despido de qualquer borra de café. Só então entendo que ele mentia deslavadamente para me *xavecar*. Diante dos meus olhos, fuzilando os seus, ele tenta se desculpar:
– Mas minha mãe me ensinou sim a ler a borra do café, Crista! Eu juro!
Sem mais, volto para a minha mesa.
Mesmo tendo estado apenas um dia ausente do trabalho há um bocado de trabalho acumulado, o que me prende no escritório por mais tempo que o habitual. O importante é que consigo dar conta de tudo, pôr tudo em dia.
Vou para casa, faminta, mas antes de entrar no meu edifício, decido falar com Cressida para ver como está passando.
– Cristal, que bom que veio!
– Como está?
– Bem melhor! Arthur me escreveu, contando que houve novamente um imprevisto, mas que no próximo mês, assim que possível, ele estará finalmente aqui.
– Ele disse isso, foi?
– Sim.
Penso um instante e pergunto:
– Cressida, responda-me com sinceridade: você teria condições de pagar por uma viagem até a cidade dele?
– S-sim... acho que sim.
– Então se ofereça para ir até lá, ao invés de ficar esperando por ele aqui.
– V-você acha?
– Sim, minha querida, seja objetiva. Se é ele que você quer e é você quem ele quer, sejam objetivos.
– Boa ideia! Farei o que me pede. Depois lhe conto o que ele disse.
– Ok.
Sigo para o meu AP, pensativa. Por que será que existem

homens com o prazer mórbido de iludir mulheres pela internet? Segundo pesquisas, muitos deles são casados, por isso nunca aparecem, só querem diversão, passar o tempo nem que seja à custa do sentimento dos outros. Algo simplesmente horrível. Abominável. E quanto aos solteiros, por que também vivem a iludir, pela internet, mulheres por quem não se interessam? É sádico. E também um desrespeito ao próximo.

Já são quase dez da noite quando Cressida aparece no meu AP para conversar comigo. Chega com os olhos vermelhos de tanto chorar.

– O quer foi? Sente-se!
– O Arthur não gostou nem um pouco da sua sugestão, Cristal. Disse que eu estou desconfiando dele, da sua integridade e se for assim, não quer mais nada comigo.
– Só por isso ele não quer mais nada contigo, Cressida? Uma pessoa que ama a outra como ele diz amá-la, jamais rompe uma relação por uma bobagenzinha dessas.
– Você realmente não põe fé nele, não é?
– Não. Sinceramente, não! Para mim esse cara é casado e só quer saber de iludir as mulheres. Pode ser solteiro, sim, mas fisicamente diferente do que se mostra nas fotos que lhe manda. Não quer ser visto porque se acha feio.
– Nossa, Cristal, será?
– Minha querida, casos assim acontecem todos os dias pela internet. Por isso, repito o conselho que já lhe dei antes: cuidado! E dê mais atenção aos homens reais e não virtuais.

Cressida morde os lábios e parte, me deixando certa de que vai dispensar meus conselhos mais uma vez, continuará teclando com o sujeito enrolado até que ele desapareça com uma desculpa qualquer como fazem muitos do gênero. Pobre criatura.

# Capítulo 3

Estou no trabalho e a tarde ensolarada e bonita começa a mergulhar no horizonte; é quando apanho a primeira oportunidade para deixar o escritório e seguir para Battery Park de onde se pode ver o melhor pôr do sol de Nova York. Para mim, nenhum outro ponto da cidade permite encher os olhos com tão luminescente criação de Deus.

Ali, sempre ali, consigo também relaxar, esvaziar a mente, esquecer o *corre-corre* do trabalho.

Cá estou, debruçada sobre o parapeito da grade que divide Battery Park das águas do rio *Hudson,* acompanhando com o olhar um dos *ferry boats\** singrando em direção à ilha onde se localiza a Estátua da Liberdade, quando me pego pensando mais uma vez em Tom e Mark e no estranho episódio que nos uniu no crematório em Detroit.

Estranho como a vida nos une a pessoas e, no meu caso, a espíritos da forma mais surpreendente possível como aconteceu da última vez.

Uma súbita e inesperada rajada de vento me arrepia, fazendo-me abraçar forte e demoradamente.

Não sei precisar em que momento avisto um rapaz, a certa distância, sentado num dos bancos rente aos gramados. Um homem de rosto encantador, no entanto, não é sua beleza que me causa tanta surpresa e, sim, o fato de já tê-lo visto antes e não me lembrar de onde.

---

\*Barco de travessia para levar e trazer, especialmente turistas, a passeios diversos.

Ao ver-me, aproximando, o belo e robusto rapaz lança-me um olhar apreciativo e um sorriso imediato e involuntário de boas-vindas. O sorriso dele se amplia quando nossos olhos se prendem um ao outro.

Levo alguns segundos para lembrar, e com muita clareza, porque seu rosto me é familiar. É Mark Belson, o espírito que encontrei no crematório em Detroit, naquela fatídica situação. Surpreendida, emudeço e paro.

Ele então caminha na minha direção, por entre as árvores, com seus cabelos claros e sua pele rosada, parecendo reluzir ao sol. E eu novamente penso: "Como ele é lindo, meu Deus, como é lindo."

A verdade é que ele não é tão lindo assim, não conforme os padrões de beleza da atualidade, mas para mim, ele tem algo de especial, algo que só uma mulher pode enxergar num homem ainda que ele seja um espírito.

Ao vê-lo, dar mais um passo, algo se apodera de mim, fico completamente parada, como que petrificada, tomada por uma súbita e inexplicável alegria.

Uma agradável admiração espalha-se pelo rosto franco de Mark quando me diz:
– Olá, Cristal.

Permaneço muda, sem recuar os olhos, ainda tomada pela repentina e estranha paralisação.

– Quando você disse que Nova York era linda, que valeria a pena eu conhecer, decidi encontrar um caminho para chegar até aqui. Jamais pensei, porém, que pudesse encontrá-la numa cidade tão gigante quanto esta.

Levo quase um minuto para responder:
– Como vai, Mark?

A resposta dele é imediata:
– Agora, melhor do que nunca.

Fujo do seu olhar, sinto meu peito se incendiar e ele pergunta:
– Está contente também por me ver?

Admito que sim com a cabeça, denotando simpatia.

Nossos olhos voltam a se encontrar e permanecem como que hipnotizados. Qualquer coisa que possamos dizer um ao outro parece se evaporar por completo. De repente, só o olhar nos basta, parece dizer bem mais do que palavras.
— E-eu... eu estava preocupada com você — admito, rompendo o silêncio. — Preocupada também com o seu irmão. Como ele está?
— Tom? Está se recuperando.
— E você?
— Eu, bem... ainda estou tentando me adaptar a essa drástica mudança.
— Não deve estar sendo fácil para você. Acho que não é para ninguém que muda de plano, não é mesmo?
— Não sei dizer quanto aos outros, só sei que para mim está sendo um bocado complicado.
— Gostaria de poder ajudá-lo.
Minhas palavras transformam novamente seu semblante. O rosto dele parece se iluminar ainda mais.
— Você pode — afirma ele para minha total surpresa.
— Posso?
— Sim, Cristal! Só você pode me ajudar!
— C-como?! Não vejo como!
— Conversando comigo como faz agora. Você não faz ideia o quanto a morte é solitária. Desde que a vi, naquele dia, no crematório, não paro de pensar em você. Você me deu novamente esperanças.
— Esperanças?
— Sim! De me libertar dessa tragédia.
Emudeço novamente.
— O que houve exatamente com você, Mark? — pergunto a seguir, como sempre num misto de telepatia e meia voz.
— Não gosto de falar a respeito. Pergunte-me tudo menos isso, por favor.
Respondo que "sim" com um leve balançar de cabeça.
— Será que podemos ser amigos? Saiba que eu já considero você como uma amiga.

— Sim, Mark, é claro que podemos ser amigos.
Mark ri. Um riso calmo de quem está se divertindo, um riso quase de triunfo.
— Que bom que eu a reencontrei. Querer realmente é poder! — comenta. — Quis tanto encontrá-la e consegui!
Novamente ficamos olhos nos olhos e em silêncio. De longe, quem me visse, teria a impressão de que eu estava olhando para o nada, deixando-me espairecer. Quanto aos meus lábios, que muitas vezes se moviam sem necessidade, em meio ao diálogo*, pensariam que eu estava pensando alto ou falando comigo mesma.
Rompendo o silêncio, ele comenta:
— Poucos são como você, Cristal... Muito poucos. Pelo menos é o que me parece até então.
— Você quer dizer... Com o meu dom?
— Sim, Cristal, com o seu dom**.
— Há muitos como eu, Mark. Sabemos disso por meio de matérias e reportagens em revistas, livros e jornais. De todos, entretanto, só conheci até hoje uma médium muito respeitada aqui nos Estados Unidos a qual, por sinal, me ajudou muito a lidar com a minha mediunidade.
— Naquele dia, no crematório, eu quis muito lhe perguntar mais a respeito do seu dom... Quando foi que descobriu que o tinha e como se sentiu?
Respiro fundo e digo:
— Levou tempo, obviamente, para que eu me desse conta de que tinha esse poder. Até lá foi sofrimento em cima de sofrimento. Quando menina, por volta dos sete, oito anos de idade,

---

*Há diversas formas para os médiuns se comunicarem com os espíritos, optamos pela forma direta, para que o diálogo entre Cristal e Mark se torne o mais claro possível para o leitor. **A mediunidade é chamada de dom por muitos, no exterior. Tanto que fazem uso da palavra *gift* (dom ou presente) para descrever tal habilidade. Usam também a expressão *"It's a gift and a curse!"* (É um dom, um presente, mas também uma maldição!) para descrever os problemas que se tem com dons deste tipo.

acordava na madrugada, ouvindo vozes que me chamavam. Era assustador e apavorante para uma garotinha da minha idade. Eu virava de lado, cobria o ouvido com o travesseiro e, mesmo assim, as vozes atravessavam meus tímpanos. Eu então me levantava, mantendo meus olhos fechados e seguia até o quarto de minha mãe me guiando pelas paredes. Só lá eu reabria os olhos e me sentia mais aliviada. Tentava então explicar a minha mãe o que me apavorava tanto, mas ela pensava ser fruto da imaginação fértil de criança.

Foi uma época difícil para mim tanto quanto para os meus pais que não entendiam o que se passava comigo, por mais que tentassem. Assim acabei sendo levada a um psicólogo e a um psiquiatra que disseram que o que eu via e ouvia, era nada mais nada menos do que vozes projetadas pela minha mente, amigos imaginários como toda criança tem durante certo período da infância.

Bem, eu queria simplesmente, unhá-los. As vozes não vinham da minha cabeça, vinham de fora e eu sabia que, sim, porque via quem me chamava e abominava vê-los, por isso logo fechava os olhos.

Quando meu problema persistiu, meus pais me levaram a outro psicólogo e depois a outro psiquiatra que chegaram a mesma conclusão dos anteriores. Quando um deles decidiu me prescrever remédios tarja preta, minha mãe interveio. Não achava certo uma criança da minha idade ter de tomar esse tipo de medicamento. Para ela tinha de haver outra solução para o meu caso e passou a orar por isso.

Quando contava aos meus amigos o que via e ouvia, logo era caçoada por todos. Passei a ser chamada de a maluquinha do colégio, um *bullying* constante. Assim seguiu minha vida até que um dia, aos 9, 10 anos de idade, as coisas começaram a se tornar mais claras para mim e meus pais.

Eu brincava no quintal de casa quando avistei um senhor parado em frente a casa vizinha, olhando fixamente para a porta. Aproximei-me dele, olhando-o com certa curiosidade.

"Esqueci a chave", explicou-me, ao notar minha presença.

"Já toquei a campainha e eles não me atendem."
"Toque outra vez, eles podem não ter ouvido."
"Já repeti umas dez vezes."
"Deixa que eu faço", prontifiquei-me.
Meio minuto depois a vizinha nos atendia. Ruth Mcqueen era seu nome.
"Pois não?"
"Ele quer entrar", expliquei, apontando com a mão o senhor ao meu lado.
A mulher olhou bem para mim e perguntou:
"Ele, ele quem?"
"O senhor."
Ruth Mcqueen franziu a testa, parecendo me achar maluca e achou mesmo porque ela não podia ver o homem ao meu lado, seu avô na verdade, que morrera no dia anterior. O pior é que nem o senhor tinha se dado conta da sua morte. Por isso tocara a campainha e ninguém o atendeu, porque não a tocara realmente.
A vizinha, por fim, sorriu para mim e me perguntou se eu queria entrar. Respondi:
"Eu não, mas ele, sim!"
Ela então se voltou na direção do senhor, como se pudesse vê-lo e disse, amavelmente:
"Então entre, vovô!", abrindo mais a porta e recuando para lhe dar passagem.
Ambos me agradeceram pela ajuda e pude, então, voltar para o jardim em frente a minha casa e continuar brincando. O vovô, como a própria vizinha o havia chamado, fora recebido em sua casa e muito bem. Já não estaria mais só e triste, pensei.
Quando relatei o episódio a minha mãe, ela me parabenizou.
"Fez uma boa ação hoje, Cristal. Estou orgulhosa de você."
E eu senti também orgulho de mim.
À noite daquele mesmo dia, Ruth Mcqueen apareceu em

*45*

casa, pedindo permissão para falar comigo. Minha mãe estranhou seu pedido, mas consentiu, mantendo-se ao meu lado.

"Cristal, querida, poderia me dizer se o senhor que você viu hoje, em frente a minha casa, querendo entrar, por acaso é este aqui da foto?"

Ela me estendeu a fotografia para eu verificar. Assenti prontamente com a cabeça:

"Ele mesmo!".

A mulher mordeu os lábios, recolheu o retrato e disse, com voz embargada:

"Obrigada, Cristal! Obrigada também por tê-lo ajudado a fazer o que tanto queria."

Sorri.

Ruth Mcqueen voltou-se então para minha mãe e disse: "Poderíamos conversar um minutinho em particular?".

Mamãe estranhou novamente seu pedido, mas concordou, pedindo para que eu as deixasse a sós na sala. A mulher levou algum tempo para dizer o que achava certo e necessário. Quando conseguiu, lágrimas riscavam-lhe a face. Sei disso porque fiquei espiando as duas a certa distância sem que percebessem.

"A foto que mostrei a ela, há pouco, Susan, é do meu avô".

"Por que fez isso?".

"Para ter certeza de que fora ele mesmo quem Cristal viu esta tarde".

"Ora, minha querida, se você estava lá, abriu a porta para o seu avô, por que confirmar?".

"Porque meu avô morreu no começo da tarde de ontem, Susan!"

Mamãe não esperava por aquela resposta, não, jamais!

"Susan, eu não vi meu avô em frente à porta, tampouco quando entrou em casa quando lhe dei passagem. Só sei que era ele porque Cristal o viu, conversou com ele e me falou a respeito."

Ela tomou ar antes de completar:

"Entende agora o que acontece com sua filha, Susan? Quando ela diz que ouve vozes e vê pessoas que ninguém mais vê? Não são frutos da sua imaginação, são os espíritos dos mortos!".

"Você está por acaso insinuando que minha filha é louca?", irritou-se minha mãe.

"Não, Susan. Estou apenas querendo que você e seu marido saibam que a menina é médium."

"Médium?!"

"Sim, são pessoas...".

Mamãe a cortou bruscamente:

"Eu sei o que são! E aprendi na igreja que frequento que isso é coisa do demônio!"

"Eu só estou querendo ajudá-la, Susan. À você, seu marido e sua filha principalmente. Deve ser assustador para ela ter de lidar com isso. Agora entendo por que os psicólogos e psiquiatras não puderam ajudar a Cristal, porque não consideraram a hipótese de ela ser médium. Mas vendo por este lado, torna-se compreensível o que a menina vê e relata a vocês."

Minha mãe deu os primeiros sinais de lucidez.

"Uma médium...".

"Sim, por isso ela relata o que relata."

"Por que minha filha haveria de ser uma...".

"Susan, você fala como se uma médium fosse a pior coisa do mundo."

"E pode ser, não?"

"Penso que deve procurar alguém que entenda do assunto, para que vocês e especialmente a Cristal possam encontrar a paz diante do que estão vivendo."

Mamãe ficou encasquetada desde então e, ao conversar com meu pai, ele reagiu completamente diferente do que ela esperava.

"Ela pode estar certa, Susan".

"Você perdeu o juízo, Walter?"

"Nos já levamos Cristal a diversos psicólogos e psiquiatras, nenhum soube precisar exatamente o que se passa com a nossa menina. Mas agora, depois do que Ruth falou, penso que essa pode ser a única explicação para o que ela vê e nós, não!".

"Ruth sugere que levemos Cristal a um médium ou a um psicólogo que estuda fenômenos paranormais. Supõe que só eles poderão ajudá-la diante do que vem perturbando sua cabecinha."

"Foi uma ótima sugestão."

"E a nossa igreja, Walter? O que pensarão de nós quando souberem que...".

"Eles não precisam ficar sabendo, Susan. Além do mais, eles não detêm toda sabedoria da vida, minha querida."

"O que quer dizer com isso?"

"Que há muitas outras verdades sobre a vida que a Igreja procura abafar, dizendo que é coisa do demônio porque não sabe explicar. Então é mais fácil hostilizar."

"Você acha mesmo que eles fazem isso?".

"Tenho absoluta certeza."

Mamãe deixou seu corpo cair no sofá e desabafou: "Walter, eu estou assustada!".

"E eu aliviado, Susan. Porque agora estamos na pista certa do que pode ajudar nossa amada filha!".

Pouco entendi do que foi conversado naquela sala. Mortos, eu sabia o que eram: pessoas roxas, geralmente deitadas num caixão como se tivessem adormecidas feito a Bela Adormecida e alguns tinham algodão no nariz. Eca! Agora falar com um deles, impossível, os poucos que eu vira, jamais se levantaram do caixão, voltaram-se para mim e disseram: "Olá Cristal, como vai? Vamos conversar?!".

Mark ri e eu o acompanho. Impossível não gargalhar diante das minhas palavras Retomo a seguir minha narrativa.

— Enquanto meus pais tentavam localizar uma médium que fosse considerada honesta e não charlatã como a maioria, eu vivi nova experiência arrepiante. Certo dia, enquanto brincava numa pracinha perto de casa, um sujeito lacrimoso me chamou a atenção. Fui até ele e direta como sempre, perguntei:

"Por que chora? O que houve?".
Ao voltar para mim os olhos avermelhados de tanto chorar, tive a impressão de já tê-lo visto.
"Você me parece conhecido", comentei.
"Você também", admitiu ele.
Tanto ele quanto eu puxamos pela memória.
"De onde é mesmo que o conheço?"
"Talvez tenhamos nos cruzado por aí, por uma rua qualquer, certo dia e..."
Ele não terminou a frase, suspendeu o que dizia enquanto se punha de pé, olhando aterrorizado para mim.
"O que foi?", assustei-me.
"Você!", murmurou ele. "Você pode me ver!"
A afirmativa dele causou grande impacto em mim. De repente, a incerteza me aterrou. Deveria ou não responder a sua pergunta? Tive medo do que a minha resposta pudesse causar a ele.
"Você pode me ver e me ouvir também!", continuou ele, me parecendo maravilhado.
"É lógico que eu posso vê-lo! Você é invisível por acaso?".
Ri.
"Para os outros eu sou. Não era, agora sou, depois que...".
Foi com grande dificuldade que ele completou a frase: "Depois que morri!".
"Morreu, como assim morreu?", ri novamente. "Morreu que nada, se está aqui conversando comigo é porque tá bem vivo!".
"Quem dera..."
"E por que você está chorando?".
"Choro porque acabei de descobrir que realmente estou morto!".
Ele me pareceu engolir em seco e disse, ainda com mais tristeza embotada na voz:
"Suspeitei que estivesse mas não quis acreditar. Era

dolorido demais saber que minha vida chegara ao fim! Mas quando consegui reencontrar minha família, tudo se fez claro definitivamente para mim: todos estavam no meu velório, velando o meu corpo."

"Pare de inventar histórias", protestei, ficando fula da vida com o sujeito. "Já passei da idade de ouvir historinhas da carochinha!".

O rosto dele deu finalmente um sinal de alegria:

"Agora sei de onde nos conhecemos, pequenina! Você é a tal garotinha que ouve e vê pessoas que ninguem mais vê! Fui um dos psicólogos que seus pais a levaram na esperança de poder ajudá-la a lidar com isso. Agora entendo por que não consegui ajudá-la. Você é uma médium."

Ele esfregou a face num gesto estranho e continuou:

"Eu jamais teria acreditado, em vida, que você era uma médium! Para a psicologia, todas as vozes e visões são provocadas pela mente e seus distúrbios."

Eu o interrompi:

"Você ainda não me disse por que está chorando".

"Disse sim, mas pelo visto você é ainda muito menina para me compreender."

Fiz uma careta e ele, sorrindo, completou:

"Vá para casa, pequena, e que Deus a abençoe!"

"E você?"

"Eu vou seguir o meu caminho. Deve haver um reservado para cada um que morre. Só preciso descobrir qual é o meu."

Por nenhum momento eu acreditei que havia visto um morto. Não, aquilo me era inconcebível. Uma brincadeira de mau gosto por parte do sujeito, nada além.

Quando relatei o episódio a minha mãe, ela e papai se entreolharam por diversas vezes, parecendo duvidar do que eu contava, mas quando saiu no jornal do bairro, a foto do psicólogo que havia morrido dias antes, é que souberam que eu realmente dissera a verdade.

Dias depois, enquanto eu dormia tranquilamente no meu quarto, algo me fez despertar e me deparar com um sujeito em pé, rente à janela, olhando intensamente na minha direção. Gelei. Pude vê-lo porque passara a dormir com o abajur acesso desde que comecei a receber tais visitas indesejadas durante a madrugada.

"Preciso falar com você!", disse-me o intruso.

Fechei imediatamente os olhos e fiquei a repetir para mim mesma:

"Isso é um sonho, um sonho! Bicho Papão não existe, minha mãe já cansou de me dizer isso! Volte a dormir, volte a dormir!". Embrenhei-me debaixo do lençol e da coberta, encolhendo-me toda e rezando desesperadamente. A oração me acalmava e assim pude voltar a dormir novamente.

O sujeito, todavia, não me deixou em paz. Na noite seguinte estava ali novamente, tentando falar comigo e fez o mesmo no outro dia. Foi na noite em que meus pais se atrasaram para voltar para casa, por causa do trânsito caótico de Nova York, que eu decidi esperar por eles, brincando no gramado em frente a nossa casa. Foi quando eu estava passeando de um lado para o outro na calçada que a misteriosa figura que invadia meu quarto, sem ser convidado, reapareceu, e, desta vez, por entre as árvores de copas cerradas que havia ali.

Nunca um espírito me causara tanto medo quanto este. Comecei a tremer e era incapaz de controlar-me.

"Por favor", implorou-me ele, num tom voz embotado de tristeza que feriu o meu coração.

Pensei atabalhoadamente: continue fingindo que não o ouve, será melhor! Vá para junto das pessoas onde possa ficar livre dele. Apertei o passo.

As árvores diante de mim, ficaram esmaecidas, à minha passagem. Eu tinha a sensação de caminhar num sonho. Meu estômago estava tenso e parecia arder.

"Eu sei que pode me ouvir, por favor, converse comigo!", insistiu o sujeito, vindo atrás de mim.

Subitamente senti pena dele, muita pena! Travei os passos, fechei os olhos, respirei fundo e só então voltei-me para trás, lentamente. Ele continuava ali, com seus olhos verdes

penetrantes, embotados de tristeza, focados em mim. Senti um aperto no estômago, ao me ver olhos nos olhos com ele.
"Não tema. Eu nada de mau lhe farei", assegurou-me ele, quase chorando. "Só quero entender. Entender mais essa particularidade. Por que você pode me ver e me ouvir?" Como eu poderia explicar algo que até então ninguém soubera me responder?
"V-você", gaguejei. "Está morto?".
Ele respondeu que sim, voltando a chorar tristemente.
"Não pode ser... Mortos não falam... Mortos não andam, mortos não existem!".
"Eu também pensava assim, mas estava errado.".
Houve uma pausa até ele dizer:
"É muita coisa para uma menininha do seu tamanho entender, não?"
Fiz nova careta e ele se agachou diante de mim e olhando ternamente para meus olhos, disse:
"Desculpe-me, não quero aborrecê-la, só gostaria que me fizesse um favor. Um só favor!".
"Qual?".
"Que você repita para minha esposa, o que vou ditar a você na hora em que estivermos diante dela!".
"Como assim?".
"Eu falo e você repete para ela. Não precisa ser exatamente do jeitinho que falei, mas com o mesmo conteúdo. Pode ser?"
"Ela mora longe? Meus pais não permitem que eu saia para longe."
"É perto, me acompanhe!"
Logo chegamos lá e eu apertei a campainha e quando a dona da casa atendeu, espantou-se, ao me ver ali, uma garotinha que provavelmente já deveria ter visto, brincando na vizinhança.
"Pois não?", perguntou-me ela com voz entristecida.
"Olá, eu gostaria de lhe dizer algumas palavrinhas".
"C-como?!".

Não houve tempo para ela perguntar mais nada, porque eu a interrompi, dizendo as palavras que o espírito de seu marido, parado ao meu lado, ditava:
"Glória, você foi uma mulher maravilhosa para mim. Durante o tempo em que estivemos lado a lado, ainda que curto, você me fez um homem muito feliz. Desculpe se não pude fazê-la feliz por mais tempo, da forma que merecia. Desculpe-me também por não ter realizado seus sonhos, todos que almejou ao meu lado. Mas quero que siga em frente, que se abra para um novo amor. Você é ainda muito jovem, tem ainda a vida inteira pela frente ou pelo tempo que Deus permitir. Eu te amo muito."
A mulher a minha frente derramava-se em lágrimas quando terminei de falar.
"Quem é você? Por que está me dizendo tudo isso?".
"Porque o seu marido me pediu. Não teve tempo de lhe dizer, não sossegaria se não o fizesse."
"Meu marido... Mas ele está morto...".
"Sim e ao mesmo tempo vivo! Agora preciso ir.".
Dei um passo e voltei até ela quando o espírito me pediu:
"Só mais uma coisa. Ele diz que vai sentir saudades dos bons momentos que você e ele passavam juntos assistindo 'A feiticeira' e do refúgio dos dois na casa alugada na montanha."
Tive a impressão de que a mulher a minha frente iria desmoronar. Ela se agachou diante de mim, abraçou-me, chorando e me agradeceu por eu ter ido ali dizer tudo o que disse.
"Se você pode ver meu marido, ou somente ouvi-lo, diga-lhe que eu o amo e sempre irei amá-lo, ainda que cada um de nós ocupe um lugar diferente do universo a partir de agora."
"Não preciso dizer, ele já ouviu!".
A mulher voltou os olhos na direção que eu olhava como se também pudesse ver o espírito como eu via. Então ela se levantou, fechou os olhos e o marido passou suas mãos por seu rosto e seus cabelos, dizendo-lhe palavras de amor. Ela não pôde ouvi-lo, tampouco sentir seu toque, mas energetica-

mente, sim.
Sem mais, afastei-me e logo o espírito veio atrás de mim, acompanhou-me até a frente da minha casa e disse:
"Obrigado, muito obrigado pelo que fez por mim! Serei eternamente grato pelo seu gesto tão prestimoso. Agora preciso ir. Um mundo novo me espera! Adeus!"
Eu acenei para ele e o que mais me impressionou em tudo aquilo, acredite, não foi o nosso encontro assustador e a ajuda* que lhe prestei há pouco diante de sua esposa. Foi tê-lo visto atravessar a rua bem no momento em que um carro passava e ele não ter sido atropelado. Quando contei esse pormenor aos meus pais, minha mãe por pouco não desmaiou, após sentir um forte arrepio.
Mark me ouvia com tanto interesse que diante da minha pausa, falou:
– Terminou?
– Por hoje sim, Mark. Meu estômago acaba de me enviar um sinal de fome. Preciso ir para a minha casa, preparar meu jantar.
– E quanto ao médium, você chegou a encontrar um que pudesse ajudá-la?
– Sim, mas essa parte eu conto num outro dia.
– Haverá outro dia, quero dizer, um novo encontro, Cristal?
A pergunta me pegou de jeito, por um minuto não soube o que responder.
– Sim. Pode ser amanhã, aqui, no mesmo horário?
– Sim, eu adoraria.
Admiramo-nos mais uma vez pelo olhar até ele dizer:
– Cristal...
– Sim, Mark.
– Somos duas almas, enfrentando desafios em ângulos diferentes. Eu aqui, nessa minha condição agora e você como médium.
– A vida é mesmo feita de desafios, não é o que dizem?

---
*O fenômeno descrito é conhecido como psicofonia. (N. do A.)

— É sim, verdade...

Uma rajada repentina de vento levanta as últimas folhas de outono caídas ao chão. Ajeito meu casaco e sigo em frente. Segundos depois, olho para trás e Mark ainda está lá, no mesmo lugar, acompanhando-me com seus olhos azuis, profundos, da cor do mar.

Chego ao meu edifício e decido ir ver Cressida para saber se melhorou. Para minha surpresa, a encontro, agitando-se de um lado para o outro.

— Cristal! Que bom ter vindo! Tenho novidades!
— Por que todo esse agito?
— Porque me indicaram uma cartomante maravilhosa. O que ela diz, acontece!
— Queremos sempre saber o que nos reserva o amanhã, não é mesmo?
— Sim, Cristal. Se podemos por meio das cartas, por que não fazer?
— Será que as cartas realmente podem prever o futuro?
— É uma arte milenar, não?
— Sim, talvez, pouco sei a respeito.
— O importante é que a mulher é fera! Super indicada por todos que já fizeram a leitura do Tarô com ela. Só ela poderá me dizer, com certeza, o que está afastando Arthur de mim. Não consigo me conter de ansiedade. Veja como estou trêmula.
— Acalme-se! E me diga com sinceridade: você ainda acredita neste homem depois de todas as mancadas dele com você?
— Imprevistos acontecem, Cristal!
— Sim, mas... Eu ainda acho que você deveria passar para outra. Frequentar bares para solteiros onde realmente possa conhecer e flertar com homens reais. Fazer algo às claras e não às escuras como acontece pela internet.
— Eu já lhe disse que me sinto mais segura, flertando pela internet.
— Pois eu penso que você deveria lidar melhor com a sua

insegurança, Cressida. Há ótimos cursos de autoajuda neste sentido, espalhados por Nova York. Procure um.
– Agradeço a dica, mas não vou precisar. Casar-me-ei com o Arthur muito em breve.
Eu não disse mais nada e ela, prestando melhor atenção em mim, comentou:
– Você me parece mais bonita hoje.
– Sério?
– Sim. Não precisa me dizer o motivo.
Coro, ela ri e completa:
– Depois lhe conto tudo sobre a cartomante.
– Vou querer saber. Boa sorte!
– Pra você também!
Sigo para o meu AP.

Depois da janta, sento-me na sacada de acesso à escada de emergência e deixo meus olhos se perderem no céu surpreendentemente estrelado e lindo daquele dia. Frederick Kolber, meu vizinho musicista está no *roof\** do edifício, com seu violão de cordas de nylon, aproveitando a noite agradável e atípica de outono para tocar e cantar suas canções prediletas. Fico ouvindo, admirando sua bela voz e seu talento para música. Ter um vizinho músico pode ser algo muito chato para alguns, para mim é um privilégio. Talvez, porque, Frederick cante e toque muito bem, as músicas que mais me comovem.

Volto a pensar em Mark, no nosso surpreendente encontro naquela tarde em Battery Park, e tudo o que conversamos. Fico certa mais uma vez de que se o tivesse conhecido antes, quando ele ainda estava encarnado, teria me apaixonado por ele.

---

\*É como os americanos chamam a parte de cima do edifício, o que viria ser o telhado, onde muitos nova-iorquinos sobem para tomar sol, bater papo ou tocar violão. (N. do A.)

# Capítulo 4

Depois de mais um dia de trabalho, sigo em direção a Battery Park ansiosa por rever Mark. Por diversos momentos no dia, receei não poder encontrá-lo mais, o que me angustiou bastante. Por sorte ele está lá, no local combinado, aguardando por mim.

Aproximo-me dele a passos lentos, concentrada em seus olhos cor de azul infinito.

– Que bom que você veio – diz ele, abrindo um sorriso.

– Prometi, não prometi?

– Sim. Mas por um momento temi que não pudéssemos mais nos encontrar. Que uma força maior nos impedisse. A vida é imprevisível, você sabe.

– Sim, eu sei, mas, por sorte, estamos mais uma vez aqui. Juntos.

– Obrigado... Obrigado mesmo por ter vindo.

Depois de uma breve pausa, em que ficamos contemplando um ao outro, digo:

– Se não se importar, gostaria de admirar um pouquinho o pôr do sol e as águas do Hudson. É que me ajudam a relaxar depois de um dia de trabalho intenso.

– Em absoluto.

Ficamos junto à amurada, em silêncio, por pelo menos uns quinze minutos, até que eu me empolgo a falar.

– Você ainda está interessado em saber a meu respeito, em como aprendi a lidar com a minha mediunidade?

– Tudo em você me interessa, Cristal.

– Está bem. Aonde foi mesmo que paramos? Ah, sim...
Tomo ar e prossigo:
– Diante dos meus infortúnios, meus pais finalmente encontraram uma médium que poderia me ajudar. Seu nome era Cindy Kebbel, uma senhora muito distinta, natural de Michigan, Ohio, e que residia em Nova Jersey. Não deveria ter mais que 35, 38 anos de idade na época.
Foi a própria médium quem nos recebeu à porta de sua casa na primeira vez em que eu e minha mãe estivemos lá. Depois nos conduziu até o interior da casa, um lugar decorado e mobiliado graciosamente sem parecer pedante. Passamos por uma sala de visitas espaçosa, cheia de pessoas que, aos meus ouvidos, falavam todas de uma vez e entramos numa menor, onde havia um sofá confortável e algumas poltronas onde a Senhora Kebbel nos pediu para sentar e ficarmos à vontade.
Depois de nos oferecer água ou refresco ou chá, ela falou pela primeira vez:
"Sejam muito bem-vindas. Aqui poderemos conversar tranquilamente."
"Tranquilamente?", perguntei espantada.
"Sim. Eu quis dizer sem ninguém nos incomodar."
Girei o pescoço da esquerda para a direita e balbuciei algumas palavras incompletas.
A mulher imitou meus movimentos e perguntou:
"Algum problema?"
Eu, abaixando a voz, respondi:
"O que essa gente toda está fazendo na sala ao lado?".
Minha mãe moveu-se na poltrona, sentindo-se subitamente desconfortável e perguntou:
"Você disse 'gente', filha? Que gente? Não vi ninguém ali."
Cindy Kebbell, olhando-me com surpreendente interesse, voltou a falar:
"Então você realmente os vê."
Minha mãe se sentiu novamente incomodada com aquilo.

"Vê?! De quem a senhora está falando?"
"Acalme-se, madame."
"Desde que entramos nesta casa não vi ninguém mais além de nós."
"Ela se refere às pessoas que sempre vê, mas ninguém mais. Motivo pelo qual a senhora trouxe sua filha até mim, lembra-se?"
Mamãe, muito sem graça, pareceu se encolher toda, feito uma lesma sob o sal.
Cindy Kebbell voltou-se novamente para mim e disse, num tom muito amável:
"As pessoas que você viu na sala ao lado, Cristal, bem, elas protegem este local. São as mantenedoras deste lugar."
Fiquei confusa e mamãe mais ainda. Tive a impressão de que ela estava apavorada como ficam os personagens dos filmes de mistério e fantasmas.
"Não se assustem", continuou Cindy Kebbell "são pessoas, entre aspas, do bem!"
"Pessoas...", gaguejou minha mãe, enviesando todo o cenho.
"Sim, pessoas. Por enquanto vamos chamá-los assim."
Minha mãe perdeu a paciência:
"Essas pessoas... Elas são..." E abaixando a voz, para eu não ouvi-la, completou: "Mortos, a senhora quer dizer... Espíritos dos mortos, é isso?"
"Sim."
Mamãe novamente se arrepiou e rapidamente repetiu as palavras que o pastor da nossa igreja havia lhe ensinado para quando ficasse nervosa diante de fatos assim: "Isso não existe, não existe, não existe! É maldade do satanás! Fora de mim, satanás!".
"Infelizmente existe, minha senhora", prosseguiu Cindy Kebbell sem perder a compostura. "E sua filha pode vê-los e é isso que vem atrapalhando sua paz. O que ela mais precisa é de alguém que possa compreendê-la, por isso nos reunimos aqui."

Mamãe respirou fundo, uma, duas vezes e abaixou a cabeça enquanto mordia os lábios, sentindo-se irritada por ter ouvido o que ouviu.

Voltando-se para mim, a gentil senhora foi amável novamente:

"Cristal, gostaria que me contasse um pouco sobre você e seus amigos, aqueles que ninguém mais vê e ouve. Pode ser?"

Fiz que sim com a cabeça.

"Há quanto tempo exatamente você os vê?"

"Aqueles que ninguém mais vê e ouve?"

"Sim, querida."

Refleti e ela me pareceu disposta a me dar o tempo que fosse necessário para aquilo. Voltei a falar quase um minuto depois:

"Há muito, muito tempo que os vejo. Só não sabia até então que podia ver muitos ao mesmo tempo."

"Muitos?"

"Como estes que estão na sala ao lado."

"Ah, sim! Talvez por não saber que pudesse ver muitos deles, em grupo, não se deu conta exatamente do que via."

Diante dos meus olhinhos de interrogação, a mulher tratou logo de explicar:

"Eu quis dizer que você já pode ter visto muitos deles em grupo, sim, mas não se apercebeu do fato. Compreende?"

"Acho que sim."

"Acontece muito."

Assenti, pensativa, e novamente silenciei-me. Mamãe então decidiu tomar as rédeas da conversação:

"A questão é!", falou alto, denotando impaciência. "Se minha filha realmente vê e ouve os *espíritos*", a palavra "espírito" foi pronunciada com descaso. "Por que... por que..."

Cindy Kebbell completou a pergunta por ela:

"Por que ela os vê e outros não? É isso?"

"Sim, exatamente isso."

Tive a impressão de que a médium fez questão de dar uma

resposta precisa, por isso refletiu antes de dizer:

"Sabemos que todos têm o dom da mediunidade, o que difere é o seu grau de desenvolvimento em cada pessoa. Por isso uns podem ver e se comunicar com os espíritos e outros não. Sabemos também que é um dom maravilhoso, que muito pode ajudar os encarnados na sua travessia atual pela Terra."

"Atual?"

"Sim, atual. Parto do princípio de que atravessamos inúmeras vidas para atingirmos um nível supremo de evolução. Eu mesma já estive na Terra antes, assim como a senhora, sua filha e seus parentes, e não somente uma vez, inúmeras."

Minha mãe foi muito seca, ao dizer:

"Não vim aqui para saber sobre reencarnações, madame. Na verdade, pouco me importa se já vivi no planeta ou se voltarei a viver. O que me preocupa agora é minha filha. O que posso fazer para ajudá-la a se ver livre desses tormentos, a ser, enfim, uma criança normal?"

"O fato de ela ver espíritos não faz dela uma anormal, madame."

Minha mãe fechou o cenho mais uma vez e Cindy Kebbell, decidida a nos ajudar, prosseguiu:

"A senhora tem toda razão, o importante mesmo agora é nos concentrarmos na pequena Cristal. Em tudo aquilo que possa ajudá-la a lidar com o dom que recebeu."

"Dom?", exaltou-se mamãe novamente. "A senhora chama isso que atormenta minha filha de dom? Ah, por favor."

Mamãe ficou ainda mais de bico.

Hoje, revisitando o passado, tenho a impressão de que ela ali se tornara mais criança do que eu.

Após breve pausa, Cindy Kebbell continuou:

"Ela é de fato muito criança para lidar com isso. Deve ser também muito assustador e desagradável para ela."

Minha mãe, já não mais se controlando de ansiedade, empinou o corpo para frente e disse, suplicante:

"Se a senhora pode realmente ajudar a minha menina, por favor, faça! Eu lhe imploro!".

"Eu farei tudo o que estiver ao meu alcance, minha senhora. Sessões e sessões de *passe* e oração devem resolver o problema até que ela esteja mais crescida e apta para lidar com o dom que desenvolveu. Os *passes* e preces farão com que ela deixe de se assustar com o que vê e ouve e que não seja mais atormentada por espíritos confusos, obsessores. Ela os continuará vendo, mas sem mais se atemorizar por eles. Acabará sendo algo tão natural quanto respirar."
Minha mãe pareceu mais tranquila e a Senhora Kebbell também. Então ela se levantou e disse: "Meus amigos espirituais junto a mim lhe darão um *passe* agora. Na senhora e na menina."
"Um *passe?*"
"Sim. O *passe* é um procedimento para limpar maus fluidos e renovar a energia da pessoa que o recebe. O passista, ou seja, quem dá o passe, impõe as mãos sobre quem o recebe, fazendo uso de energia própria e dos espíritos ao seu redor."
"Não sei se devo. Minha igreja não permite nada que não seja feito por intermédio dos que dela participam."
"Todavia, sua igreja ainda não pôde ajudar sua menina diante de seus tormentos, não é mesmo? Sugiro à senhora que tire o preconceito de lado e se permita receber o *passe*. Sentir-se-á grata depois, acredite-me."
Assim, mamãe consentiu e depois de receber o *passe*, concordou com a Senhora Kebbell, que ele havia realmente lhe feito muito bem.
"Há algo mais em que eu possa ajudá-las?", perguntou a médium.
"Não, obrigada", agradeceu mamãe e quando estávamos para partir, Cindy Kebbell acrescentou:
"Só mais uma coisa. Não duvidem mais do que Cristal diz. O que ela mais quer, é ser compreendida e não, posta em dúvidas. Ela realmente vê os espíritos dos desencarnados. Quando comentar com a senhora e seu marido, especialmente, ouçam o que ela tem a contar, sem duvidar. Haverá certamente pessoas que não acreditarão nela e zombarão e caçoarão de

suas palavras. Isso, infelizmente, será inevitável. Mas toda vez que ela se chatear com essas pessoas, a senhora e seu marido devem conversar com ela, deixar claro que entendem o que ela diz e que os outros ainda não estão prontos nem dispostos a atendê-la. Isso vai ajudá-la e muito!"

Sem mais, fomos embora com a promessa de voltar para receber os *passes* e orações indicados por ela.

Ao chegarmos em casa, mamãe contou tudo em detalhes para o meu pai que ouviu com grande interesse.

E a senhora Cindy estava certa, com os *passes* passei a dormir e a lidar melhor com o que via e ouvia, não tinha mais aquele medo pavoroso de antes e logo, pouco me importava com aquilo. Tornei-me uma criança mais tranquila e feliz se é que alguma vez eu realmente deixara de ser, por ser uma médium. Penso que o que sempre me irritou, na verdade, foi o fato de as pessoas não acreditarem em mim quando eu dizia ouvir e ver pessoas que elas não viam e ouviam, do que o próprio contato com os espíritos.

Assim que faço uma pausa, Mark diz, feliz:

— Que bom que tudo acabou bem, Cristal!

Dou risada.

— Não acabou, Mark.

As sobrancelhas dele se arqueiam.

— Como não? Você disse que o tratamento deu certo.

— Sim, ajudou-me, mas só por certo tempo. Quando me tornei adolescente, comecei a *pagar mico* em cima de *mico* na frente dos meus amigos, colegas e conhecidos por causa da mediunidade.

— Que tipo de *mico?*

— Muitas vezes eu não sabia distinguir um encarnado de um desencarnado. Às vezes, numa roda de amigos, começava a conversar com um desencarnado, pensando ser um encarnado e quando dava por mim, estavam todos rindo da minha cara por estar falando com "ninguém" para eles. Sim, ninguém, pois eles não podiam ver com que eu conversava.

A besteira maior foi eu tentar explicar a algumas amigas

que eu tinha nascido com o dom para ver e me comunicar com os mortos. Pra quê? Logo virei a piada número um da escola. Caçoavam e zombavam de mim pelas costas e até mesmo pela frente.

Perdi amigos, muitos deles, a única que se manteve ao meu lado foi Maryann. Ela acreditava em mim, ela e sua mãe. Foi sua mãe, inclusive, que sugeriu aos meus pais, diante do *bullying* que eu vivia na escola, a mudar para outra, o que eles aceitaram prontamente. Maryann foi comigo para eu não me sentir só. Mas as notícias correm, você sabe, e eu, por continuar a dar foras, logo voltei a ser alvo de pichações e zombaria. Foi um horror, ainda mais para uma adolescente que morria de vergonha de cometer gafes na frente dos outros. Aquelas frescuras de adolescente chato, você sabe.

Mark ri.

— Você ri, não é? Mas não foi nada divertido para mim, uma adolescente que mais se preocupava com o que os outros iriam pensar e falar de mim do que propriamente ter um caráter invejável. Pois bem, de tão aborrecida, para não dizer, deprimida, que eu estava ficando com o *bullying*, aos 13 pra 14 anos de idade, decidi procurar Cindy Kebbell novamente na esperança de que ela me ajudasse mais uma vez diante dos meus martírios mediúnicos.

Faço uma pausa, olho bem para os olhos bonitos de Mark e pergunto:

— Tem certeza de que ainda está disposto a me ouvir?

— É claro que sim, Cristal. Sempre me interessei pela vida das pessoas, ainda mais da sua que é tão diferente.

— Muito diferente — zombo.

— Pelo menos nesse sentido.

Ele fica sério e eu acho graça da sua seriedade. Volto então a narrar:

— Dessa vez fui só, como toda adolescente metidinha à besta, não queria levar minha mãe a tiracolo. Sentiria vergonha se o fizesse. *Eta* fase difícil da vida, hein? Pensamos que podemos tudo, que somos maiorais, os donos da razão. Opinamos sobre assuntos que não temos um pingo de conhecimento ou apenas superficial. Achamos que os amigos e colegas são bem melhores que nossos pais e familiares, que vão estar eternamente conosco ao longo da vida... Chamo a adolescência de idade dos equívocos e da presunção.

Mark ri.

– É ou não é?

Ele concorda sem dar indícios se realmente concordava. Fez, talvez, só para me agradar.

Volto a minha narrativa:

– Pois bem, lá fui eu visitar a médium na esperança de que pudesse me ajudar mais uma vez. Ela, como sempre, recebeu-me gentilmente em sua casa repleta de espíritos visitantes. Assim que nos sentamos na saleta reservada para atender pessoas como eu, notei que muito pouca coisa ali havia mudado desde a última vez em que a visitara.

"Lembra-se mesmo de mim?", perguntei, olhando com certa timidez para ela.

"É lógico que sim, Cristal. Jamais me esqueceria. Esteve aqui com sua mãe há uns três, quatro anos atrás, não é mesmo?"

"Sim."

"Você cresceu um bocado desde então. Já está uma mocinha."

"Obrigada."

Aquilo para mim fora um elogio, porque toda adolescente quer parecer adulta o quanto antes, por pura estupidez, porque motivos reais não há.

Cindy Kebbell me perguntou a seguir:

"Pelo visto algo a aborrece, Cristal. O que é? Em que posso ajudá-la desta vez?"

Relatei-lhe então o meu drama.

"Compreendo", afirmou ela, sem me interromper uma vez sequer durante minha explanação.

"Eu quero ficar livre disso, entende?", continuei com certa aflição. "Não quero mais *pagar mico* na frente de ninguém, especialmente dos meus amigos e jovens como eu. Já estou cansada de ouvir piadas a meu respeito, de pegar colegas, caçoando de mim pelas costas. Eu me sinto péssima cada vez mais! É horrível ser diferente dos outros, entende? Quero ser igual a todo mundo. Normal, simplesmente normal igual a todos."

"Você é normal, Cristal", interveio ela, muito segura do que dizia.

"Não, não sou e a senhora sabe muito bem disso!"

A afirmação me deixara irritada e ao perceber que havia sido rude, pedi imediatamente desculpas como mandava a boa educação que recebera de meus pais. Houve uma breve pausa até que eu, quase chorando, dissesse em tom de súplica:

"Ajude-me, por favor. Só a senhora pode me ajudar!".

Ela pareceu ficar com pena de mim.

"Responda-me se puder", continuei, voltando ao tom agressivo de antes. "Por que nasci assim? Por que vejo espíritos, por que eles me atormentam tanto?"

Chorei. Simplesmente chorei porque estava de fato desesperada. Depois de me consolar com um *passe,* Cindy Kebbell tentou responder algumas de minhas perguntas:

"Quando garota, Cristal, eu passei pelos mesmos desafios que você, ao me deparar com a minha mediunidade. Era tão estranho viver com isso tanto quanto é para você."

"Quando foi que percebeu que tinha capacidade para ver os espíritos?"

"Quando uma amiga minha da escola faleceu. Eu a vi logo depois da sua morte e fiquei em estado de choque. Meus pais me levaram ao médico, tomei calmantes, mas nada a afastou de mim. Ela estava sempre ali. Sempre, sempre, sempre ao meu lado e era cada vez mais assustador."

"Sei bem o que a senhora sentiu."

"Nunca estamos preparadas para algo do tipo, Cristal. Ainda mais quando somos criança."

Ela se silenciou por uns segundos e prosseguiu:

"Depois vi outros espíritos desencarnados, e mais outros e

mais outros. Eram conhecidos do bairro ou da família, e assim que morriam, ao passar dos dias, eles chegavam até mim. Meus pais tentaram buscar ajuda para mim da mesma forma que os seus fizeram com você. Então, quando entrei na adolescência, tal e qual você, eu disse para mim mesma: 'Eu quero ser uma garota normal! Normal com letra maiúscula. O que posso fazer para ser uma?'. A pergunta ecoou, ecoou, mas sem resposta, o que me deprimiu bastante.

A princípio pensei que os espíritos me procuravam para me levar com eles para o outro lado da vida. Arrastar-me literalmente para a morte o que era pavoroso porque eu, como todo mundo, abominava a morte."

Eu ri e a Senhora Cindy riu comigo. Depois continuou:

"É sério, eu pensava isso no início. Levou tempo, tempo até demais, eu diria, para compreender que eles me procuravam por algo completamente diferente do que supus. Não podendo interagir com o mundo do qual não mais fazem parte, os espíritos desencarnados buscam médiuns para que por intermédio deles possam se comunicar com seus entes queridos encarnados. Dizer-lhes algo que não tiveram tempo de dizer, esclarecer um mal entendido...".

"Faz sentido", concordei, lembrando-me do episódio que vivi com o espírito que me pediu para transmitir a sua esposa o que ele dizia aos meus ouvidos.

Houve uma nova pausa até ela continuar:

"Foi então que minha família soube de um médium no Brasil onde fenômenos mediúnicos são estudados com muito mais assiduidade e abertura do que nos Estados Unidos. Pelo menos na época em que eu era criança. Voamos até lá e ele me aplicou uma sessão de *passes* e me explicou muito sobre o poder e o dom da mediunidade. Tivemos certamente de contratar um tradutor e intérprete para nos ajudar na nossa jornada."

"E ele ajudou a senhora?"

"Muito, com o mesmo método que usei para com você quando esteve aqui pela primeira vez."

"Mas ele não me deixou livre do meu dom, não me libertou por completo. Só me fez aceitar, ou melhor, deixar de me importar tanto com ele. O que eu quero é me ver livre de uma vez por todas dessa maldita mediunidade! Os mortos que se contentem em conversar com os mortos! Não os quero ao meu lado, não gosto deles, quero que me deixem em paz, definitivamente!".

Eu havia ficado furiosa novamente.

"Cristal", continuou ela muito pacientemente. "Muitos são os dons que Deus nos dá, certo? No mundo das artes podemos encontrar diversos e cada um pode muito bem querer se ver livre do dom que Deus o agraciou, e conseguir, mas... Quem de fato consegue? Um desenhista pode ficar anos sem desenhar, mas assim que for estimulado a fazer um desenho, vai desenhar novamente e logo com a mesma desenvoltura de antes. Um violonista, um dançarino, um comediante, um engenheiro, um ator, um cozinheiro, todos, enfim... Nunca perdem a facilidade e supremacia para expressar o dom que receberam de Deus."

"A senhora está querendo me dizer...".

"Que dons são abençoados e podemos, sim, ignorá-los, mas eles permanecem em nós até o término de nossa passagem atual pela Terra."

Fiz ar de espanto.

"Passagem atual pela Terra... O que a senhora quer dizer com isso?".

Ela muito pacientemente me explicou sobre a reencarnação, segundo um francês que viveu no século dezenove. Não fizera da primeira vez em que eu estive ali por eu ser ainda muito menina para compreendê-la.

Ouvi tudo neste dia, mas sem dar a devida atenção. Estava mais preocupada com o corte do meu cabelo e as unhas que faria para ir a um bailinho no final de semana que se aproximava do que propriamente ficar a par de algo tão revolucionário quanto aquilo. Eu deveria ter prestado mais atenção, pois isso teria me ajudado um bocado diante dos meus encontros com os mortos. Foi uma pena também eu não ter lido mais a res-

peito na época.
Quando ela pediu minha opinião sobre o assunto, imitei minha mãe diante do que ela ouviu certa vez sobre o processo das reencarnações. Respondi, secamente:
"Pouco me importa o amanhã! O futuro, a Deus pertence, não é isso o que dizem? Então...".
A Senhora Cindy, sempre polida, respondeu-me:
"Cristal você está certa em se preocupar com sua vida atual, pois dela nascerá o seu futuro e o seu destino no Além."
Houve uma pausa até eu perguntar:
"Não vejo todos que morrem, a senhora vê?"
"Não, também."
"Por que só vemos alguns?"
"Só vemos aqueles que ainda não seguiram para a luz".
Diante da minha expressão de incógnita, ela explicou:
"A luz é o portal entre os dois mundos, ou dois planos como também é chamado. Muitos espíritos se recusam a atravessar o portal.".
"Por que se recusam?".
"Uns por medo, outros pelos motivos que citei há pouco: não sossegarão enquanto não encontrarem uma forma de dizer a quem amam que os amam. E também saber se ficaram bem."
Ela tomou ar antes de prosseguir:
"Mas a maioria dos que ficam, ficam por revolta, apego afetivo e material. Não conseguem se separar de suas casas, das pessoas que amam, do dinheiro e dos bens que conquistaram ao longo da vida. São os que mais sofrem e acabam fazendo seus entes queridos sofrerem, sem saberem exatamente o porquê."
Ela calou-se por instantes e minutos depois virou-se para a porta e pediu para que um homem de aparência serena entrasse. Deveria estar esperando ali já há algum tempo, mas nem eu nem ela havíamos nos dado conta. Não me ative se era um encarnado ou um desencarnado, no momento aquilo pouco me importou.

"Este senhor, Cristal, quer lhe dizer algumas palavras."
"Ele, por acaso, é um...".
"Sim, é."
"Não quero ouvi-lo!", exaltei-me, tapando meus ouvidos.
"Será que a senhora não entende? Eu quero é ficar livre deles, de todos eles! Por isso estou aqui, ajude-me, por favor!"
Ela tentou falar e eu repeti, apertando os tímpanos feito uma garotinha mimada.
"Não quero ouvir! Não quero, não quero, não quero!"
Ela riu de mim, explicitamente. Foi então que percebi o papel ridículo que estava fazendo. Destapei os ouvido e perguntei:
"Ele vai me ajudar a nunca mais ver os espíritos?"
"Talvez..."
"Talvez?"
"Ele quer falar sobre sua vida atual, sua nova passagem por esse planeta."
Bocejei, não estava mesmo interessada naquilo.
"Ele diz que sua vida será cheia de surpresas."
"Grande novidade", debochei.
"Que você voltou à Terra para cumprir uma missão. Se permitir, terá toda a ajuda necessária para cumpri-la com êxito."
Ao ouvir a palavra "missão", lembrei-me imediatamente do filme "Missão impossível" com o Tom Cruise. Eu, como a maioria das adolescentes, havia me apaixonado por ele.
"Nunca esqueça que Deus nunca, jamais nos abandona! Nunca duvide de Sua bondade e que Ele estará ao seu lado em todos os momentos de sua vida."
Fiz bico, pois já estava cansada de ouvir o pastor fazer uso das mesmas frases durante o culto todo fim de semana.
"Lembre-se também de que tudo está certo, que todos estão sempre na hora e no lugar certo e com as pessoas certas."
Novo bocejo e um bem escrachado desta vez.
Confesso que desdenhei explicitamente as palavras da entidade, transmitidos lindamente pela Senhora Kebbell. Eu

realmente não estava interessada em nada a não ser parar de falar com os espíritos desencarnados na frente dos meus amigos.

"Eu agradeço ao senhor", disse a senhora Cindy a seguir.

E voltando-se para mim, ela perguntou:

"Como se sente agora?"

Simplesmente não respondi, disse apenas e com muito ânimo:

"Já sei como a senhora pode me ajudar!"

"É mesmo?"

"Sim. E é bem fácil! Diga-me como posso diferenciar um encarnado de um desencarnado?"

Ela me olhou com grande espanto e sorrindo respondeu:

"Está bem", vou tentar. "Toda vez que um estranho se aproximar de você e você estiver com seus amigos, não responda nada do que ele lhe perguntar, se fizer assim e for um encarnado, seus amigos estranharão seu comportamento. Vão virar-se para você e dizer: 'Cristal, fulano está falando contigo! Responda!' ou eles próprios conversarão com o sujeito. Agora, se nenhum de seus amigos disser nada é porque certamente se trata de um desencanado."

Ela sorriu e completou:

"Que tal assim? Pode ser?"

"Sim, acho que sim...", fiquei mais animada.

"Agora, verdade seja dita, quanto mais você se preocupar em *pagar mico* na frente de seus amigos, colegas e conhecidos, mais foras você dará. Quanto menos neura tiver com isso, menos *micos* pagará. É que atraímos sempre aquilo que não queremos! Quanto mais uma pessoa se incomoda, por exemplo, com o nariz dela, mais lhe parece que todos estão criticando o seu nariz tal como ela faz. Porém, se ela deixa de criticar, aceita-o do jeito que é, menos críticas recebe, pode observar! Ficou claro?"

"Sim, muito!"

"Os *passes* e orações também vão ajudá-la nesse processo, fique tranquila! Os *passes* são poderosos, de uma força admirável!".

E encerrou o encontro comigo, dando-me um novo *passe*. Eu já estava de partida quando ela me mostrou o Livro dos Espíritos e o Livro dos Médiuns e me sugeriu que os lesse. Disse que os leria, sim, por educação. Meu único interesse literário, entre aspas, na ocasião, eram as revistas para adolescentes como eu, cheias de fotos de rapazes bonitos, famosos em meio a matérias fúteis e bobas.

Ao voltar para casa, minha mãe me aguardava ansiosa para saber como tinha sido meu reencontro com a médium.

"Cristal, como foi lá?"

Contei a ela *tim-tim por tim-tim* e quando terminei, ela me abraçou, dizendo:

"Essa mulher já a ajudou antes, Cristal, e vai ajudá-la novamente. Você vai ver!"

"Que a senhora esteja certa, mamãe!".

Mamãe me abraçou mais forte e em silêncio orou por isso. Como toda mãe, o que ela mais queria era o meu bem, era me ver livre de qualquer tormento.

Ao término da minha narrativa, Mark me pergunta com bom humor:

– A parte em que você ignorou o espírito do senhor que tão bondosamente queria ajudá-la com palavras tão bonitas, foi realmente desprezível da sua parte.

– O que você queria, Mark? Eu era uma adolescente chata. O que eu podia fazer?

– Pobre homem. Só não entendi por que ele não lhe falou diretamente. Teve de usar a tal médium para que sua mensagem chegasse até você.

– Ah, sim, perguntei isso a ela. Era porque ele era mudo. Mas eles podiam se comunicar por algo, tipo telepatia. Ela também tinha a habilidade para isso.

– Pensei que todo mundo, ao morrer, perdesse suas deficiências, não?

– Também pensei o mesmo, mas não é assim que acontece. Ela me disse também que muitos livros são escritos desta forma. O espírito aproxima-se de quem tem mediunidade desenvolvida para ouvi-lo e não necessariamente para vê-lo, se bem que uns podem fazer as duas coisas ao mesmo tempo, e pede a ele que transponha para o papel a história que vai lhe contar. É lógico que o médium escolhido tem que ter habilidade para a escrita.

Por isso, em muitos livros, se lê o nome do autor e abaixo está escrito "Ditado por sicrano". É o caso da médium russa* que psicografou diversos livros ditados pelo espírito do poeta britânico John Wilmot, Segundo Conde de Rochester.

Joseph Murphy, um dos autores mais influentes da nova era, diz, em muitos de seus livros, que muitos escritores projetam uma história e quando começam a transpô-la para o papel, ela toma um rumo completamente diferente do que foi projetado. É como se tivesse vida própria, como se uma entidade houvesse dominado suas mãos para conduzir a história conforme deseja.

– Interessante – opina Mark. – Mas certamente o espírito narrador tem de ser também um bom contador de histórias, não?

– Ah sim, Mark, penso isso também. Quando entrei na universidade, na NYU (New York University) conheci uma brasileira que era louca por romances psicografados. Contou-me que em seu país, o Brasil, na América do Sul, estes livros eram cada vez mais populares entre os adeptos do Espiritismo e também fora dele.

– Espiritismo? O que é mesmo?

– Não sei explicar muito bem, pois nunca procurei saber devidamente a respeito. Pelo que ela me disse é um tipo de doutrina ou religião, algo assim, muito difundida por um médium brasileiro famoso até mesmo aqui nos Estados Unidos, com diversos livros traduzidos para o inglês. Não recordo o seu nome. Às vezes penso que eu deveria estudar mais a fundo tudo o que foi e está sendo descoberto sobre a mediunidade e o mundo

*Wera Krijanowskaia (N. do A.)

dos espíritos. Algo que nunca faço por pura preguiça.

— Nossa, eu nunca soube de nada disso — admite Mark, pensativo. — O que prova que há tanto a se aprender, não? Que uma vida só é pouca.

— Talvez por isso haja outras vidas para que tenhamos tempo suficiente para conhecer tudo o que a vida, pelo menos na Terra, tem a nos oferecer.

— Aquele filme "Ghost, do outro lado da vida" fala dessas coisas, não fala? Gostaria de saber se o autor se baseou num fato real ou é puro fruto de sua imaginação.

— Sabe-se lá, Mark...

— Só sei que eu nunca acreditei em vida após a morte. Cristal. Sempre fui cético quanto a isso. Agora penso diferente, penso que as pessoas devem considerar a vida além da morte para que prestem melhor atenção às decisões que têm de tomar. Para que não tomem atitudes, pensando que não há nada além da matéria.

Fazemos uma pausa e Mark me pergunta:

— E hoje, você ainda se sente mal diante dos espíritos?

— Para uma criança foi assustador e traumatizante. Para uma adolescente, vergonhoso e revoltante. Acho que carrego esses traumas até hoje, porém, meu amadurecimento fez com que eu me sentisse mais à vontade na presença deles. Se bem que...

— Se bem...

— Há muito, muito tempo que não me deparava com um espírito da forma que me deparo com você.

— Como assim?

— É como se você estivesse aqui, ao meu lado, em carne e osso. Vejo-o em detalhes, posso até sentir seu calor interno.

— E isso não é lindo? Até parece um sinal, não acha?

— Como assim?

— De que era mesmo para termo-nos encontrado.

Sorrio.

— Sim, pode ser. Nesse mundo tudo é possível.

Calamo-nos novamente e ele fica a correr os olhos pelas

linhas de minha face.

— Você é mesmo muito linda, Cristal... Já havia ficado impressionado com sua beleza, quando nos vimos pela primeira vez, mas agora, sob o sol, posso vê-la ainda mais detalhadamente.

— Você também é muito bonito, Mark. Foi um moço muito bonito...

O rosto dele murcha como uma flor, só que numa velocidade estonteante.

— Você disse "foi"...

— É que... Desculpe-me.

— Tudo bem. Ainda me esqueço que já não me encontro mais no seu plano. Que agora pertenço a outro, outro mundo, outra realidade.

— É tão ruim assim? O que há no plano daí? Pode me dizer?

— É como estar e não estar em nenhum lugar ao mesmo tempo. É como ser e não ser, ter metas e não ter, viver e não viver. Consegue me compreender?

— Sim, acho que sim.

Nova pausa e digo:

— Percebo agora que se eu disser que você está morto, estarei mentindo, afinal, você continua vivo só que noutro plano. Por isso, fazer uso da palavra encarnado e desencarnado é mais adequado. Encarnado quando está na Terra, desencarnado quando está ocupando o plano espiritual. Percebo também que está certo quem diz que a morte não é o oposto da vida. Morte é oposto de nascimento, porque vivo o espírito está constantemente, apenas vivendo em planos diferentes. Isso significa que não há como fugirmos da vida, deixarmos de viver. Estamos realmente fadados à vida eterna.

— Sim, Cristal, é verdade, e isso é bom e, ao mesmo tempo, péssimo.

— Por quê?

— Não percebe? Vou lhe explicar. Enquanto na Terra, podemos mascarar nossas fraquezas e inseguranças, frustrações e baixa estima por meio de bebida alcoólica em excesso, drogas e remédios. Todo excesso é para mascarar algo que não queremos encarar, não é isso que apontam as pesquisas? Pois bem, no plano espiritual não há nenhum desses subterfúgios, o espírito não tem como mascarar o que tanto o atormenta. Com isso o sofrimento é inevitável, pois agora terá de lidar com tudo isso às claras.

— Eu nunca havia pensado nisso, visto por este lado.

— Há tanta coisa que a gente não para e reflete a respeito.

— É verdade. O duro é que no plano espiritual não há quem possa ajudá-lo a lidar com tudo isso, tal como psicólogos, psiquiatras, terapeutas modernos, livros de autoajuda. Ou há?

Mark não soube me responder.

— Isso prova também o quanto é importante para nós, enquanto encarnados, procurarmos aprender tudo que há para nos ajudar a lidar melhor com nossos desafios e problemas e não fugir deles.

— Verdade.

Nova pausa e ficamos nos admirando, curtindo a sensação agradável de estarmos lado a lado. Sentindo vibrar em nosso interior uma felicidade rara de se encontrar a dois.

Então, subitamente, uma rajada de vento agita os galhos das árvores de Battery Park, provocando-me um frio repentino e estranho. Estremeço.

— O que foi? — pergunta Mark, ligeiramente surpreso com a minha reação.

Cruzo os braços.

— Não sei... Esse vento estranho... Sinto frio.

Cruzo os braços ainda mais apertados.

— Bem — digo, ligeiramente sem graça e, dando uma espiada em meu relógio, acrescento: — Preciso ir. Quero jantar.

Antes que os olhos lindos de Mark, pedindo para eu ficar por mais tempo, conversando, trocando ideias com ele, façam desistir do meu compromisso, afasto-me, estugando os passos.

— Desculpe-me, é que estou faminta! — explico, elevando minha voz.
— Eu gostaria muito de poder revê-la novamente!
Olho por cima do meu ombro direito para ele, jovem, lindo, a fitar-me de longe, seguindo-me respeitosamente com o olhar.
— E então? — pergunta-me ele quase num berro. — Amanhã aqui? Na mesma hora?
— Sim! Até!
E neste exato momento, uma nova rajada de vento balança novamente os galhos secos das árvores de Battery Park e, não sei por que, tenho a impressão de que alguém nos observa de muito longe e ao mesmo tempo de muito perto. Quem seria?
Giro o pescoço, lançando o olhar para os prédios à distância e nada vejo senão o brilho dos últimos raios do sol refletido na superfície espelhada dos edifícios. Mas alguém está ali, sim, posso sentir... Se Mark está, outros como ele também estão, com certeza. Talvez seja melhor fazer contato com eles, podem ser ótima companhia para Mark, ainda que sejam de má índole, nada poderão lhe fazer de mal, afinal, estão desencarnados e até onde sei, não podem afetar negativamente outros desencarnados. Ou podem?
Volto novamente os olhos por sobre o ombro na direção de Mark e o vejo levitando de um lado para o outro, sem rumo certo, como se estivesse perdido e entristecido.
Sigo para casa, pensando nele, no quanto é bom ficar na sua presença. Até então, nenhum espírito que conheci me causara tão boa sensação. Com Mark tudo é diferente, preocupo-me com ele. É mais do que preocupação, algo forte nos liga, tão forte quanto a paixão ou, até mesmo, o amor mais puro e sincero que alguém pode sentir pelo próximo.
Sei que está sendo difícil para ele a mudança de plano e que precisa de ajuda para se adaptar ao novo mundo, libertar-se da matéria e seguir para o mundo espiritual de vez. Sei que posso ajudá-lo de algum modo, mas, de repente não quero, porque quero continuar perto dele por mais tempo... O maior

tempo que nos for permitido.

Naquela noite, após o banho e o jantar, tento me distrair, assistindo a um filme, mas volta e meia me pego distraída, com o pensamento longe, em Mark Belson. Subitamente o vento lá fora sopra forte e entra no pequeno apartamento, provocando-me um arrepio.

– Nossa! – arrepio. – Que gelo!

E não está tão gelado assim lá fora, tampouco aqui dentro. Deve ser minha alma, sensível como nunca esteve antes.

# Capítulo 5

Estou em Battery Park mais uma vez, à procura de Mark e quando não o encontro, sinto certa aflição. A hipótese de nunca mais revê-lo, de repente, me é odiosa e torturante. Gosto de Mark, gosto imensamente, e mais uma vez percebo que não quero me afastar dele, não tão já, pelo menos.

Estremeço, ao ver pelo canto do olho direito, uma sombra levitando. É um espírito, sim, certamente, por isso volto-me para lá com alegria, mas nada vejo, não é Mark como eu pensei que seria. O desapontamento chega a nublar minha visão.

– Cristal – ouço ele me chamar a seguir.

Volto-me para trás e quando o vejo ali, a poucos metros de mim, me alegro novamente.

– Você veio! – exclamo, feliz. – Por um momento pensei que não viesse e que nunca mais nos veríamos.

Respiro aliviada.

– Obrigada por ter vindo.

Ele aprofunda seu olhar caloroso sobre mim e admite:

– É lógico que eu viria, Cristal. Que dúvida mais boba. Você é o que de melhor me aconteceu depois de... você sabe...

– Não, Mark, eu não sei, nós nunca falamos a respeito, lembra? Toda vez que tento tocar no assunto você o desvia para outro lado.

– É porque dói demais em mim falar sobre isso.

Sua resposta distorce-lhe a beleza.

– Um desabafo pode aliviar seu coração.

– Eu já tentei e não consigo, Cristal! – ele suspira. – Com você, eu só quero falar de coisas boas, só isso!

— Você quer, na verdade, é mascarar a realidade, falando só nisso.
— Não, Cristal, quero falar porque na verdade é só o que me interessa! É só o que me prende a esse mundo.
— Eu quero ajudá-lo, Mark. Ajudá-lo a superar tudo o que você passou e ainda passa.
— Não há nada que eu tenha de superar, Cristal. Não depois de eu tê-la conhecido.
— Você insiste em fugir do assunto.
— Eu já sofri demais, Cristal. Deixa-me agora viver à sombra da doce felicidade que você me propicia.
Silencio-me, amarrando o cenho como uma mãe aborrecida.
— Não se aborreça comigo, por favor. É que...
Ele suspende temporariamente o que ia dizer e eu o aguardo em silêncio até que se decida a falar, desabafar comigo. Ele então caminha de um lado para o outro, parecendo agoniado até que se volta para mim, com os olhos lacrimejantes e diz:
— Está bem, eu vou lhe contar tudo! Tudo o que culminou no meu desencarne!
Faz uma pausa, joga a cabeça para trás, como quem busca coragem e só então começa a falar:
— Meu pai é de uma igreja que condena o sexo totalmente. Sexo para eles, só para procriação. Quando ele me pegou, certa vez, me masturbando, apanhei de cinto como um escravo apanhava quando era pego, fazendo alguma coisa errada. Autotortura foi o que meu pai me ensinou, a me punir com um chicote toda vez que eu cedia aos desejos da carne. Um dia, não suportando mais isso, quis morrer quando na verdade queria mesmo era me libertar desta punição eterna, desta estreita visão sobre a realidade sexual. Eu queria me deitar com uma mulher sem me culpar por isso antes, durante e depois do ato.
— Nem que fosse para fazer amor?
— Na concepção de meu pai nunca houve diferença entre fazer sexo e fazer amor. De uma forma ou de outra era sujo e

pecaminoso do mesmo jeito. Eu queria poder gozar a vida como fazem os rapazes da minha idade ou de qualquer idade.

Passei a beber, a encher a cara, na verdade na esperança de silenciar a voz, na minha cabeça, que me condenava, por eu querer fazer sexo ou simplesmente me masturbar. Mas o desejo reprimido já não podia mais ser contido pela bebida em excesso, cada vez mais em excesso.

Assim, passei a ver as garotas por quem me interessava como sendo enviadas do demônio só para me atormentar e destruir a minha vida. Comecei a ter vontade de cuspir e bater nelas, chamá-las dos piores nomes, amaldiçoar sua existência.

Tom, meu irmão, parecia-me saber lidar melhor com tudo isso, digo, com a repressão sexual que vivíamos em casa. Mas talvez fosse por ser mais velho do que eu. Pobre Tom...

Tentei encontrar conforto na igreja que frequentávamos e não consegui.

Pausa.

– Entende agora por que não me sentia à vontade para lhe contar tudo a meu respeito? Ainda me sinto constrangido em falar sobre qualquer coisa que envolve o sexo. Acho que sempre vou me sentir assim, não importa em que lugar eu me encontre no Universo.

Eu, surpresa com tudo que ouvi, digo:

– Eu sinto muito por tudo que lhe aconteceu, Mark. Deve ter sido muito difícil para você ter passado por tudo isso.

– Foi horrível, sim, Cristal! Péssimo!

– Eu faço ideia... Infelizmente, o sexo vem sendo distorcido por muitas religiões há muito tempo. Por pessoas, a meu ver, mal intencionadas. Para eles, puro é somente aquele que não faz sexo. Pode observar que um livro sobre espiritualidade para ser considerado bom e realmente espiritual não pode descrever detalhadamente o ato sexual porque é visto como indecente e imoral, não pela vida, mas por pessoas preconceituosas em relação à sexualidade e à sensualidade. Pessoas que lidam muito mal com isso, pois quem lida bem, encara essa realidade como um copo de água mineral para refrescar a garganta no verão.

O amor, a paixão e o desejo é o que nos levam ao casamento, que gera os filhos, que refaz gerações e prolonga a vida!

Sexo é, em resumo, importantíssimo para a nossa existência e deve ser visto com simplicidade, pureza e naturalidade, respeito e responsabilidade!

É tão importante na nossa vida quanto o banho e a alimentação diária. Precisamos do sexo para revitalizar o nosso corpo, nossa mente e até mesmo a nossa alma.

Deixá-lo de viver com a liberdade e o respeito que merece é, de certa forma, uma agressão e um desrespeito a si próprio.

Não é à toa que Freud relacionou muitos dos problemas psíquicos, senão a maioria, à repressão sexual.

Faço uma pausa e pergunto:

– Mas eu ainda não compreendi exatamente o que levou você ao desencarne.

Minhas palavras despertam Mark novamente para a realidade.

– Sim, é verdade.

Diante da sua dificuldade para falar, procuro ajudá-lo:

– Não tenha pressa, Mark. Diga-me quando se sentir mais à vontade, eu aguardo, pode contar com a minha compreensão.

– Você é mesmo maravilhosa, Cristal. Surpreendentemente maravilhosa! Mas agora eu quero falar, quero sim! Contar-lhe tudo, em detalhes. Como você mesma disse, vai ser bom eu desabafar!

Encorajo-o com meu olhar e ele vai adiante:

– Certo dia avistei meu pai, saindo de um prostíbulo de luxo da cidade. Eu mal pude acreditar que era ele, o defensor da moral e dos bons costumes. Só então compreendi que em casa e na igreja ele era um, e às escondidas era outro. E que deveria fazer uso da repressão sexual também para ter uma boa desculpa para não ter mais relações sexuais com minha mãe, por quem há muito se desinteressara sexualmente. A descoberta me deixou ainda com mais ódio, um ódio abissal!

– Eu faço ideia.

– A revolta me fez sair do carro e ir até ele, pegando-o de surpresa e desprevenido. Ele estava tão chocado quanto eu por estarmos ali naquela situação. Teve a pachorra de me dizer que havia entrado no prostíbulo para dar um sermão em nome de Deus. Quando o desafiei a entrar no local para tirar aquela história a limpo, ele fraquejou. Eu quis então esmurrá-lo, depositar nele toda a minha revolta, mas me contive.

"Você não sabe nada da vida, Mark!", disse-me ele, ao me ver, voltando enfurecido para o carro. "Tem muito ainda que aprender!", enfatizou.

Entrei no carro, abri o uísque que escondia ali dentro e comecei a beber no gargalo, pouco me importando se algum policial me visse e me autuasse. Meu pai parou diante da janela, olhando-me com uma expressão pavorosa e ficamos assim por quase cinco, dez minutos, sei lá... Então, eu liguei o motor e parti, pisando fundo no acelerador. Eu estava louco, enfurecido e revoltado, explodindo por dentro.

Um choro convulsivo impede Mark de continuar narrando sua história.

– Então... – digo, minutos depois. – Você desencarnou por meio de um acidente de carro.

Ele não responde, apenas balança a cabeça afirmativamente enquanto lágrimas e mais lágrimas riscam sua face tal qual muitas delas inundam a minha.

– Eu sinto muito, Mark.

Sinto vontade de ampará-lo em meus braços. Quem dera... Acho que ele também sente necessidade do mesmo.

– Foi horrível, Cristal... Simplesmente horrível. Você não faz ideia do que foi para mim descobrir que estava morto. Quando vi um sujeito, tomando-me o pulso e dizendo para o colega ao seu lado:

"Ele não vai viver por muito tempo. O pulso está enfraquecendo com rapidez. Tem no máximo mais alguns minutos, nada além... A não ser que a ambulância chegue a tempo e lhe preste os devidos socorros. Talvez ele recobre a consciência antes do

fim, mas é mais provável que não. De qualquer forma...".
Por que eu?, foi tudo o que perguntei a seguir. Por que essa tragédia comigo? Justo quando eu podia me libertar do domínio de meu pai, minha vida foi interrompida por um acidente. Por que teve de ser assim? Por quê?
Ele volta a chorar e eu também. Ficamos assim por minutos até que ele ressurge com novo desabafo:
— Só agora entendo por que lutamos tanto para viver. É porque no íntimo, na alma, sabemos que a morte é pavorosa, horrível e ultrajante. Só me pergunto como podemos saber disso se nunca nascemos anteriormente?
— Aí é que está, Mark. Talvez já tenhamos nascido e não nos lembramos... Só o nosso inconsciente é que sabe e para mim o inconsciente é a alma. Se a alma atravessa realmente muitas vidas como acreditam os reencarnacionistas, ela já experimentou a morte diversas vezes e, dependendo do que experimentou, apavora, rechaça e abomina essa condição.
Mark fica a pensar. Minhas palavras realmente mexeram com ele.
Nova pausa e eu pergunto:
— E seu pai, você nunca mais o viu depois de tudo o que lhe aconteceu?
— Vi, sim, Cristal. Tinha de vê-lo! Estava preocupado com ele. Gostando de mim como gostava, ou pelo menos aparentava gostar, achei que estaria sofrendo muito com a minha morte.
— E estava?
— Sim, muito!
— Eu faço ideia.
— Quis muito que ele me visse para saber que eu continuava vivo, só que num outro plano, mas ele não tinha esse tipo de visão. Isso me entristeceu um bocado. Achei que se sentiria menos pior se soubesse que eu realmente havia sobrevivido à morte.
— Mas ele, por ser um homem religioso, certamente acredita na vida após a morte, não?
— Cristal, aprendi a duras penas que frequentar uma igreja

não significa que a pessoa vive realmente em sintonia com as leis de Deus. Quantos e quantos não frequentam uma igreja toda semana e, mesmo assim, não acreditam em nada que diz respeito à vida no Além da mesma forma que poucos praticam o bem. Milhares! Zilhões!

— É verdade. E quanto ao perdão, Mark? Você perdoou a seu pai? Suponho que deve ter sentido muita mágoa dele, não? Por ter-lhe causado tanta perturbação psicológica e...

Minhas palavras pareceram tocá-lo profundamente, tanto que ele apenas diz sim e se desliga a seguir, parecendo divagar. Fica claro para mim o quanto aquilo ainda dói fundo dentro dele. Quando penso que Mark nada mais diria a respeito, ele me surpreende:

— É lógico que lhe perdoei, Cristal... É meu pai, o cara que me deu a vida!

— Eu sinto muito, Mark. Imensamente!

Ele me olha novamente com seus olhos devastados pela dor e caímos mais uma vez no silêncio. Sugiro-lhe então que caminhemos um pouco e assim fazemos. Quero alegrá-lo, vê-lo triste me deprime, a necessidade de ajudá-lo a superar tudo aquilo torna-se ainda mais forte dentro de mim.

De repente, quero confortá-lo em meus braços como faz uma mãe com um filho adorado. Como fazia minha própria mãe quando me encontrava morrendo de medo dos espíritos.

É quando avisto a Estátua da Liberdade ao longe, que me ocorre uma ideia.

— Mark, você já esteve na ilha onde fica a Estátua da Liberdade?

— Ainda não.

— Não?! Pois deveria, a vista que se tem de Manhattan de lá, é muito bonita. E a ida de *ferry boat* até a ilha é um passeio também muito interessante. Que tal se formos até lá?

— À ilha?

— É. O que acha da ideia? Hoje já não dá mais, o ultimo *ferry boat* já partiu, mas amanhã, mais cedo, poderemos ir. É sábado e eu não trabalho. Combinado?

O sorriso volta a brilhar na face de Mark.
– Combinado!
Sorrio e caminhamos por mais um tempo até chegar a hora de eu voltar pra casa.
– Agora tenho de ir, Mark.
– Eu sei.
– Se pudesse ficaria até tarde com você, mas aqui, ao anoitecer é perigoso. Mas amanhã, amanhã como combinado, estaremos novamente juntos. Tudo bem?
– Sim, Cristal. Tudo bem. E obrigado por ter me ouvido e passado mais um tempo comigo.
– Não há de que, Mark, faço o que faço com muito gosto. Você é uma companhia muito agradável.
– Ainda bem que disse companhia... É bem melhor do que me chamar de espírito, morto ou fantasma.

Rimos e fico feliz por vê-lo mais alegre. Sem mais delongas parto, voltando os olhos na sua direção como sempre costumo fazer. Ele me observa de longe, lindo, com seus olhos azuis sem igual.

Volto a pensar em tudo que Mark me contou esta tarde. Em tudo que resultou na sua morte estúpida. De tão impressionada que fico com sua história, acabo sonhando com o momento em que ele desencarnou. É mais um pesadelo do que propriamente um sonho e há alguém mais ali além de Mark e seu pai. Há um rapaz que não faço ideia de quem seja e ele também está tão ensanguentado quanto Mark Belson. Quem seria? Provavelmente ninguém a ver com o caso. Sonhos são mesmo assim, misturam pessoas que não têm nada a ver umas com as outras.

# Capítulo 6

No dia seguinte, como combinado, eu e Mark nos encontramos mais uma vez em Battery Park para pegarmos o *ferry boat* até Liberty Island, onde está situada a Estátua da Liberdade. Durante o trajeto até a ilha, eu, com súbito bom humor, comento quase num sussurro:
– Se as pessoas me virem falando com você, pensarão que estou falando sozinha, vão me achar uma doida varrida.

Mark diverte-se com minhas palavras e vê-lo, novamente sorrindo, me alegra um bocado.
– Não fale nada além do necessário, Cristal. Não é preciso! – aconselha-me ele também, quase sussurrando. – Quando estamos juntos, o silêncio nos cai bem e parece dizer mais do que muitas palavras.

Verdade, penso com meus botões. E acho mais uma vez lindo isso que acontece entre nós dois. Estou impressionada comigo mesma e com a vida, pois jamais pensei que um dia gostaria tanto do poder que Deus me deu: ver e me comunicar com os espíritos.

Mais alguns minutos e eu e Mark estamos caminhando pela passarela em torno da Estátua da Liberdade. Nada dizemos, não é necessário, pois como o próprio Mark observou há pouco, nosso silêncio parece dizer mais do que mil palavras explícitas.

Voltando mais uma vez os olhos para Manhattan, digo:
– O que achou da vista de Manhattan daqui? Não é mesmo linda?

— É a que se vê em muitos cartões postais, não é mesmo?
— Sim, sim. Gosto de Manhattan, sabe? Há vida pulsante ali. Acho que é também porque tem muito a nos oferecer. Lugares lindos e interessantes.
— Gostaria de conhecê-los.
— E você pode, Mark, não pode?
— Se você fosse comigo...

Seu pedido me surpreende.
— Você não precisa de mim para isso, Mark.

Sua resposta também me surpreende:
— Sei que não, mas ao seu lado tudo será muito mais lindo de se ver. O que eu quero mesmo é a sua companhia, entende?
— Sim, Mark, é lógico que entendo.

Meus olhos voltam a se umedecer, tomados de forte emoção e faço força para não chorar na frente dele. Não quero que me veja, sentindo tanto pesar por sua pessoa. Penso que não lhe fará bem.

Sinto pena dele, muita pena por estar naquela situação. Dói em mim vê-lo só e desamparado. Quero ajudá-lo como nunca ajudei um espírito antes. Não sei por que, mas com Mark tudo é diferente.

Desperto de minhas reflexões, com ele me olhando de soslaio, com cara de menino travesso.
— E então, o que me diz?
— É claro que irei com você, Mark. E terei muito gosto em fazer os passeios ao seu lado.

Ele fica visivelmente feliz e eu ainda mais, por vê-lo assim.

Voltamos no último *ferry* e de Battery Park seguimos a pé até o píer 17 onde há um shopping razoavelmente interessante. Mas estamos ali mais para apreciar a vista que se tem da ponte que liga Manhattan ao Brooklin do que as vitrines das lojas.

Papo vai, papo vem e Mark estremece, ao avistar um rapaz a poucos metros de onde estamos debruçados sobre a amurada.

— O que foi?

Ele se arrepia.

— Nada, não!

Volto a olhar para o sujeito para me certificar se é um encarnado ou um desencarnado. Ele me lembra alguém, puxo pela memória e logo compreendo quem.

— Mark, sonhei esta noite com você e seu pai.

— Mesmo?

— Sim, mas havia alguém mais no sonho, ou melhor, pesadelo, porque foi de certa forma assustador.

— Alguém mais?

— Um rapaz. E eu o vi tão ensanguentado quanto você ficou após o... você sabe....

— O acidente.

— Sim.

O rosto dele pareceu-me endurecer.

— O que foi?

Ele parecia ter novamente grande dificuldade para falar.

— Eu não deveria ter tocado no assunto, não é mesmo, Mark?

— Não é isso, Cristal... é que... bem... eu não lhe contei tudo o que me aconteceu naquele dia, após encontrar meu pai, saindo do prostíbulo.

— Não?!

— Não! Omiti um fato porque tive vergonha de falar a respeito.

Ele fez uma pausa antes de ter coragem para me encarar e dizer:

— Eu atropelei um sujeito, Cristal. Foi pouco antes de eu capotar o carro. Eu estava tão enfurecido, tão fora de mim, pisando fundo no acelerador que não vi o rapaz, atravessando a rua. Só percebi o que havia feito diante do impacto e do estrondo causado pelo atropelamento. Isso só serviu para piorar o meu desespero, fazendo-me perder o controle do veículo.

Eu estava sem palavras.

– Mark, estou pasma...
– Eu tive medo de falar a respeito com você, Cristal. Receoso de que me julgasse mal.
– Mas foi um acidente, não foi?
– Sim, eu sei e mesmo assim, me sinto culpado. Penso até que minha morte aconteceu por causa da morte daquele rapaz, como sendo uma punição por eu tê-lo assassinado.
– Assassinado? Não foi um assassinato, Mark!
– Foi sim, Cristal. Um assassinato por imprudência da minha parte.

Fazemos uma breve pausa até eu indagar:
– Quem era ele, Mark?
– Eu não sei. Não tive como descobrir, Cristal.
– É verdade, desculpe-me. É que pensei que ele, por acaso, houvesse encontrado com você no plano em que você se encontra agora.
– Não, Cristal, isso não aconteceu!
– Mas poderia, não acha?
– Não sei dizer...
– Talvez ele tenha seguido a luz assim que desencarnou, como deve fazer a maioria dos que desencarnam.
– Luz?
– Sim, o portal que une os dois mundos.
– Disso eu também pouco sei a respeito.

E novamente mergulhamos noutro silêncio temporário.
– Bem, eu preciso ir – digo, voltando à realidade.
– Já?
– Sim. Passou tão rápido, não?
– Verdade. Mas foi bom, muito bom mais uma vez estar na sua presença. Obrigado, Cristal, novamente muito obrigado por ter estado comigo.
– Eu também adorei estar na sua companhia, Mark. Amei!

Nossos olhos brilharam feito dois vaga-lumes.
– E quanto ao nosso *sightseeing*\* pela cidade? – pergunta-me ele a seguir. – Você por acaso já desistiu?

– Não, pelo contrário. Ainda está de pé! Amanhã começamos. E pelo Central Park, que tal?
– Muito bom, vou adorar!
– Poderíamos nos encontrar lá. Será que você consegue chegar lá sozinho?
– Acho que sim, Cristal. Vou me esforçar.

E lhe dou as coordenadas do local para nos encontramos no parque.

Volto para casa pensando em Mark, revendo seus olhos azuis, lindos e cheios de *vida,* e também os pontos da nossa conversa naquela tarde. Ainda estou pasma com o que ele me revelou a respeito do rapaz que atropelara, pouco antes do seu desencarne. Deve ter sido realmente o pior dia da sua vida. Descobrir o que descobriu sobre o pai, atropelar um rapaz por imprudência e capotar o carro a seguir. Sinto pena do Mark, muita pena...

Nesta noite, sonho mais uma vez com o sujeito atropelado por Mark. Sim, só pode ser ele, todo ensanguentado... E fico curiosa para saber seu nome e como está se sentindo depois da fatalidade e se já atravessou a luz.

Na manhã do dia seguinte, acordo mais cedo do que o meu habitual aos domingos, para ter tempo o suficiente de fazer uma pesquisa na internet na esperança de localizar o nome do rapaz atropelado por Mark. Procuro por óbitos ocorridos por atropelamento a sete, oito dias atrás na cidade de Detroit e logo localizo aquele que me parece ser o sujeito que Mark atropelou. Seu nome é Tim Johnson e a polícia até então não encontrou o responsável por aquilo. Pergunto-me se Tom sabe a respeito do ocorrido, ele e sua família. Não, certamente que não! Devo lhes contar? Deixo minha pergunta no ar.

---

*Significa visitar os pontos turísticos de uma cidade. (N. do A.)

## Capítulo 7

Chego ao Central Park por volta das duas. A tarde não podia estar melhor para um passeio ao ar livre, seria uma tolice desperdiçá-la, ficando em casa atolada no sofá, assistindo TV.

Sigo pela via que mais admiro do parque em busca de Mark, e a hipótese de ele não ter conseguido chegar ali, me assusta. Olho para todos os lados e quanto mais demoro para encontrá-lo, sinto meu coração disparar. Ter-lhe-ia acontecido alguma coisa? Apavoro-me só de pensar. Mais alguns passos e avisto alguém muito parecido com ele sob uma das passagens em arco que há em diversos pontos do parque.

Sigo para lá esperançosa de que seja ele mesmo e é, pois logo avisto seu sorriso lindo e inconfundível.

– Mark... – murmuro com certa aflição.

– Cristal!...

– Ufa! – suspiro. – Finalmente o encontrei. Pensei até que tivesse se perdido pela cidade, que não nos encontraríamos mais.

O sorriso dele se amplia lindamente.

– Por sorte não me perdi, Cristal. Por sorte e por você!

Aprecio suas palavras com um sorriso e começamos a caminhar.

– Ainda não havia tido a oportunidade de conhecer o Central Park senão por fotos – comenta ele, minutos depois.

– E o que está achando?

– Lindo! Estupidamente lindo como quase tudo em Manhattan.

E continuamos apreciando tudo até que encontro um local agradável, longe dos visitantes do parque, para me sentar e relaxar.

— Você precisa ver o parque na primavera e no verão. Fica bem mais bonito do que no outono. Em compensação mais lotado do que agora.

— Para mim, Cristal, nada pode torná-lo mais bonito sem ter você ao meu lado.

Ele sorri e seus olhos mergulham nos meus, com aquele azul profundo, despertando-me algo que não se traduz em palavras.

Mark me parece ter a mesma sensação, pois seus olhos brilham, como se uma luz houvesse sido acesa dentro deles.

Sinto, de repente, vontade de dividir com ele as sensações que estou tendo, todas que ele provoca em mim, só para saber se ele está sentindo o mesmo, mas me acanho.

Nossos olhos continuam presos um ao outro, quase sem piscar, e, de repente, esqueço-me por completo que pertencemos a mundos diferentes. Quero simplesmente ser envolvida por seus braços, sentir seu calor, beijar seus lábios tão bonitos, fazer dele meu namorado e eu a sua namorada.

Desperto do meu delírio quando seu sorriso se amplia.

— O que foi, Cristal? No que está pensando?

Rubra, respondo:

— Em nada não, Mark. Bobagem minha.

— Tem certeza?

— Absoluta!

Agora me avermelho inteira e tento fugir do seu olhar. Então o rosto dele se torna sério e a voz também, ao dizer:

— Você me faz muito bem, Cristal. Não imagina o quanto.

Quero dizer-lhe o mesmo, mas, sei lá por que, mudo de ideia.

— Vim para cá, porque...

Ele me interrompe:

— Não era isso o que você ia me dizer.

Meu sangue gela.
– Confesse – insiste ele, voltando a abrandar a voz.
– Tem razão. Não era mesmo.
Avermelho-me mais um pouco.
– Diga.
– Você disse que eu lhe faço bem, eu ia lhe dizer o mesmo. Você também me faz bem, Mark. Muito bem! Ele se emociona e ficamos em silêncio, olhos nos olhos, como que hipnotizados um pelo outro. E os minutos seguem seu curso e pouco importa para nós sua rapidez. Ele fala a seguir:
– Só agora entendo, ainda que tarde, o real significado da mulher na vida de um homem. Ela complementa sua vida, sua história, sua essência. E acho que ele completa a dela também, não é isso mesmo?
– Sim, Mark, é isso mesmo.
Ele abaixa a cabeça e fica temporariamente cabisbaixo.
– O que foi? – pergunto, estranhando seu comportamento.
– Sabe que dia é hoje?
– Sim, domingo...
– Faz uma semana que nos conhecemos e oito dias que... desencarnei.
– Oh, Mark, é verdade, desculpe-me por ter esquecido...
– Tranquilo.
– Parece mais tempo, não?
– Sim.
– Parece que nos conhecemos há anos, não?
– Eu também sinto isso.
– Talvez você devesse visitar sua família, Mark.
– Talvez... Mas temo que se eu fizer, eu fique *maus*. Por isso acho melhor evitá-los.
– Eu o compreendo. Compreendo, sim.
Lembro-me então de falar a respeito da pesquisa que fiz na internet a respeito do rapaz atropelado.
– A propósito, eu, muito curiosa, procurei na internet a

respeito do rapaz que foi atropelado.

– E você encontrou alguma coisa?!

Mark estava perplexo.

– Encontrei, sim, Mark. O nome dele é Tim Johnson e pelos detalhes de sua morte só pode ser o rapaz que você atropelou.

– Tim Johnson...

– Sim e talvez você possa encontrá-lo, quem sabe...

– Quem sabe... Mas agora, Cristal, agora eu não quero pensar em mais nada senão na felicidade de estar junto com você, conhecendo Nova York.

Sei que Mark diz isso porque é difícil para ele lidar com o ocorrido. Não só com isso, mas com tudo mais pelo que passou e está passando. Terminamos o dia, combinando o que vamos fazer no próximo.

A caminho de casa, decido passar numa igreja para acender uma vela pelo oitavo dia da morte de Mark Belson. Faço uma oração enquanto isso e só então, retorno para o meu AP. Subo cada degrau dos três lances de escada que levam ao meu apartamento com vigor que há muito não tenho. Sinto-me mais saudável, mais bonita e feliz, e isso, a meu ver, é formidável.

Sob a luz do abajur da minha pequenina sala, quando meus olhos pousam na sacada de onde posso avistar o céu bonito de meados de outono, meus momentos com Mark, os quais não me saem da lembrança, voltam a ocupar totalmente a minha mente.

A impressão que tenho, é a de que ele, em muitos momentos, precisa controlar-se para não me abraçar e me beijar. Quando isso ocorre, ele se afasta, tentando vencer a atração que sente. Mas na verdade sou eu, eu quem sinto aquilo e não quero admitir para mim mesma.

– Mark... – murmuro. – Que deliciosa surpresa a vida me deu. Surpreendente e deliciosa.

Tudo ainda me parece irreal, como se eu estivesse presa a um sonho e, por felicidade, feliz por ser sua prisioneira.

## Capítulo 8

No dia seguinte, acordo mais cedo que o habitual, tomo um banho semifrio para despertar e um bom café da manhã para me dar energia redobrada. Sinto-me disposta para ir trabalhar e gosto de me sentir assim. Acho que é Mark quem está me deixando entusiasmada com a vida.

Ao tomar a calçada, encontro Cressida Cowell que vem toda entusiasmada contar-me como foi sua ida à taróloga.

– Estava louca, louquinha para lhe contar, Cristal! As cartas do tarô disseram que o Arthur está bem mais próximo do que eu penso.

– Como ele pode estar próximo se mora noutro estado, Cressida? – pergunto, por estranhar o fato.

– Não sei, minha querida. Mas foi o que o tarô disse.

– Se disse, né?

É nesse momento que vejo o vizinho ao apartamento de Cressida, saindo do edifício em que moram e quando nos vê, reage estranhamente. Trata-se de um sujeito muito acima do seu peso, nada parecido com o corpo atlético do homem que tecla com Cressida, mas me ocorre nesse instante se não seria ele, quem na verdade tecla com ela, usando o nome de Arthur e fotos de uma outra pessoa. Assim que ele passa por nós, pergunto:

– Quem é ele, Cressida?

Ela me responde, fazendo uma careta:

– É o Marlon, meu vizinho... Mal abre a boca! Só de eu me aproximar, estremece todo. É muito acanhado, acho que nunca sequer beijou uma mulher.

– O que acha dele?

– Do Marlon?! Se ele fosse o Marlon Brando quando jovem, eu me derreteria de amores por ele.

Ela ri.

– Pois eu acho que ele é o seu Arthur.

– O quê?! Imagine só! Você viu as fotos que ele me mandou, não tem nada a ver com o Marlon.

– Como lhe disse anteriormente. Ele usa fotos de outro cara porque não se sente atraente o suficiente para conquistar uma mulher. Quando estiver teclando, dê um jeito de ir até o apartamento dele, com uma desculpa qualquer, para pedir açúcar emprestado, por exemplo, e quando ele for apanhar dê uma espiada na tela do computador dele.

– V-você acha...

– Tente! Ou melhor, chame-o na chincha e pergunte para ele diretamente e sem rodeios.

– Não sei se tenho coragem.

– É isso ou continuar se iludindo com um cara que não existe.

Deixo Cressida pensativa e parto também pensativa para o trabalho, pensando na hipótese que levantei há pouco. Algo me diz que estou certa, Marlon está mesmo usando o corpo de outra pessoa na esperança de conquistar uma mulher e se ela não for clara com ele, ele nunca terá coragem de se declarar para ela.

"Usando o corpo de outra pessoa...", não sei por que essa frase fica ecoando na minha cabeça.

Eu e Mark temos um novo encontro. Desta vez no Soho e a tarde corre quase sem que eu e ele percebamos. A beleza e a paz que sinto ao seu lado são admiráveis e Mark me confidencia mais tarde que sente o mesmo. Quando estamos juntos, o turbilhão do mundo, as durezas da vida, os arrependimentos e o desespero, tudo de ruim, enfim, torna-se como folhas levadas ao longe pelo inevitável sopro do outono.

Falando em outono, uma brisa fria surge repentinamente tal como as demais que aparecem toda vez que estou ao lado de Mark e eu nunca sei o porquê tampouco ele. Talvez seja porque nos encontramos na maioria das vezes quando o sol já está se pondo no horizonte.

Pelo caminho, passamos por uma livraria onde naquele exato momento está tendo uma tarde de autógrafos com uma escritora de renome. Sinto vontade de ver seu livro. Por coincidência fala de espiritualidade. O trecho que mais me chama atenção diz respeito às descobertas que se fizeram nos últimos tempos sobre a influência dos desencarnados na vida dos encarnados. Fico impressionada com a coincidência do que leio, diante do que estou vivendo nos últimos dias.

Deixamos a livraria e seguimos novamente, caminhando pelas ruas. Mark me parece tão feliz quanto eu por estar ali, *vivendo* tudo aquilo na minha companhia. Não há mesmo como descrever a vida de um espírito, sem fazer uso da palavra "vida", porque de fato as ações do espírito só podem ser descritas da mesma forma que as dos encarnados. O que me revela que vida é sempre vida, seja em qual parte estivermos do Universo. O que muda, é apenas o lugar onde a alma, encarnada ou desencarnada, encontra-se.

Minutos depois pergunto:

– Nova York é ou não é uma cidade cheia de vida, Mark?

Ele concorda, balançando positivamente a cabeça e completa:

– Cheia de vida como você, Cristal.

– Quantas e quantas histórias de amor já não foram vividas aqui, hein? Chego a me emocionar só de pensar no quanto delas existiram. Até mesmo irreais, fruto da imaginação dos autores, pois Nova York já foi palco também de inspiração para muitos romances que viraram livros, peças teatrais e filmes.

Ele novamente cocorda comigo e eu, suspirando, comento:

– Há uma canção de que gosto muito, que fala de um

romance vivido em Nova York. Diz assim:

> *Traz de volta, o meu bom humor*
> *Que a tristeza, roubou de mim*
> *No último verão, ao tornar minha paixão*
> *Uma ilusão sem fim...*
> *Eu sei que você ainda me ama*
> *E que eu sempre vou te amar*
> *Que tudo, tudo, tudo não passou de um engano*
> *Desculpe e eu só queria acertar os ponteiros da nossa vida*
> *Nova York sem você nunca mais foi a mesma*
> *O Central Park sem você nunca mais foi o mesmo*
> *As noites enluaradas, as baladas e as madrugadas*
> *Nada nunca mais vai ser o mesmo sem você...*
> *Que o amor venha de novo nos socorrer*
> *Então vamos acertar os ponteiros da nossa vida...*
> *Vamos acertar...*

Mark, entre lágrimas, comenta:

– Sim, eu me lembro dessa canção e, penso que ela traduz muito bem o que eu sinto agora.

– Como assim?

– Nova York sem você nunca mais será a mesma, Cristal. Minha vida sem você nunca mais será a mesma. Nem as noites enluaradas, as madrugadas... Nada nunca mais vai ser o mesmo sem você, Cristal.

Acho graça de suas palavras.

– Não ria, falo sério – ele me repreende.

– Não pode estar falando sério.

– Por que não?

Perco a voz e ele insiste:

– Por que não acredita em mim, Cristal?

– Acredito, acredito sim, Mark. É que não quero vê-lo sofrer quando tivermos de nos distanciar um do outro.

– Distanciar?

– Sim, logo você deve partir, não? Sua nova jornada não poderá ser retardada por muito tempo ou pode?

— Eu ainda não sei, Cristal... Na verdade eu pouco sei a respeito disso.
— Todos os espíritos que já vi e interagi logo partiram para o seu novo destino, porque deve ser algo que os liberta e os renova.
— O destino que você diz...
— A luz, o portal entre os dois planos que Cindy Kebbell mencionou numa de minhas visitas a ela.
— A luz...
— Sim, Mark, a luz!
— E você quer que eu vá para lá? Responda-me com sinceridade: quer?

Para meu espanto, não consigo responder, volto os olhos para o céu e me calo.

A voz grave, porém, doce, de Mark, me traz de volta à realidade.

— Cristal...
— Sim, Mark.
— Eu menti naquele dia.

Lanço-lhe um olhar interessado e pergunto:

— Mentiu? Do que está falando?
— Não vim à Nova York simplesmente porque você disse que era bonita e que valia a pena conhecer. Vim por sua causa. Única e exclusivamente por sua causa. Quis muito reencontrá-la.

Olho para ele com evidente admiração.

— Quer dizer...
— Isso mesmo, Cristal! Eu vim para cá atrás de você.
— Confesso que estou sem palavras, Mark.
— Você também quis me reencontrar, não quis?

E novamente eu perco a cor. De repente, pareço uma adolescente, desabrochando para o amor.

— Confesse — insiste ele, sorrindo. — Ou melhor, não precisa responder não, sua cara já me disse tudo!
— Eu quis sim, revê-lo, Mark. Não revê-lo propriamente, mas saber se estava bem. De alguma forma fiquei preocupada

com você. Quis vê-lo bem, seguro e amparado.
— Você gostou de mim da mesma forma que eu gostei de você, não é mesmo, Cristal?
— Mark...
— Confesse, vai! Pra que esconder a verdade?
— Sim, Mark! Acho que sim! Não sei explicar mas com você tudo é tão diferente.

Ele dá um passo à frente, toca meu rosto e tenho a impressão de que ele pode até sentir o meu calor. Quero imitar seu gesto, mas sei que nada apalparei senão o ar. Lágrimas inundam nossos olhos e, de repente, parecemos novamente dois adolescentes, despertando para o amor, um amor impossível, mais um entre tantos que desabrocham ao longo da vida.

— Que pena, Cristal... Que pena que não a conheci antes.

Suas palavras me fazem lacrimejar ainda mais e ele completa:

— Que pena que agora pertencemos a mundos diferentes...

— Mas nada separa quem se ama, Mark. De algum modo, pelas mãos misteriosas do Universo, estaremos sempre ligados.

— Tomara que sim, Cristal. É o que eu mais quero.

Fazemos nova pausa até ele ressurgir, com olhos brilhantes e a voz entusiasmada, dizendo:

— Você disse há pouco que nada separa quem se ama, foi isso, Cristal?

Só então me dou conta da profundidade de minhas palavras.

— Quer dizer que você me ama, Cristal? É isso?

Só então me conscientizo que o que sinto por Mark é mesmo amor, um amor de verdade. Como pode uma encarnada amar um desencarnado, eu não sei, mas eu estou amando Mark e ele não pode saber disso jamais. Não quero vê-lo, rindo de mim.

— É força de expressão, Mark!

— Mesmo?
— Sim!
— Mas eu adoraria que não fosse apenas uma força de expressão, Cristal. Adoraria que estivesse me amando da mesma forma que eu a amo desde o momento em que conversamos, olhos nos olhos, após o inesperado episódio no crematório.
— V-você me ama?...
— Desde aquele exato momento, Cristal. Entende agora por que vim atrás de você?
— Mas...
— Eu sei, é estranho... Um amor assim é muito estranho, mas prova que mesmo desencarnado, um espírito continua amando, e que o amor ainda é a força mais vital e poderosa do universo.
— Sim...
— Não é à toa que dizem que por trás de tudo está o amor. Que o amor é que move terra e céus.
— Sim, Mark. Mas confesso que eu nunca pensei que um amor assim pudesse acontecer. É lindo e ao mesmo tempo, triste, não acha?
— Ora, por que, Cristal? Amor é sempre lindo, não importa como aconteça, não é mesmo?
— Mas um amor como o nosso jamais pode acontecer, Mark. Pois vivemos em planos diferentes da vida.
O rosto dele murcha como uma flor.
— É verdade... Sempre me esqueço desse fato e é sempre assim porque quero esquecer, entende?
Faço que sim com a cabeça e nos silenciamos. É quando uma repentina rajada de vento nos envolve, fazendo me gelar até a alma. Arrepio.
— Preciso ir, Mark — digo, encolhendo-me toda.
— O estômago já está roncando?
— Sim.
Risos.
Neste dia, antes de eu partir, Mark seriamente me diz:
— Se eu não puder mais vê-la, Cristal... Se algo me levar

para a luz...

— Contra a sua vontade?

— Sim, às vezes receio que isso possa acontecer. Quero que saiba que não importa onde eu vá parar neste infinito, eu vou estar sempre pensando em você... Sempre, sempre, sempre, Cristal.

As palavras dele novamente me emocionam enquanto outro vento frio me gela a alma.

Naquele dia, quando chego ao AP, choro como há tempos não chorava. A hipótese de não poder mais ver Mark Belson me é desesperadora. Descobrir também que o amo profundamente e em tão pouco tempo, também me entristece. Ainda que eu saiba que é um amor de almas, não quero sentir, porque vai doer muito quando, cedo ou tarde, tivermos de nos separar. Uma separação inevitável, pois nenhum espírito pode deixar de fazer a travessia entre os dois mundos. A passagem, como também é chamada.

Essa noite, infelizmente, vou entristecida para a cama. Aconchego-me debaixo do edredom e sinto a presença de alguém mais ali quando estou prestes a adormecer. Bobagem minha, só pode... E novamente pensando em Mark, adormeço.

# Capítulo 9

Dia seguinte, pela manhã, encontro Cressida novamente que vem toda ansiosa me contar que eu estava certa em minhas suposições.

– Era ele mesmo, Crista! O Arthur era o Marlon o tempo todo! Pode?
– E agora, o que pretende fazer?
– Eu não sei...
– Pois deveria lhe dar uma chance, Cressida. Ele pode não ser fisicamente atraente, mas pode vir a ser um sujeito bem bacana para namorar. Uma grande surpresa para você.
– Você acha mesmo?
– Tente se envolver com ele, não custa nada.
– É, talvez você tenha razão. Já estou cansada de ficar esperando a chegada de um príncipe encantado.
– Taí!
– Obrigada pelo conselho, Cristal. Você é sempre muito sensata.

Despedimo-nos e eu parto, perguntando-me se sou realmente uma pessoa sensata. Logo, volto a pensar em Mark e me vejo novamente ansiosa para reencontrá-lo. O combinado é de nos encontrarmos logo mais à noite no Empire State Building, o prédio mais alto de Nova York depois do atentado às Torres Gêmeas.

Visto que eu havia ido visitar uma cliente no bairro do Brooklin neste dia, o que me permitiu terminar mais cedo o meu trabalho, ganho tempo para passar no meu AP, tomar um banho e me vestir com mais capricho para o nosso encontro logo mais.

Faço uma maquiagem leve, usando um batom discreto nos lábios e um contorno suave de lápis preto em torno dos meus olhos. Visto minha blusa e meu casaco favoritos e parto acelerada, ao perceber que estou atrasada. Não gosto de atrasos, nem da minha parte nem dos outros. Jamais cheguei dez minutos atrasada em lugar nenhum, aquela seria a primeira vez. Que Mark me perdoasse.

Pego o metrô na Sexta Avenida e desço na Broadway, na altura da Macy's, a loja de departamentos mais famosa de Nova York. Logo entro no Empire State e subo de elevador os cento e poucos andares, divididos em duas etapas.

Não demoro muito para avistar Mark. Com seus cabelos claros e ondulados, seu rosto rosado e luminescente. Ele me recebe com um sorriso bonito nos lábios, provocando-me aquele arrepio estranho que muitas vezes sinto, ao nos aproximarmos.

Diante do meu suspiro de alívio ele me pergunta:

– O que houve?

– É que me atrasei e não gosto de atrasos. Tive medo de que pensasse que eu não viria mais e fosse embora.

– Calma.

– Sim, agora estou mais calma. Ufa!

Rimos.

A vista que se tem de Manhattan do topo do edifício é simplesmente espetacular. Por isso fiz questão de levar Mark até lá.

Dali seguimos para o ponto mais badalado da Broadway, onde ficam os luminosos e grandes teatros, lugar de agito constante. Depois caminhamos em direção ao Washington Square e dali, para o Village onde moro. Pelo caminho esqueço-me de tudo, dos afazeres no trabalho, da triste realidade que assola a humanidade muitas vezes... Só tenho olhos e ouvidos para Mark, como se fosse sua serva, sua escrava, e, ao mesmo tempo, seu guia na escuridão.

Neste dia, antes de partir, miro seus olhos e pergunto com

transparente tristeza na voz:

— E quanto ao rumo que deve seguir, Mark? Descobriu alguma coisa?

— Você quer mesmo que eu siga para lá, Cristal?

— Mark, com sinceridade, por mim você ficaria ao meu lado pelo resto da vida, mas a travessia entre os dois planos deve ser importante para um desencarnado. Se todos os espíritos seguem para lá, deve ser porque somente, atravessando o portal, é que se pode ter uma vida nova, uma energia renovada, uma nova luz... Até mesmo um novo corpo como afirmam os reencarnacionistas.

Receio que se você ficar preso a este plano que se encontra agora, prejudique a sua evolução. Segundo os reencarnacionistas todos precisam atravessar o portal entre os dois mundos para que possam ser direcionados para uma nova etapa de vida em prol de sua evolução.

— De que me vale a evolução sem ter você ao meu lado, Cristal?

— Mas é o propósito mor de nossas idas e vindas a esse planeta, Mark.

Ele dá de ombros.

— Pouco me importa.

— Mas deve importar para a Vida.

— Estou percebendo que você não me quer mais ao seu lado.

— Mark, o que eu quero mesmo é o seu bem. Se dele depende a nossa separação, assim deve ser. Por mais que eu sofra, por mais que você sofra. O seu melhor é prioridade. Devemos respeitar isso.

Seu rosto agora é o rosto da decepção.

— Não fique assim. Preocupo-me com você, já lhe disse isso. Quem ama cuida, não mima.

— Parece até que você não vai sofrer se eu seguir meu rumo...

— Vou, vou sim, mas de saudade. Outro motivo não terei, pois sei que estará sendo guiado por boas mãos. E penso também que se nos encontramos nesta vida, podemos encontrar numa próxima.

– Que próxima Cristal? Acredita mesmo que haja outras vidas?

– Você e muitos não acreditavam que o espírito poderia sobreviver à morte e, no entanto, você está aí, aqui, bem, você me entendeu. Portanto, pode haver, sim, o processo da reencarnação.

– E se não houver?

– Mas se ouve tanto falar a respeito.

– Ainda que eu possa reencarnar, de que me vale a reencarnação longe de quem amo?

Interrompo-o sem perceber:

– A vida impõe separações, Mark. Longas ou curtas, cedo ou tarde, todos têm de seguir seu caminho longe de pessoas e entes queridos.

– Eu sei.

– Se sabe, então não torne tudo mais difícil nem para você nem para mim.

Ele morde os lábios.

Assim que paramos em frente ao edifício onde resido, falo:

– Bem, chegamos.

Ele sorri, mas logo percebo um quê de tristeza em seu olhar.

– Preciso ir, Mark, amanhã acordo cedo.

– Está bem, Cristal, já estou acostumado.

– Promete que vai ficar bem.

Ele abre aquele sorriso que me tira do chão e afirma:

– Prometo. Palavra de escoteiro!

Ele bate continência, expressando bom humor.

– Promete também que vai procurar saber mais sobre a travessia pela luz?

– Prometo! Juro que sim!

Um novo aceno, um novo adeus e entro no prédio. Subo degrau por degrau da escadaria, pensando no quanto foi bom estar ao lado de Mark novamente e na promessa que ele me fez.

Ao adentrar meu apartamento, acendo o abajur da sala como sempre faço e vou para o quarto me despir, visto meu pijama de flanela quentinho e é quando tenho novamente a impressão de que há mais alguém ali.

– Olá! – chamo com certa cautela. – Tem alguém aí?

Vou até o banheiro e verifico: ninguém. Se há alguém na cozinha, só pode ter se escondido atrás da amurada que separa o cômodo da sala. Verifico e ninguém também está ali. Vejo novamente um vulto pelo canto do olho direito, move-se rápido, assustadoramente rápido e estremeço. Vou até a sacada, mas não há ninguém ali também. Ninguém.

Um espírito, penso em silêncio. Há um espírito aqui, sim, só pode ser isso. Mas de quem?

– Sei que você está aí – falo cautelosamente. – Eu o vi pelo canto dos olhos.

Silêncio total.

– Apareça, vamos! Apareça!

Fico nervosa, ainda mais nervosa do que já estava e ainda ignoro o porquê. Nunca me sentira assim desde os tempos de criança, quando tive minhas primeiras visões.

O silêncio permanece e me é cada vez mais inquietante.

– Diga o que quer? Diga! – ouso desafiar a *entidade*.

Vem então uma rajada de vento, a mesma que me fez arrepiar toda vez que me encontro ao lado de Mark. E é então que cogito a possibilidade de ser ele. Sim, por que não? Como espírito ele pode estar em qualquer lugar. Ingênua eu ter pensado que não.

– Mark, é você? – pergunto com os lábios trêmulos.

Seu riso, ainda que de leve chega aos meus ouvidos, provocando-me um arrepio tão forte que chego a fechar meus olhos até espremê-los. Quando os reabro, ele está ali, parado junto ao abajur da sala.

– M-Mark... – balbucio.

Meu rosto se transforma lentamente no de uma mulher

decepcionada e Mark não gosta do que vê.

— Cristal... — ele tenta falar, mas eu não o deixo.

— Quem lhe deu o direito de invadir o meu apartamento dessa forma, Mark?

— Cristal...

— Responda!

Levo as mãos à cabeça e prossigo com voz trêmula e irada:

— Eu nunca lhe dei esse direito. Nunca!

— Cristal, o que é isso? Você me adora e eu a adoro!

— Mas isso não lhe dá o direito de invadir a minha privacidade, Mark. Não dá!

Ele abaixa a cabeça, desapontado.

— Você deveria ter esperado eu convidá-lo para vir aqui. Eu não me sinto...

Suspendo a frase no ar porque uma hipótese terrível vem a minha mente. Olho bem para ele e pergunto, ainda mais séria:

— Essa é a primeira vez que faz isso, Mark? Ou...

O modo que ele me olha, choca-me ainda mais.

— Você já esteve aqui outras vezes, não? E não me disse nada.

— Desculpe-me, Cristal, eu não queria... — ele responde com um leve tremor na voz.

Balanço a cabeça negativamente e decepcionada. Ele tenta se defender:

— Pensei que podia vir, sendo íntimo seu, cada dia mais...

— Não, Mark, isso não lhe dá o direito de me espiar... De me ver nua, por exemplo! Isso é desrespeito!

— Se eu soubesse que iria ficar tão desapontada comigo, eu jamais teria feito isso.

— Mas fez, Mark! Fez!

Meu tom é cada vez mais frio e a admiração por Mark me parece cada vez mais bombardeada por um míssil de uma guerra cruel.

Entre lágrimas, ele se desculpa novamente:

— Perdoe-me, Cristal! Perdoe-me, por favor!
Não consigo responder.
— Perdoe-me, eu lhe suplico!
Seus olhos, imersos numa tristeza infinita me perturbam. O silêncio cai pesado entre nós. Levo um tempo pra refletir e dizer:
— Está bem, Mark... Está desculpado, mas que isso não mais se repita.
— Não é isso que vai estragar a nossa união, Cristal, não pode ser!
— Não quero que faça isso nunca mais!
— Não farei, eu juro!
— Que não se repita!
— Prometo!
— Promete mesmo?
Ele faz que sim com a cabeça e, depois, fala em um tom de crítica:
— Você diz que gosta de mim, tanto quanto eu gosto de você! Então, pensei que por gostar de mim tanto assim, não se importaria da minha presença na sua casa.
— Gosto de ter minha privacidade, Mark.
— Pensei que não tivéssemos segredos um para o outro.
— Não temos.
— Isso me dá um grande alívio. Porque eu a amo, Cristal. Amo muito. Você é a coisa mais bonita que me aconteceu depois de eu... Você sabe...
— Sim, Mark, eu sei.
Sinto novamente pena dele nesta hora. Sei que dói demais para ele ter de se lembrar de tudo o que o fez desencarnar. Não deve ser fácil para espírito algum.
Ele quebra o gelo, dizendo:
— Então essa é a sua casa? Queria muito que me convidasse para vir conhecê-la. Aguardei ansiosamente pelo convite, quando cansei de esperar, decidi vir mesmo sem ter sido convidado. Desculpe-me.
— Acho que eu é que lhe devo desculpas, Mark. Você tem razão, eu deveria tê-lo chamado para vir aqui, e também não

precisava ter tido essa reação com você por tê-lo encontrado aqui! Foi exagero da minha parte, acho que provocado pelo susto. Perdoe-me.
– Que é isso, Cristal? Já está tudo bem entre nós, não está?
– S-sim, sim, Mark. Tudo bem, como sempre foi.
Silêncio novamente entre nós até que sugiro:
– Que tal ouvirmos um CD? Tenho uns ótimos.
– A casa é sua Cristal, o que você decidir está decidido.

Ele se encosta na parede, com os olhos voltados na minha direção, parecendo em paz agora, por estarmos novamente em paz um com o outro. Ponho o CD e aumento o volume numa altura agradável para os ouvidos.

*Não há respostas quando se precisa de uma*
*Nem amor quando não se suporta mais viver só*
*Nem ninguém quando se quer um ombro amigo pra chorar*
*Nem forças quando precisamos delas para lutar*
*Dá tudo errado quando é precisa que dê tudo certo*
*Não há mais alimento para a nossa criança interior*
*Nem um anjo que nos ajude a voar*
*Só o inferno que nos parece eterno...*
*Porque o mundo girou e nos carregou distante do que a gente sonhou...*
*Porque o mundo girou e nos carregou distante do que a gente planejou fazer do nosso amor...*
*Porque o mundo girou e nos carregou distante do que a gente planejou fazer...*
*Eu aqui não mais em você!*

Adormeço ali mesmo, entre uma canção e outra do CD. Só desperto, quando os primeiros raios do sol invadem o apartamento. Mark já não está mais ali, partiu.

Sigo para o trabalho, pensando nos acontecimentos da última noite. Ainda me incomoda saber que Mark já estivera no meu AP, me observando em surdina, sem que eu percebesse. Apesar de gostar dele imensamente, sinto-me invadida. Tento apagar a ideia e não consigo.

*111*

## Capítulo 10

Depois de mais um dia de trabalho, só então percebo que eu e Mark nada combinamos para este dia. E agora, como encontrá-lo? Devo seguir para Battery Park ou devo ir para minha casa? Ele agora sabe onde é e pode me encontrar lá.

Chego finalmente ao meu AP e antes de entrar, dou uma espiada para ver se Mark está ali. Não, não está. Tolice minha pensar que estivesse, não depois da bronca que lhe dei. Acho que fui radical demais com ele e me arrependo do que fiz.

Finalmente adentro o apartamento e uma súbita falta de ar me faz abrir as janelas da sala para respirar melhor. Presto então atenção às janelas dos apartamentos do prédio vizinho e novamente me recordo do famoso filme de Hitchcock. Logo avisto Cressida no apartamento de Marlon, sentados no sofá, conversando descontraidamente. Que bom que os dois estão se acertando. Isso me deixa feliz, adoro quando um casal dá certo.

Sigo então para o meu quarto, me dispo e vou tomar banho. É quando volto a pensar em Mark, estou preocupada com ele. Onde estaria à uma hora dessas? Esperando-me em algum lugar? Teria conseguido finalmente atravessar o portal que liga os dois mundos? Se fez, partira magoado comigo?

Outra hipótese me apavora. Teria Mark sido levado à força para o Além, ou para o que acreditamos ser o inferno? Arrepio-me só de pensar.

Por sorte, Frederick Kolber sobe ao *roof* naquela noite e começa a tocar suas belas canções que acabam me fazendo adormecer ali mesmo no sofá, me sentindo menos ansiosa.

    A manhã do dia seguinte me surpreende com inesperada melancolia. Acordo triste sem saber ao certo o porquê. Sinto-me melancólica e sei que não tem nada a ver com a TPM. Só levanto da cama quando de repente tenho a sensação de que vou encontrar Mark na sala do apartamento. Mas ele não está ali o que me é deveras frustrante. Novamente fico preocupada com ele. Minutos depois, sigo para o trabalho como que levada por uma força maior...

    No trabalho, permaneço quieta e introspectiva. Horas depois, Úrsula me puxa até a cozinha para me segredar os últimos acontecimentos de sua vida.

    – Cristal, querida, deixe-me lhe contar as últimas.

    E desembesta a falar. Sidney chega a seguir, dizendo precisar de um café, quando a verdade é só uma desculpa para ficar ao meu lado. Ao vê-lo, Úrsula o recebe com uma de suas caretas e volta a falar empolgada sobre os preparativos de seu casamento, ignorando a presença do gerente.

    É quando ela esbarra sem querer em mim que tenho um sobressalto. Sinto um arrepio estranho que me faz soltar a xícara de café que segurava entre os dedos. Se Sidney não tivesse sido rápido, ela teria se espatifado ao chão.

    – O que foi? – assusta-se Úrsula.

    – N-não foi nada, não! – respondo, gaguejando. – Isso sempre acontece, quando alguém inesperadamente esbarra em mim. Assusto-me dessa forma.

    – Sua reação também me assustou.

    – Mas já passou...

    – Sim, já passou. Bem, vou voltar para o meu trabalho.

    Assim que minha colega se vai, Sidney põe na minha mão a xícara de café que por pouco não se espatifara no chão, desta vez com mais café.

    – Ah, obrigada. Nem sei se quero mais.

    Sidney, me olhando firme, pergunta:

    – O que houve?

– Houve? Como assim?
– Você sabe do que eu estou falando. Aquele espasmo de terror ainda há pouco.
– Não foi um espasmo de terror, você está exagerando.
– Eu vi seu rosto quando aconteceu, Cristal, e foi um espasmo de terror.

Eu, sem graça, respondo:
– Como disse há pouco, sinto isso desde menina.

Ele parece refletir enquanto saboreia também uma xicarazinha de café. Silenciamo-nos até que ele, sem tirar os olhos de mim, o que me deixa sei lá o porquê bastante constrangida, comenta:
– Você está triste.
– E-eu?
– Você mesma. Úrsula não percebeu porque está deveras empolgada com o seu casamento, mas eu, sim. Essa Cristal na minha frente não é a mesma que conheço.
– É, talvez você tenha razão. Acordei hoje não muito bem... Mas isso é normal, não é? Ninguém acorda bem todos os dias.
– Sim, mas algo aconteceu para deixá-la assim. O que foi?
– É, aconteceu mesmo. Perdi um amigo. Um amigo de pouco tempo...
– Ele era jovem?
– Sim.
– Pois é... A morte não manda recado nem prioriza os velhos como deveria ser, não é mesmo?
– Não.
– Sabe que pode contar comigo para o que precisar, não sabe?
– Sei sim, obrigada.
– Se quiser ir para casa mais cedo.
– Acho que seria pior, aqui, pelo menos, mantenho minha cabeça ocupada com o trabalho.
– Está bem.

Antes de voltarmos para nossas salas, Sidney reitera seu sentimento por mim:

– Nunca se esqueça do quanto eu gosto de você, Cristal.

– Jamais me esquecerei, Sidney. Jamais!

E novamente sinto meu corpo gelar esquisitamente. Algo que procurei disfarçar imediatamente.

Ao término do expediente, penso imediatamente em seguir para Battery Park, mas desisto, assim que percebo que o lugar só serviria para me trazer recordações de Mark, dos curtos períodos de tempo que passamos juntos ali.

Resta-me seguir para o meu apartamento, mas não me sinto disposta; de repente ele me parece um lugar triste e solitário, quero ver gente, ter um pouco de alegria. Um filme, há sempre muitos em cartaz que quero ver e nunca vou. Assim, decido ir ao cinema.

Pelo caminho, uma manchete de jornal me chama a atenção: "Crimes sinistros pela internet." Penso imediatamente em Cressida. No perigo de ela vir a teclar com um maníaco homicida.

Um cara, saído como que do nada, me assusta. Por pouco não grito. Aperto o passo, volto os olhos para trás e ele ri, parece se divertir com o meu medo. Sei que Manhattan tem assassinatos, mas eu nunca me senti insegura ali como me sinto agora. Tenho a impressão de que estou sendo seguida, entretanto, volto os olhos para trás e para os lados e nada vejo. Seria Mark? Não, ele não me assustaria. Acelero o passo e para meu alívio, logo chego ao cinema e procuro relaxar. O filme é uma linda história de amor...

Volto para o AP, sentindo-me mais leve. Tomara que Frederick Kolber esteja no *roof,* cantando e tocando violão. Sua voz e suas melodias me acalmam, espantam qualquer tristeza. Infelizmente nesta noite ele não aparece, restam somente eu mesma e a melancolia. Tenho de encará-la, não há outro jeito.

Mais um dia, mais algumas horas de trabalho e volto para

casa, pensando em Mark. Há dois dias que ele não mais me procura e isso significa que ele já deve ter mesmo atravessado o portal entre os dois planos como lhe sugeri que fizesse. Quem dera eu pudesse saber se deu tudo certo para ele durante a passagem. A famosa passagem.

Entro no AP disposta a me alegrar. Vou tomar meu banho e aproveitar para testar um novo xampu para os cabelos que Úrsula me indicou. Esfrego o couro cabeludo com vontade, com os olhos fechados para não arder. Sinto então um daqueles arrepios, provocados pela estranha impressão de que estou sendo observada por alguém. Abro a cortininha do chuveiro e nada vejo senão o vapor provocado pela água quente, espalhando-se pelo ar.

Procuro relaxar. Canto uma canção que me vem à mente e é quando tenho um novo arrepio. Desligo o chuveiro, enrolo-me na toalha e saio do banheiro, lançando olhares de cisma para todos os cantos.

Seria Mark? Não, ele havia me prometido que não entraria ali sem que eu o convidasse.

Visto-me com certa rapidez, mas não antes de fechar a porta do quarto. Como se isso realmente impedisse um espírito de me ver.

Chego à cozinha e é quando tenho uma de minhas vontades degustativas repentinas. Desta vez é de comer queijo suíço e como estou sem, preciso ir comprar numa Deli* perto de casa. Visto um casaco e um cachecol, pois faz frio lá fora, e quando estou prestes a deixar o apartamento, um medo repentino trava meus passos e me deixa com falta de ar.

Lembro-me da noite passada em que tive a impressão de estar sendo seguida, e não por Mark, e da estranha aparição do sujeito mal-encarado surgido como que do nada. Recordo-me também dos dias anteriores em que me senti vigiada e seguida por alguém que meus olhos não podem alcançar.

Mas eu preciso romper o medo, não quero ser diagnos-

---

*Abreviação de *delicatessen* que significa loja de mercearias finas, frios, importados, comida em geral.

*116*

ticada com síndrome do pânico. Além do mais, há pessoas e mais pessoas, transitando pelas ruas, qualquer perigo é só gritar por socorro. Assim desço os três andares de escada, procurando me acalmar.

Sigo pela calçada, olhando volta e meia por sobre o ombro, para ver se não estou sendo seguida. A impressão de eu estar sendo vigiada por alguém permanece e é cada vez mais forte e assustadora.

A sirene estridente de uma ambulância me assusta. Nunca me pareceu tão ardida e irritante. Estou prestes a atravessar uma rua quando Mark grita o meu nome. O berro me impede de prosseguir, salva minha vida, pois um carro vira a toda naquele momento e por pouco não me atropela.

Mark surge bem diante de mim.

– Cristal, você está bem?

– S-sim, Mark! Foi por pouco!

Acho que tanto ele quanto eu queremos nos abraçar naquele momento, amparar um ao outro nos braços diante do que aconteceu. Quando consigo me acalmar, desabafo:

– Pensei que a essas alturas já tivesse seguido a luz.

– Eu tentei, Cristal, juro que tentei... E que bom que não consegui, não acha?

– Ora, por quê?

– Para salvá-la, Cristal. Como fiz há pouco, ao berrar seu nome.

Novo arrepio e nova vontade de me ver abraçada por ele.

– Sim, Mark, é verdade. Muito obrigada.

– Pelo visto o destino fez de mim seu anjo da guarda, Cristal.

– Anjo da guarda.

– Sim, não acha?

Sinto meu peito, incendiar-se outra vez de emoção.

Fazemos uma pausa até ele perguntar:

– Onde você está indo a uma hora dessas?

– Numa Delly comprar queijo.

— Se eu pudesse, faria todas essas coisas para você, Cristal.

— O John sempre faz isso por mim, sabe? Já está acostumado a esses meus desejos repentinos.

Risos redobrados.

— Imagine só quando eu ficar grávida? Vai ser desejo em cima de desejo.

Novos risos.

Seguimos até a Delly e pelo caminho, um sujeito alto e de rosto solene, distraidamente colide comigo. Prontamente se desculpa. Não me dou conta no momento do quanto Mark fica enfurecido com aquilo. Só percebo quando olho novamente para ele e vejo seu semblante, se contorcendo de raiva ou ciúmes ou as duas emoções ao mesmo tempo.

— Calma, foi sem querer.

— Pois o babaca deveria andar mais atento.

Faço as minhas compras e voltamos para casa. Diante da entrada do edifício onde moro, Mark para e me olha com cara de cão abandonado.

— O que foi? – pergunto.

— Não vou além daqui se não me convidar. Lembra?

— Sim, Mark, lembro! Mas hoje você está convidado para subir.

Assim fazemos. Enquanto degusto o queijo que eu tanto ansiava saborear, comento:

— Não vá se ofender com o que vou lhe perguntar agora, mas... eu preciso saber.

Ele me olha mais seriamente.

— Esta noite, pouco antes de eu seguir para a Delly, alguém entrou no meu apartamento enquanto eu tomava banho.

— Alguém?!

— Sim, um espírito. Certamente um espírito. Tive a nítida impressão de que havia um e dentro do banheiro enquanto eu me banhava.

— Não era eu Cristal, juro que não! Se é isso que você pensou...

— Sei que me prometeu que não faria, Mark, mas sei que muitas vezes a tentação é mais forte do que uma promessa.
— Eu não faria, Cristal, porque a amo e a respeito.
— Obrigada.
Sinto-me comovida novamente por suas palavras e digo:
— Mas era você então quem estava me seguindo pela rua pouco antes de eu ser quase atropelada.
— Seguindo você? Também não!
— Então como me encontrou ali e bem no momento em que eu mais precisava?
— Porque uma força maior me levou até você e foi de forma súbita e surpreendente. Deve ter sido mesmo a providência divina de que tanto ouvimos falar nas igrejas.
— Pode ser, mas alguém estava me seguindo, Mark e penso que era o mesmo espírito que invadiu minha privacidade esta noite. Mas se não era você, quem seria?
Ele recua o rosto com uma expressão séria.
— Sabe — prossigo, pensativa —, não é de hoje que venho tendo a sensação de estar sendo seguida e observada por quem meus olhos não podem ver. Tem sido assim desde os nossos primeiros encontros em Battery Park.
— Você nunca comentou nada comigo.
— Porque não queria aborrecê-lo e, também, porque achei que era neura minha, mas agora... A sensação é cada vez mais crescente. Penso agora que poderia ser um espírito do mal, Mark. Um pervertido!
— Será?
— Só pode!
Faço breve pausa e levanto uma hipótese aterradora.
— Talvez o rapaz...
— Que rapaz, Cristal?
— O que você atropelou sem querer, Mark.
— Sei, o que tem ele? Não vá me dizer que está pensando que é ele que anda seguindo e espionando você?
— Poderia ser, sim, Mark.
— Mas ele é de Detroit.

— Você também é de lá e, mesmo assim, encontra-se em Nova York.

— A uma hora dessas, Cristal, ele já deve ter atravessado o portal que liga os dois mundos.

— Talvez não, Mark. Se você continua aqui depois de tantos dias após o seu desencarne, ele e outros também podem estar.

— Mas por que ele haveria de assombrá-la?

— Ora, Mark... Pelo simples fato de você gostar de mim. Ele deve ter descoberto e supõe que me atormentando, afetará você também por gostar de mim. É o modo que encontrou para se vingar de você por tê-lo atropelado.

— Mas foi sem querer, Cristal. Sem querer, entende?

— Eu sei, mas para ele isso pouco importa. Ele perdeu a vida e pode estar zangado com você. Querendo torturá-lo por meu intermédio. Por você gostar de mim.

— Você acha mesmo?

— É bem provável. Isso pode explicar também por que você ainda se encontra neste plano, preso a este mundo. Ele de algum modo o prendeu aqui para torturá-lo.

— Não, Cristal, para mim eu permaneci neste plano e junto a você por um objetivo maior, bem maior. Para que nos conhecêssemos e eu a protegesse do mal como faz um anjo da guarda. Depois do que aconteceu esta noite, estou mais do que certo a respeito disso.

— Um anjo...

— Sim. Foi a conclusão a que cheguei... Só pode ser.

Sua declaração cala a minha voz, sinto-me emocionada novamente.

— Você diz coisas tão amorosas...

Ele eleva sua mão esquerda até minha cabeça e desliza seus dedos pelos meus cabelos. Chego até sentir o seu toque.

— Senti sua falta ontem e anteontem, sabe? Mas devo ir me acostumando, sei que em breve você deve partir...

— Será mesmo, Cristal? Pelo que sei os anjos da guarda

jamais se distanciam de quem eles devem guardar, não é mesmo?

— Ainda assim acho que você, cedo ou tarde, seguirá a luz, porque assim deve ser com todos que desencarnam. Para uma renovação do espírito, uma libertação dos desagrados do passado.

— Lá vem você de novo com essa história. Já tentei fazer a passagem e não consegui. Já lhe disse isso, portanto não espere que eu o faça. Já lhe disse também porque acho que permaneci neste plano, quer que eu repita?

— Não, Mark, não é necessário. Obrigada. Mas suponhamos que o motivo que o prende aqui seja outro além do que supõe. Que esteja preso a este plano por culpa mesmo do rapaz que atropelou. Por isso você precisa descobrir se ele ainda se encontra no mesmo plano que você se encontra agora. E também para saber se é ele quem anda me perseguindo em surdina, invadindo a minha privacidade.

— Está bem. Se isso deixá-la mais calma, farei.

— Mesmo?

— Sim, fique tranquila.

— Agora, se não for ele ou outro espírito qualquer, então, é sinal de que estou começando a desenvolver uma síndrome do pânico. Este medo repentino de lugares escuros e desertos. Arrepios de gelar até a alma são sintomas da síndrome. De repente, é como se eu tivesse voltado no tempo, na época em que eu era uma garotinha, morrendo de medo dos espíritos.

— Isso vai passar, Cristal. Pode crer.

— O John me falou de um médico, um psiquiatra muito bom, com quem ele se tratou um tempo, também por causa de distúrbio de ansiedade. Ele me disse que vai me levar até ele assim que chegar.

— John? Quem é John? É a segunda vez que você fala dele hoje.

Rio.

— Desculpe-me, Mark. Falo do John como se você o conhecesse há anos, não?

— Afinal, Cristal, quem é o John?
— John é o meu namorado, Mark.
A palavra "namorado" parece doer em Mark como um golpe na laringe. Quando finalmente recupera a voz, ela soa embotada e vazia.
— Você não me disse que tinha um namorado.
— Não tive a oportunidade. Estou tão impressionada com tudo que estamos vivendo juntos que acabei me esquecendo de falar dele, até mesmo dele me esqueci nos últimos dias, Mark.
— Um namorado...
— Sim. Você não notou as fotos.
Apontei para os porta-retratos espalhados pela sala.
— Ali estamos nós. Essa foto aqui foi tirada em Aspen, essa outra em Tampa e aquela ali em San Francisco.
— Pensei que era coisa antiga, Cristal.
— Não, Mark. não é! Na verdade, John é o meu primeiro namorado, e acho que vai ser o único, pois não me vejo com outro homem, sabe?
— Compreendo.
— O que foi? Parece que você não gostou de saber que tenho um namorado.
— Confesso que estou com ciúmes, sim, Cristal. Perdoe-me!
— Não há o que perdoar, Mark. O amor da gente é tão vasto, pode se expandir para tanta gente, não é mesmo? Amamos nossos pais, irmãos, entes queridos... Amor é infinito.
Silêncio. Ele ainda amuado comenta:
— Eu tento, tento me lembrar das fotos de vocês dois no seu apartamento, mas não consigo, para mim só havia fotos suas aqui.
— É porque você é um daqueles homens que jamais prestam atenção a outros homens.
— Pode ser.
Novamente silêncio entre nós e é quando aproveito para degustar mais um pedacinho do queijo de que tanto gosto. Eis

que Mark rompe a quietude com uma gostosa gargalhada e diz:
— Como sou estúpido!
— Por quê? — espanto total da minha parte.
— Porque é óbvio que você inventou esse namorado.
— Inventei? — fico ainda mais espantada.
— Sim, só para me afastar de você.
— Ahn?
— É!
— Não, Mark!
— É óbvio que sim, Cristal! Nunca me falou dele antes, por que haveria de falar dele somente agora?
— Porque, bem...
— Está vendo como é mentira?
Perco a voz e Mark ri, feliz.
— Não é mentira, Mark. Eu realmente tenho um namorado.
— Não pode ser.
— Por que não?
— Porque não pode! Não faz sentido! Nosso encontro, nossa história, nosso amor, Cristal.
— Mark...
Ele me corta estupidamente:
— Se ele existe mesmo, Cristal, conte-me quando e onde o conheceu.
— Está bem. Se você quer ouvir...
Ele assente, deixando escapar um sorrisinho pelo canto direito da boca, um sorriso de deboche, sinal de que ainda não acredita em mim, nem em John, nem em nós dois, juntos.
— Bem... — digo eu. — Tem certeza de que quer saber mesmo como foi o nosso encontro?
— Sim, por favor.
Ainda que incerta se devo ou não atender ao pedido de Mark, começo a contar...

## Capítulo 11

Respiro fundo e vou adiante:
— Eu estava indo a um coquetel de lançamento de uma exposição de arte, de um dos artistas mais brilhantes dos últimos tempos, em minha opinião. Seguia apressada, pois como lhe disse, detesto chegar atrasada aos compromissos, tanto que quando cheguei ao local estava sem fôlego e com a língua de fora, literalmente. Desanimei, ao ver diante de mim, a escadaria larga que eu ainda tinha de subir para chegar ao andar onde ocorria o evento, mas respirei fundo e fui adiante. Na porta havia muita gente se acotovelando, muitos não tinham convite e aguardavam a boa vontade do *host* para liberar suas entradas.

Os quadros estavam expostos nas paredes do lugar em forma de retângulo. Ao centro, havia um jardim iluminado por pelo menos 100 lâmpadas esverdeadas, transformando o lugar numa obra-prima de vanguarda. Lindo, simplesmente lindo!

Uma fragrância deliciosa pairava sedutoramente pelo ar. Descobri mais tarde, tratar-se de um dos perfumes de um estilista famoso nova-iorquino que patrocinara a exposição. Um lançamento. Amostras grátis foram distribuídas para os convidados.

Ao correr os olhos pelo grande salão retangular, observando as pessoas ali reunidas, notei que também estava sendo observada. Um moço de cabelos e olhos negros, cabelos encaracolados e sobrancelha cerrada, trajando um terno de linho lindíssimo, estava em pé junto a uma das colunas. O *folder\** da

---
\*Panfleto, mostruário (N. do A.)

exposição que ele segurava, escorregou, sem que o percebesse, para o chão, enquanto seus olhos me examinavam. Olhos intensos, grandes, escuros, cheios de interesse.

Ajeitei os ombros e virei para o lado. Nessa ocasião, ainda pensava que uma mulher que se preze se faz de difícil. Risos.

Quem era aquele sujeito, como se atrevia a me olhar como se pudesse enxergar minha própria alma? Estremeci diante da ideia de que fosse um espírito, as luzes do local, espalhadas de forma artística, poderiam estar me confundindo a visão.

Não pude evitar encará-lo por muito tempo, voltei os olhos na mesma direção, como quem não quer nada e foi quando ele se agachou, apanhou o mostruário e veio na minha direção. Era mais alto do que a maioria, esbelto, de membros largos.

"Como vai?", disse ele, galante como um personagem de filmes românticos.

Sorri, levantando o queixo para impor superioridade. Do tipo "Estou ligada, não sou boba, estou atenta!".

Seu terno era mesmo muito fino, num corte italiano perfeito. Quanto a mim, não vestia nada de especial que chamasse a atenção, e, no entanto, ele se interessou por mim.

"Por um momento pensei conhecê-la", comentou ele, voltando a sorrir e fixando seus olhos risonhos nos meus.

Estaria zombando de mim?, perguntei-me enquanto analisava seu rosto sereno e sem rugas e calculei que teria uns 27, 28 anos. Por um instante achei também que nos conhecíamos de algum lugar. Mas não, nunca vira aquele rosto calmo e confiante antes.

"É também uma apreciadora de arte?", surpreendeu-me ele com sua pergunta.

Olhei para ele com cara de boba, por um minuto não o compreendi. Havia esquecido completamente que nos encontrávamos numa exposição de quadros.

"Ah, sim", ri, avermelhando-me toda.

Ele pareceu gostar de me ver sem graça e para quebrar meu constrangimento, dei um suspiro e corri os olhos pelo salão.

"Quem dera eu pudesse pintar assim", comentou ele, acompanhando o meu olhar. "É mesmo um dom, não acha?"

"Ah, sim, sem dúvida."

Sua expressão serena e franca se fechou inesperadamente.

"Só não entendo por que uns nascem com o dom para a arte ou outras atividades, e outros não."

"E-eu também já me fiz essa pergunta, e muitas vezes, acredite!"

Ele mordeu os lábios de uma forma bonita, e voltou a sorrir, cobrindo-me com seu olhar cheio de interesse.

"Deixe-me me apresentar. John, John Randall."

Havia segurança na sua voz. Um líder natural, eu diria.

"Cristal Adkins", respondi, tentando também parecer segura.

Um grande gongo soou, anunciando a chegada do artista da noite. Uma salva de palmas ecoou assim que o excêntrico pintor desfilou pelo local. É sempre bom ver um artista de pertinho. Nós, americanos, acho que somos o povo que mais os venera.

A noite terminou com John e eu trocando nossos números de telefone e a promessa de nos revermos na noite seguinte para um jantar no restaurante do hotel Ritz.*

Eu sinceramente aceitei o convite sem saber ao certo se iria. John era um total estranho para mim, temi que fosse mais um mau-caráter dentre tantos outros espalhados por aí, como ouvimos falar nos noticiários.

Ao comentar com minha mãe sobre o convite, ela me incentivou a ir, afinal, o restaurante era famoso, estaria repleto de clientes, nada de ruim poderia me acontecer ali.

Assim, me arrumei devidamente na noite em questão, tomei um táxi e parti para o encontro. Durante o trajeto, a estação

---

*The Ritz-Carlton é um famoso hotel de Nova York que fica numa esquina com o Central Park e tem um lidíssimo restaurante aberto ao público, não somente aos hóspedes do hotel. (N. do A.).

de rádio sintonizada do veículo tocou uma música bonita e, isso, me fez desligar um pouco do que estava por vir. Mesmo assim, o trajeto pareceu-me interminável.

Assim que cheguei ao local, ajeitei minha saia, blusa e cabelo e me dirigi para o restaurante. A tensão provocada pela ansiedade fez com que meus pés parecessem chumbo. Chegando lá, meu pulso acelerou-se. John me esperava, trajando um linda jaqueta na cor bege por cima de uma cacharrel marrom. Tive certeza nessa hora de que aquele era um homem atraente, sedutor e capaz de me fazer palpitar.

Ao me cumprimentar, perguntei-me se John não estaria ouvindo meu coração disparado.

"Você decerto não está com medo de mim?", perguntou-me ele assim que nos sentamos à mesa.

"Não, é lógico que não!", respondi, quase em tom de desculpa.

Perscrutando o meu rosto, ele comentou:

"Não me parece."

Lutei contra o impulso de rir, mas não consegui.

"Está bem, admito que estou, sim."

"Por quê? Não lhe passo confiança?"

"É que o mundo está tão cheio de homens que nos passam confiança e são, na verdade, uns carrascos..."

"Você está certa."

"Não estou? Como vou saber, ter a certeza de que você não é um desses?"

"Tem razão!"

"A gente pensa que conhece as pessoas, mas quando ficamos entre quatro paredes, nem sempre elas são exatamente como aparentam ser."

"Verdade e é aí que entra o voto de confiança."

Lutei novamente contra o impulso de rir e fui vencida.

"Sem votos de confiança não se vive, não é mesmo?", desafiou-me ele e estava certo quanto a isso. "Os mesmos votos de confiança, inclusive, que demos para os estranhos que se tornaram nossos amigos depois."

E mais uma vez ele estava certo, admiravelmente certo.
Papo vai, papo vem e John me pergunta:
"Você namora?"
"Não!"
"Mas já namorou?"
"Também não!"
"Jura?!"
"Sim. Não se consegue um namorado num estalar de dedos. Não basta querer namorar que se namora. É algo complicado. Você precisa estar no lugar certo, na hora certa com a pessoa certa para que isso aconteça. Tem de haver um clique, sabe? E mesmo quando há, nem sempre quer dizer que o namoro vai dar certo."
"É verdade."
Ele fez uma pausa de impacto até inquirir:
"E quanto a nós, Cristal? Estamos no lugar certo, não estamos?"
Avermelhei-me e ele desafiadoramente completou:
"Porque se esse não for o lugar, podemos tentar outro e outro até..."
Ri até corar a raiz dos cabelos.
"Gostei de você. Muito. E acho que você também gostou de mim. Acho, não! Estou certo. Absolutamente certo!"
"Convencido, hein? Para não dizer abusado."
"E você é muito linda, sabia? Deveria ser proibido uma moça tão linda vagar por Nova York sozinha."
As maçãs do meu rosto coraram novamente.
"Aceita namorar comigo?"
"Você me pergunta isso, assim, de supetão?"
"É que sou sempre muito direto, sabe. Acho que esse é, talvez, o meu maior defeito."
"Defeitos todos têm."
"Depois você me conta os seus. Primeiro quero saber se aceita namorar comigo."
"E se eu tiver um milhão de defeitos? Não seria melhor tomar conhecimento deles antes de me propor namoro?"

"Aceito correr o risco."
Houve uma breve pausa até eu perguntar:
"Por que ainda está solteiro?"
"Ora, Cristal, que pergunta, você mesma sabe a resposta!"
"Sei?!"
"Sim. Porque estava a sua procura."
"Ah, por favor!"
"Falo sério! Não estava a sua procura exatamente, mas de uma mulher como você e, agora que a encontrei... Aceita ou não namorar comigo?"
"Eu acabei de conhecê-lo, como espera que eu aceite o seu pedido?"
"Está bem, vou lhe dar umas semanas para me conhecer melhor e se decidir, pode ser?"
"É..."
"Só mais uma coisa. Além de ser direto, sou ciumento também!"
"Acho que todos somos, não? Um pouco de ciúme não faz mal a ninguém!"
Rimos.
Quando encerro minha narrativa vejo que Mark mantém seus olhos atentos em mim.
– Ainda não consigo acreditar que tudo isso tenha realmente acontecido, Cristal!".
– Mas aconteceu, Mark! Foi exatamente assim que eu e John Randall nos conhecemos.
Suspiro e ele me parece fazer o mesmo. Retorno então a minha narrativa.
– Quando John veio ao meu apartamento pela primeira vez, assim que se aproximou da janela da sala e avistou os apartamentos do edifício vizinho ao meu, comentou:
"Não vai me dizer que você é uma daquelas pessoas que fica observando a vida dos seus vizinhos por meio de um binóculo?"
Fiz ar de "Será?".

"Quem faz isso pode se dar muito mal, sabia? Há um filme muito famoso do Hitchcock em que..."

"Janela indiscreta?"

"Isso mesmo!"

"É um dos meus filmes favoritos."

"Dos meus também. Então está a par dos perigos que está correndo, ao ficar bisbilhotando a vida das pessoas por meio de um binóculo?"

"Nem é preciso um, John, os edifícios em Nova York são tão juntinhos que podemos enxergar boa parte do que se passa nos apartamentos vizinhos a olho nu."

"Isso revela que um de seus vizinhos também pode estar fazendo o mesmo com você, Cristal."

"Sim. Mas eu não me importo. Não tenho o que temer. Sou o que sou em qualquer lugar."

"Mesmo despida?"

"Aí, não! Mas eu sempre me lembro de fechar a cortina quando vou me trocar."

"Ah bom!"

Breve pausa.

"Cristal, você é uma moça muito interessante, sabia? Ousada e interessante e eu gosto disso."

"Obrigada."

Ficamos nos admirando por um momento e ele então me beijou.

Mark me interrompe:

— Que dizer que ele já esteve aqui...

— Sim, Mark.

A decepção na sua face é visível e assustadora.

— O que você está sentindo, Mark?

— Importa para você?

— Sim, Mark, é claro que sim!

— Eu não sei definir nem expressar em palavras, Cristal.

— Acalme-se.

— Acho que estou sentindo um baita ciúme de você e desse tal de...

— John Randall.
— Ele mesmo! Por ter entrado na sua vida antes de mim e...
— Pensei que quisesse me ver feliz...
— E quero, muito!
— Então, Mark, torça por minha felicidade ao lado de John.
— Vou tentar, é que agora, neste exato momento não consigo, eu sinto muito.
— Tudo bem.
Ele dá um passo à frente e mira fundo os meus olhos.
— É que eu a amo, Cristal. Não se esqueça disso! Nunca se esqueça disso!
— Eu sei, Mark. Eu também o amo, muito!
— Você é tudo o que importa na minha existência agora.
— Não diga isso.
— Digo, sim, porque é verdade. O que me resta?
— A luz, Mark! Ela certamente o levará ao reino dos mortos.
— Mortos?!
Ele estremece.
— Desculpe-me, eu quis dizer desencarnados.
— Morto e desencarnado são a mesma coisa, Cristal. Somente as palavras são diferentes. Uma vez morto, morto eternamente. Vagando por um vale de sombras, um vale frio e pavorosamente triste. Um vale sem retorno.
— Você não sabe se é assim.
— E você também não sabe se não é. Tudo o que sabemos é o que foi dito em livros, filmes, novelas ou pelas igrejas. Ninguém sabe ao certo o que acontece do lado de lá. Se há realmente um lado de lá.
Ele fez uma pausa de efeito e, com o rosto ainda mais desesperado, prosseguiu:
— A luz, Cristal, pode não passar de um túnel sem volta. Todos que vi, seguindo para lá, desapareceram como que desintegrados por ela.

— Quer dizer que você pretende ficar preso a este plano eternamente?
— É o que me resta. A não ser que eu descubra outro horizonte. Mas não quero, não agora pelo menos.

Houve um silêncio desconfortável até Mark rompê-lo com uma de suas gargalhadas gostosas.

— O que foi? — pergunto, estranhando seu comportamento.
— Você, Cristal... Você e sua historieta!
— Historieta?
— É! Sobre seu namorado e tudo mais em torno dele e de vocês. É uma história bonita, sem dúvida, mas não acredito em nada do que me contou. Penso até que deveria se tornar uma escritora, é criativa e narra muito bem os fatos.
— Mark, eu digo a verdade.
— Tá bom.
— O John vai chegar e você vai vê-lo.
— A propósito, onde está ele que até agora não o vi junto de você?
— Viajando a trabalho, Mark.
— Ah, Cristal, conta outra!
— John existe mesmo, Mark. Você vai ver!

Ele ri ainda mais debochado. Descrente totalmente das minhas palavras.

Naquela noite fico pensando na triste realidade que eu e Mark vivemos. Começo a me sentir culpada por Mark ter se apaixonado por mim, viver esse amor impossível, aprisionando-o a um mundo que já não é mais o seu. Ele tem de partir e eu tenho de ajudá-lo a fazer isso.

As palavras dele voltam a ecoar na minha mente, machucando o meu coração.

"A luz, a tal luz que você fala, Cristal, pode não passar de um caminho sem volta. Um túnel sem luz no final." Ele pode ter razão. Todos os espíritos que eu vira até então, haviam-se encontrado antes de atravessarem o portal. Pelo menos assim penso eu. Se tivesse dialogado com um que atravessou a luz e voltou para me contar o real significado da *passagem,* talvez eu me sentisse mais segura diante disso. Poderia assegurar a Mark que nada de mau lhe aconteceria, atravessando o portal. Ah, se eu pudesse saber.

Que pena eu não ter estudado mediunidade e espiritualidade como Cindy Kebbell me aconselhou. Se tivesse lido os livros que ela me indicou, eu provavelmente saberia mais a respeito da vida e poderia ajudar Mark diante de tudo aquilo.

Durmo esta noite e acordo me sentindo péssima. Não consigo tirar Mark dos meus pensamentos. Repreendo-me mais uma vez por não ter estudado a vida no Além por meio dos livros mais respeitados da atualidade.

O nosso próximo encontro acontece novamente de forma surpreendente. Estou indo visitar minha mãe no Brooklin quando encontro Mark sentado num dos bancos que há rente à calçada. Ele se volta para mim, endereçando-me um de seus sorrisos lindos de sempre.

– Cristal! Que surpresa mais agradável! Não há mais dúvidas de que o destino está realmente conspirando a nosso favor, não acha?

– O que você está fazendo aqui, Mark? – pergunto assim que me refaço da surpresa.

– Ora, Cristal, visitando o Brooklin. Não é só o bairro de Manhattan que merece ser visitado, não é mesmo?

– Sim, sem dúvida.

Ele ri e diz:

– Que coincidência, não, nos encontrarmos de novo numa cidade tão grande como esta? Com tantos lugares para irmos...

– Sem dúvida.

– Só pode ser mesmo obra do destino, não acha?

– Sim.

Silenciamo-nos por um momento e é então que levanto uma suspeita. Deixo o constrangimento de lado e pergunto a

Mark de forma direta:

— Nossos encontros são realmente obra do destino, Mark, ou...

— Ou?

— Ou você anda me seguindo.

Mark ri, gostosamente e afirma, negando com a cabeça:

— É claro que não, Cristal! Que pergunta!

Cerro os olhos em sinal de dúvida. Não sei por que, mas para mim ele está mentindo. Ele parece ler os meus pensamentos e diz:

— Não faria isso, Cristal, não sem o seu consentimento. Pode ficar tranquila.

— É que é coincidência demais nos encontrarmos aqui num ponto tão diferente da cidade e também na noite em que quase fui atropelada...

— Foi a providência divina quem me levou até você naquele dia, Cristal. Já lhe disse isso!

— E depois em Battery Park... — comento, pensativa.

— Eu sei, agora. Que culpa tenho eu se a providência divina e o destino insistem em nos unir?

— É, você não tem culpa. Desculpe-me pelo que falei.

— Desculpada. Agora, para mim, o destino nos uniu por dois bons motivos. Para eu protegê-la de todo mal e para vivermos essa nossa linda história de amor.

Suas palavras me fazem recordar dos pensamentos que tive a respeito da triste realidade em que eu e Mark vivemos. Por ele ter se apaixonado por mim, viver esse amor impossível, aprisionando-o a um mundo que já não é mais o seu.

— Já não sei mais dizer se foi bom o destino ter nos unido, Mark. Começo a me sentir culpada sem saber ao certo por que.

— Não se sinta culpada por nada que me diz respeito, Cristal. Eu já lhe disse por que o mundo me quer aqui ao seu lado.

Caio num silêncio introspectivo a seguir até que pergunto:

— E quanto ao rapaz, Mark? Você conseguiu localizá-lo?
— Estou tentando, Cristal, mas ainda não tive êxito. Não se preocupe mais com isso.
Faço ar de dúvida.
— E a propósito, Cristal. Cadê o tal do John?
Nunca vira Mark tão zombeteiro.
— Eu já lhe disse, não vou repetir.
Ele faz uma careta engraçada e eu tento mudar de assunto e não consigo.
— Por acaso o John sabe a respeito da sua mediunidade?
— Sim, tive de lhe contar, achei que seria importante ele saber.
— E ele acreditou em você?
— No começo acho que não, mas depois, sim.
— Sei...
O tom e olhar de Mark ainda eram desconfiados. Ele realmente não acreditava na existência de John Randall, o homem com quem eu vinha namorando há mais de dois anos.

Na volta da casa de minha mãe, decido passar numa igreja para acender algumas velas, para cada pessoa que gosto e desejo bem. É um hábito antigo.
— Por que tantas velas? — pergunta Mark, surpreendendo e assustando-me com sua aparição repentina.
— Mark? Você me assustou!
— Desculpe, não foi minha intenção.
Sorrio.
— Como vai?
— Bem e você?
— Melhor agora que estou ao seu lado.
— Ah... Você adora mesmo me bajular.
— Não é bajulação, não!
— Sei...
— Você ainda não me respondeu...
— Qual era mesma a pergunta?

— Para que tantas velas?
— É um hábito que cultivo há muito, muito tempo. O de acender uma velinha destas para cada pessoa que me vem à mente. Para que a vida dessa pessoa seja iluminada.
— Ah...
— Acendi uma para você também.
— Não precisava.
— É sempre bom ter luz...
Ele parece desdenhar minhas palavras, voltando a atenção para a arquitetura da igreja.
— Bonito aqui, não? — indago.
— Sim. Uma bela arquitetura — responde-me ele, voltando os olhos para o teto. — Só agora percebo que aqui se reúne o que há de ruim e de bom ao mesmo tempo. Muito mais do que é ruim do que de bom.
Suas palavras me surpreendem.
— Como assim?!
— É que a maioria das pessoas que buscam as igrejas são sempre pessoas muito carregadas. Cheias de problemas, rancores, mágoas... Quem está de bem com a vida procura outros lugares para ir.
Suas palavras me arrepiam.
— Nunca havia pensado nisso, Mark.
Ele se arrepia repentinamente tanto quanto eu e assim saímos apressados do local. Quando lá fora, depois de tomar ar, comento:
— Mas a igreja tem um papel importante na vida do homem, Mark. Ela geralmente responde às perguntas do homem...
Ele me lança um olhar de viés, e seriamente diz:
— Há tantas perguntas que não me são respondidas. O que vem a ser realmente felicidade, por exemplo. Por que a vida une pessoas e as separa?
A amargura que vislumbro em seus belos olhos, ao articular essas palavras, parte o meu coração. E ele acrescenta:
— As igrejas, pelo menos as que eu conheço, não respondem, por exemplo, por que eu tive de passar por essa tragédia.

Justamente quando eu poderia renascer para a vida, eu perco a vida, digamos assim. Por quê? Por que isso me aconteceu?

E a resposta salta-me aos olhos, mas não digo para não magoá-lo. Todos sabem que bebida alcoólica e direção não combinam. Por isso se fala tanto a respeito na mídia, aconselhando os jovens a não dirigir alcoolizados.

Nosso próximo encontro acontece novamente no meu apartamento. Ele já está ali quando chego. Desta vez não me surpreendo, tampouco me assusto, ao encontrá-lo. Imediatamente ele me pede desculpas por ter descumprido as regras que impus.

– É que aqui me sinto mais acolhido – explica-me.

– Tudo bem...

Penso em lhe perguntar sobre Tim Johnson, mas como ele nada diz, deve ser porque ainda não localizou o espírito do rapaz.

– Quer ouvir um CD? – sugiro a seguir.

– Sim, pode ser... Mas não me importo de ficar em silêncio ao seu lado, Cristal. Como já lhe disse antes, contanto que estejamos juntos, palavras são dispensáveis.

Sorrio e escolho um dos meus favoritos para tocar enquanto vou tomar meu banho, me vestir e depois jantar. Mark permanece na sala, deixando-se levar pelas melodias incríveis do CD.

*Depois de ter você*
*Sou capaz de trocar o amanhã por um só ontem ao seu lado*
*Depois de ter você*
*Nem sequer os silêncios são os mesmos*
*Com você o tempo parava pra eu te admirar por mais tempo*
*Com você ou era eu quem parava o tempo para durar mais tempo com você*
*Mas você foi embora, me deixando só com o agora, te amando em silêncio*
*Mas você foi embora, embora não tenha tido motivos pra*

*ir e eu sigo te amando em silêncio, rompendo o silêncio...*
*Talvez nós nunca passamos de um talvez, um "Quem sabe" um "Se der certo"...*
*Talvez uma necessidade fisiológica, talvez aquilo que nunca tem lógica...*

Ao me ver distraída, Mark me pergunta:
– O que foi? Seus lábios estão se movendo de leve, está falando sozinha?
Rio.
– Estava rezando, Mark.
– Rezando?
– Sim, costumo fazer isso aos domingos à noite quando fico em casa. Rezo para todos os parentes e conhecidos meus, todos a quem quero bem e para o mundo também. Também rezo para você, Mark.
– Reza?! De que me servem as rezas agora que estou aqui?
– Penso que as orações são importantes para todos em qualquer condição ou lugar deste imenso cosmos em que vivemos.

Minhas palavras parecem tocá-lo.
– Você tem razão, Cristal, desculpe-me. Acho que fui rude e você não merece. Desculpe-me.
– Está desculpado.

Mais um minuto de silêncio e ele se rompe numa risada escrachada:
– Quer dizer que além de acender velinhas para todos, você reza?
– Sim.
– Cristal, você é quase uma carola.

E ele redobra os risos, fazendo-me rir com ele. Gosto de vê-lo assim, já não me parece tão triste, como estava quando ali cheguei.

## Capítulo 12

Chega finalmente o dia de John voltar da Europa. Confesso que estou ansiosa para revê-lo.

John segura minhas mãos com firmeza e fica me olhando, com a fascinação dos apaixonados.

– Sentiu minha falta?

Respondo, pressionando meus dedos sobre os dele.

– É claro que sim, meu amor!

Beijamo-nos.

Noto que ele tem novas rugas em torno de seus olhos admiráveis, mas posso dizer tranquilamente que se tornou mais bonito desde que nos conhecemos. O corte de cabelo no estilo militar lhe cai bem, rejuvenesce ainda mais seu rosto distendido, alegre e bem disposto.

Pelo caminho até o meu AP, John me conta um pouco do que viveu na Europa. Relata suas alegrias, desafios e a saudade que sentiu, ficando por quase um mês distante de mim.

– E você, Cristal? – pergunta-me então. – O que viveu de interessante nesse período?

Conto-lhe sobre a minha ida até a casa de Maryann Brandon em Detroit e da tristeza que ela sua família passaram com a morte do patriarca da família.

– A perda de um ente querido é sempre mesmo muito triste. Não posso sequer pensar que um dia meus pais terão de passar por isso. Acho que me preocupo mais com a morte deles do que com a minha. Eles são muito especiais para mim, Cristal. Não só me deram a vida, como a mantém viva dentro de mim. E hoje, você, Cristal! Você também é responsável pela centelha de vida que me alimenta. É porque eu a amo tanto, tanto, tanto!...

Ele me beija, fazendo-me sentir cada vez mais amada, cada vez mais sua, cada vez mais feliz. Alisa meu rosto, admirando os detalhes e sorri.

– Eu estava louco, completamente louco de saudade de você, Cristal.

Novo beijo.

– Eu também estava com saudade, John. Muita saudade.

Ele sorri, beija-me novamente e fica a admirar meus olhos por um silêncio temporário. Então enviesa o cenho, afasta o rosto e me lança um olhar desconfiado.

– O que há? – pergunta.
– Como assim?
– Seus olhos... Eles transparecem insegurança.
– Bobagem sua, John.
– Será mesmo? Aconteceu alguma coisa mais com você enquanto estive fora? Algo que ainda não me contou?
– Não, John!
– Mesmo? É que me preocupo com você, Cristal.
– Eu sei.
– Quem ama cuida, você sabe.
– Sim, John, eu sei.

Novo silêncio.

– John...
– O que houve, Cristal, diga-me.
– O mesmo de sempre... As visões!
– Visões?...
– Sim, John... Os espíritos.
– Ah, sim... Há muito tempo que você não me fala deles. Pensei até que não pudesse mais vê-los. Que a haviam definitivamente deixado em paz.

– Eu também pensei o mesmo, John, mas... Deixa pra lá! O importante é que você está aqui, John... Juntinho de mim!

Ele me abraça, apertadinho, e tanto minha voz quanto a dele se elevam numa entonação amorosa.

– Eu a amo tanto, Cristal.

– Eu também o amo, John. Muito!

– Nosso encontro foi um encontro de almas, Cristal! De almas!

– Você sempre diz isso, John. Sempre!

– Porque acredito nisso!

Beijamo-nos novamente.

Mais tarde, na cama, olhando John desfrutando de um sono tranquilo, relembro suas palavras. Nosso encontro fora mesmo um encontro de almas ou um reencontro como afirmam os reencarnacionistas. Seria, de fato? Quem dera eu pudesse saber!

Acordo no meio da noite, sentindo frio. Estranho, pois o tempo ainda é quente em Manhattan. Observo o quarto em semi-escuridão e me sinto incomodada como nos velhos tempos de criança. Teria alguém ali, um espírito ou era apenas impressão da minha parte? Volto os olhos para o John, dormindo tranquilo ao meu lado e procuro relaxar. Tê-lo ao meu lado me faz sentir muito mais segura. Volto a dormir.

O dia seguinte amanhece com um tempo ótimo, com uma brisa gostosa, vinda do Pacifico. John levanta-se da cama, boceja, estica os braços, vai até a janela e olha para fora. Depois, aponta para o horizonte, onde um pequeno grupo de nuvens caminham naquela direção, com a voz denotando alegria, comenta em francês:

– *Il pleuvra...*

Ao perceber que desconheço o significado da palavra, ele ri, cheio de bom humor e traduz para mim:

– Vem vindo chuva! É melhor eu ir buscar alguma coisa pra gente comer.

– Tem muita coisa aí, John.

– Mas não aquele pãozinho e aquele café gostoso do *Coffee Shop* que mais adoro na América.

— É, isso não tem.
— Vou rapidinho.
Ele se veste, me dá um beijo e parte, animado.
Sinto de novo meu peito se incendiar e a segurança que ele me dá com sua presença na minha vida.
Vou até a cozinha pegar os talheres e a louça para pôr a mesa para o nosso café da manhã, quando sou surpreendida pela visão de Mark, parado no extremo oposto da sala. O susto é tão grande que grito e deixo cair de minhas mãos as xícaras que havia apanhado.
— Cristal! — Mark se alarma.
— Mark! — gaguejo. — Não esperava vê-lo aqui, assim...
— Desculpe-me se a assustei.
Silêncio.
— Agora você acredita em mim, Mark?
Ele responde com outra pergunta:
— Você ama esse tal de John?
— Sim, Mark, amo-o muito!
— Então como pode dizer que me ama?
Breve silêncio.
— Porque o amor é vasto, Mark.
— Não, Cristal! O amor é de um só!
— Não, Mark! O amor é para muitos! Há muito amor dentro de nós, amor suficiente para compartilhar com todos que amamos. Nossos pais, por exemplo, irmãos, amigos...
— Não me diga que o que sente por John é o mesmo tipo de amor, do mesmo nível que sente por seus pais, Cristal?
— É lógico que é, Mark!
— Então você não ama esse John. A pessoa amada tem de ter algo mais, o amor por ela tem de ser mais forte do que o amor que sentimos por todos os outros.
— Eu penso diferente, Mark.
— Você quer se enganar, Cristal.
— Não, Mark.
— Se você amasse esse tal de John de verdade, não manteria contato comigo.

— Você é diferente.
— Por quê?
— Porque é...
— Um espírito, é isso?
— Sim, Mark! Sim!
Ele bufa, é a segunda vez que o vejo irritado assim.
— Você não ama esse cara, Cristal, não ama, não ama, não ama! Se o amasse não teria me dito que me amava.
— São amores diferentes, Mark! Já falamos sobre isso...
— Amores diferentes, você diz...
— Sim.
— Amor é amor, Cristal! Ou você ama ou não ama! Mas não quero brigar com você, não, pelo contrário, quero estar ao seu lado, sempre, para o que der e vier. Especialmente na ocasião em que descobrir que não ama esse tal de John como pensa.

Rio.
— Homens são mesmo ciumentos.
— Ah, é?
— É, sim.
Ele relaxa, eu também. A porta se abre e John entra.
— Os pães estão quentinhos! — exclama e se surpreende, ao me ver parada junto às xícaras estilhaçadas ao chão.
— O que houve?
— Derrubei sem querer.
Pego a vassoura e limpo os cacos. Sentamos nos bancos altos cada qual de um lado e temos um café da manhã em paz. A chegada de John me surpreendera de tal forma que acabei me esquecendo de Mark. Ele não está mais ali, observo. É melhor assim.

Ele me olha estranhamente.
— Está tudo bem mesmo? Você me parece assustada.
Ele se volta para a janela que dá acesso à plataforma da escada de emergência e indaga:
— Há alguém ali?
— Um pombo me assustou — respondo rápido.

— Ah, um pombo... Sei. Só agora percebo que qualquer um pode entrar e sair deste apartamento por intermédio da escada de emergência, não é mesmo?
— Ninguém faria isso, John, é uma questão de ética.
— Um furtivo amante, sim!
— John!
Ele fica sério e quase um minuto depois, ri, gostoso.
— Estou apenas constatando um fato, Cristal!
— Pensei que estivesse duvidando da minha fidelidade.
— Não, Cristal. Confio em você, por enquanto...
— Por enquanto?
Ele ri ainda mais e voltamos a tomar o café em paz.
— Esse queijo suíço é uma delícia. De que marca é?

E a conversa segue descontraída até que saímos para passear pela Quinta Avenida e depois pelo Central Park. O dia está lindo para um passeio assim, e é bom ver os nova-iorquinos entusiasmados com a vida.

À noite pegamos um cinema e depois jantamos num restaurante aconchegante do Village. Ao voltarmos para o AP, ele põe um CD lindo para tocar, diminui a luz e me tira para dançar. Suspiro, ao me sentir envolta por seus braços.

John está de volta e tudo agora voltaria a ser como antes, uma vida tranquila e feliz ao seu lado.

No dia seguinte, durante o trabalho, John me liga, dizendo que vai ter uma reunião até tarde e, por isso, saio para dar uma espiadela nas promoções da Macy's.

Volto para casa, antes de John chegar, o que acontece logo em seguida. Ele me beija, me abraça e murmura palavras de amor aos meus ouvidos e vai tomar seu banho enquanto eu fico na cozinha, preparando o nosso jantar. Estou tão distraída com o que faço que demoro para perceber que alguém está cantando uma melodia bonita com uma letra bastante interessante:

*Anjos habitam a Terra entre a paz e a guerra*
*Entre o medo e o desejo, entre tapas e beijos*
*Anjos também precisam de anjos pra voar e dormir*

*Se encontrar e repartir, seus labirintos seus devaneios*
*Ser um anjo por inteiro, ser um anjo puro inteiro...*

Hoje Frederick Kolber começou sua cantoria mais cedo, penso até perceber que não é ele quem está cantando, é alguém cuja potencia de voz é bem diferente. Só então me toco, tratar-se de Mark.
– Mark... – murmuro, receosa de que John possa me ouvir. Ainda que esteja no banheiro, temo que me ouça e estranhe o fato de eu estar novamente murmurando o nome de outro homem.
– Você precisa sair daqui, Mark. John está aí. Vá, por favor.
Desta vez eu não o vejo, apenas o ouço e sei que me ouviu, pois imediatamente se cala. Fecho os olhos e tento relaxar, voltar à tranquilidade de antes, não quero que John pense mal de mim, não, em absoluto. Isso só serviria para estragar tudo em entre nós.

## Capítulo 13

Dia seguinte, em meio à rotina do trabalho uma novidade: John me liga, convidando para um jantar no restaurante do Hotel Ritz naquela noite, por volta das oito, onde tivemos o nosso primeiro jantar a dois. Ele me parece empolgado e ansioso ao telefone.

Assim que chego ao meu apartamento tenho de novo a impressão de que há alguém mais ali, invisível aos meus olhos, me observando.

— Mark... — murmuro.

— Cristal...

Ao vê-lo diante de mim, sinto algo indefinido percorrer meu corpo. Não sei definir se estou contente ou não.

— Eu... — ele murmura e imediatamente o interrompo:

— Preciso me arrumar, Mark.

— Algum compromisso importante?

— John me convidou para um jantar no Ritz esta noite! Um dos mais badalados da cidade. Foi onde tivemos o nosso primeiro encontro, ou melhor, o nosso primeiro jantar a dois.

Um sorriso amarelo cobre a face de Mark.

— Preciso ir tomar meu banho — afirmo e assim que dou um passo, volto para ele e digo, rindo: — Sei que pode me seguir a qualquer lugar que eu vá, pode até mesmo se manter ao meu lado, invisível a meus olhos...

— Não é bem assim, Cristal...

— É sim, eu sei!

— Mas eu não faria, Cristal, porque a respeito e também

porque me pediu para não fazer, lembra-se?
— Sim.
Nem bem ele move os lábios, sigo para o banheiro, ligo a água e fecho a porta. Não sei por que mas só consigo pensar no jantar daquela noite, nada mais.
Minutos depois, continuo empolgada enquanto faço uma nova maquiagem e visto o vestido em que me sinto mais atraente.

John já está me esperando quando chego ao restaurante. Sentamo-nos a uma mesa junto à parede e pedimos um bom prato *à la carte* acompanhado de meia garrafa de vinho. Sinto-me ligeiramente excitada, tenho a impressão de que John quer me contar algo importante. O garçom traz a água mineral, abre a garrafa e, desejando-nos boa noite, retira-se.
Há um silêncio repentino e, então, John cai na risada.
— Meu casaco.
Levanta-se, tira o casaco e torna a se sentar.
Ri, sem graça e de repente, adquire um aspecto sério. Move a cabeça, afrouxa o colarinho, limpa a garganta num gesto atípico. Aquilo faz meu coração bater acelerado, por um medo repentino, ou por outra emoção diferente, não sei precisar.
— Acho que chegou o momento — diz ele após um gole de vinho.
— Momento?! Que momento, John?
— Aquele momento!
John adora fazer mistério das coisas. Já deveria ter me acostumado, mas não, aquele seu jeito sempre me deixa apreensiva. Acho que eu nunca me acostumaria com isso, mesmo depois de anos de convivência.
Ele recolhe subitamente a mão e diz, fazendo beicinho:
— Pelo visto você não está muito interessada em saber o que eu tenho para falar.
— Detesto quando você diz algo sem, na verdade, dizer...
Ele ri, limpa a garganta e fala finalmente sem fazer rodeios:

— O grande momento a que eu me refiro é aquele em que o mocinho se achega à mocinha e a pede em casamento, Cristal.

Fico ligeiramente boba.

— Olhe aqui, Cristal! — continua ele sem reticências — Vou ser direto! Quer se casar comigo?! Porque eu quero muito casar contigo!

Acho que John não esperava uma resposta definida da minha parte, mas eu respondo prontamente:

— Seria maravilhoso, John!

— Jura?!

— Juro!

Concordo com um movimento de cabeça. Ele, com encantadora doçura no olhar pergunta:

— Quer mesmo?

Repito o gesto anterior e ele, fitando-me por um minuto, com um olhar profundo e comovente, fala:

— Acho que hoje é o dia mais feliz da minha vida, Cristal.

Meus olhos lacrimejam enquanto John também deixa cair algumas lágrimas. Um rosto encantador que me permite compreender a sutil atração que sinto por aquele homem.

— Nos casaremos em Las Vegas, que tal?

Sorrio, encantada.

— Passaremos a lua de mel, hospedados no melhor hotel da cidade, naquele que você achar mais bonito!

— Tenho uma ideia melhor! — sugiro em devaneio provocado pela súbita alegria. — Por que não passamos uma noite em cada um deles, assim podemos conhecer todos, ou pelo menos, a maioria?

— Foi por isso que eu me apaixonei por você, Cristal! Porque você sempre tem ótimas ideias!

Ele estica o rosto para frente para me beijar e eu, imediatamente, faço o mesmo.

— Eu te amo, Cristal.

— Eu te amo, John Randall.

Ele recua, levanta-se e fala alto e em bom som:

– Senhoras e senhores, desculpem-me transtornar o jantar de vocês, mas hoje é um dia muito especial da minha vida. Esta moça sentada a minha frente, bem, estou prestes a pedi-la em casamento simplesmente porque a amo. O que acham? Devo fazer o pedido?

E todos respondem em uníssono: sim!

E John se curva sobre a mesa, pede minha mão e põe um anel no meu dedo, dizendo:

– Cristal Adkins aceita se casar comigo?

Eu, emocionada, respondo sem pensar duas vezes:

– Sim, John Randall, aceito!

E todos aplaudem o momento tão marcante de nossas vidas. John estica o pescoço e me beija na boca, apaixonadamente.

Assim que se acomoda novamente na cadeira, pega minha mão pousada sobre a mesa, entrelaça seus dedos aos meus e sorri.

– Já pode dizer adeus a esse aquele seu *hobby*...

– *Hobby*?

– Aquilo que chama de trabalho.

– Mas é um trabalho, Johm. É o meu trabalho!

– Tá, tudo bem, mas depois de nos casarmos você terá um namorado para entreter seu tempo, fazer de você uma mulher feliz. A mais feliz dentre todas.

– Nossa, assim tão rápido?

– Assim tão rápido, o quê?

– Querendo mandar em mim? Dominar-me?

– Pensei que adoraria viver por mim e para mim!

– Mas não 24 horas.

– Não?!!!

– Não!

– Como não? Você será minha esposa!

– Serei, mas não sua escrava.

– O quê?!

Ele se avermelhou todo e eu também.

– Desculpe-me, a palavra "escrava" não caiu bem, não é

*149*

mesmo?

— Nada bem, Cristal. Nada bem.

— Só quis dizer que eu continuarei tendo a minha vida própria, John. Meus momentos livres para me dedicar a coisas que talvez você não goste de fazer. Cada um tem suas preferências, você sabe.

— Sim, eu sei.

— Para um casal ter uma vida conjugal feliz não é preciso que um sacrifique sua liberdade.

Assim que chegamos ao apartamento, John, muito romântico, põe um CD para tocar e me tira para dançar. Ficamos ali, dois pra lá, dois pra cá, ao som de uma bela canção. Então ele me leva para o quarto, nos braços, onde fazemos amor, mais um momento lindo daquela noite inesquecível.

## Capítulo 14

A manhã me desperta de forma surpreendente, estou feliz e tranquila, motivada com meu futuro ao lado de John Randall. Enquanto me visto, relembro o jantar maravilhoso que tive ao seu lado na noite anterior. Seu pedido de casamento ainda me emociona.

Sinto-me assim tão feliz porque acho que esse é o momento, um dos mais aguardados por toda mulher.

John desperta e, ao me ver, estende-me a mão. Ao tocá-la, entrelaça seus dedos aos meus e me puxa para a cama.

– Você vai amassar toda a minha roupa, John.

Ele corta minhas palavras, beijando-me efusivamente e eu acabo me entregando, levada por deliciosa sedução.

– Eu a amo tanto... Tanto... – ele sussurra ao meu ouvido.
– Vamos tomar banho juntos.

– Eu já estou vestida, John.
– E daí?
– E daí?

Mesmo protestando, ele me arrasta até o banheiro e depois, tomamos café juntos, descontraídos e felizes.

– Vou indo! Já estou super atrasado! – diz ele e num pulo apanha sua maleta, celular e óculos escuros, me dá um beijo e parte.

Volto-me sorridente para o espelho, admirando meu semblante e a seguir tiro as xícaras sujas da mesa. A visão repentina de Mark, parado ao fundo da sala, me assusta e, por pouco, não são duas novas xícaras espatifadas ao chão.

— Olá, Cristal.
— M-Mark...
— Assustou-se?
— Sim, certamente.
— Desculpe-me. Você me parece tão feliz hoje. Tão radiante.
— Aconteceu algo maravilhoso, Mark!
— Mesmo?
— Sim, mas — faço uma pausa de fração de segundo antes de responder com aparente presteza: — talvez você não goste de saber.
— Pode me contar, eu aguento.
Mordo os lábios, sentindo-me subitamente insegura.
— Vá adiante! — encoraja-me ele.

A coragem vem à tona e com empolgação conto sobre o pedido de casamento que John me fizera na noite anterior. Vejo o que me parece ser o sangue subir à face de Mark. Deve ser outra coisa e não sangue, pois o espírito não o tem, pelo menos assim penso eu.

Súbita e inesperadamente, Mark começa a rir.
— Cristal, Cristal, Cristal... — diz ele, rindo. — Você me pegou direitinho. Caí que nem um patinho!
— Falo sério, Mark! John realmente me pediu em casamento e eu aceitei, vamos nos casar em Las Vegas, provavelmente no próximo ano.

Mark fica em silêncio, parece estar refletindo sobre o que eu acabara de lhe contar.
— Você ouviu o que eu disse?

Mark faz um gesto de assentimento e continua em silêncio.

Decido respeitar seu momento até que, por fim, ele endireita o corpo, levanta a cabeça e me encara. Seu estado de espírito parece melhor. A cor volta à sua face. Ele abre aquele sorriso que tem o poder de me fazer perder o chão e me congratula:
— Parabéns!
Sorrio, um tanto sem graça e lhe agradeço.

— Você ficou realmente feliz por mim, Mark?
— Que escolha tenho eu, Cristal? Se é isso o que você realmente quer para você, que assim seja! O que importa mesmo para mim é vê-la feliz. Só espero que John seja realmente o homem certo para fazê-la feliz.
— John?
— Ele mesmo, Cristal.
— É sim, Mark! Quanto a isso você pode ficar tranquilo.
Ele parece não me ouvir, move-se de um lado para o outro e desabava:
— Só não consigo entender por que eu sempre perco tudo o que mais gosto! Acho que ninguém pode me responder a essa pergunta, não é mesmo, Cristal? Nem Deus!
— Você nunca vai me perder, Mark. Se é isso que o preocupa tanto agora, tranquilize-se. Já falamos que não importa em que lugar do Universo nos encontremos, estaremos sempre ligados pelas mãos misteriosas do destino.
— Sim, Cristal... Já falamos sobre isso.
— Então...
Ele corta minhas palavras:
— Você me disse que me amava, Cristal. Eu acreditei, mas agora sei que disse o que disse somente porque teve pena de mim, não foi? Se me amasse mesmo...
Tento me defender, mas ele não me deixa:
— Já sei o que vai dizer... Que pertencemos a mundo diferentes e blá blá blá...
— E pertencemos mesmo, Mark!
— Repito a minha pergunta: por que eu sempre tenho de perder tudo que mais gosto?!
— Eu não tenho a resposta, mas um dia, um dia você há de descobrir. O que você precisa agora, Mark, é seguir seu rumo. Se a vida um dia nos uniu, ela há de nos unir no futuro. O que a vida une, nada separa.
— O meu rumo é você, Cristal.
— Não, Mark. Seu rumo é outro e você sabe disso. Se você não segui-lo, vou me sentir muito mal, culpada por tê-lo feito

desviar do seu destino.
— Não quero que você se sinta culpada.
— Mas vou, se você não seguir a luz.
— Você seria capaz de fazer o mesmo pedido ao seu anjo da guarda?
A pergunta me enche de espanto.
— Sim, Cristal! Seria capaz de pedir a quem não mede esforços para protegê-la que se afastasse de você?
— Acho que não.
— Todos nós gostamos de ser protegidos. Todos nós gostamos de saber que temos alguém em quem podemos confiar e a qualquer momento e sob qualquer circunstância.
— Verdade.
Silenciamo-nos até que eu, percebendo meu atraso, digo:
— Estou atrasada, Mark. Desculpe-me, preciso ir.
— Está bem. Adeus.
— Até mais Mark.
Suspiro aliviada, pego as minhas coisas e quando abro a porta do apartamento para sair, surpreendo-me com John parado ali, em frente a ela.
— John!
— Cristal...
— Você me assustou!
— Desculpe-me.
— T-tudo bem...
Ele se cala, eu me calo, e ficamos assim por alguns segundos.
— Ouvi sua voz, Cristal... Foi sem querer... Com quem estava conversando? No telefone não era, porque voltei justamente para lhe devolver seu celular que peguei por engano.
Avermelho.
— Quem era, Cristal?
Ele escancara a porta, passa por mim e vai até a janela que dá para a escada de emergência.
— Ele entra e sai por aqui, não é mesmo Cristal? É o tal

músico que você tanto gosta?
— John, não, o que é isso?!
— Trata-se de uma hipótese apenas. Falando sozinha é que você não estava. Lembro-me bem de alguns trechos da conversa. A não ser que tenha outro celular, um que guarda segredo de mim.
— Não, John, é óbvio que não!
Ele se irrita e grita:
— Então quem era, Cristal? Vamos, diga, estou esperando.
— Não precisa gritar, calma.
— Não, Cristal, não dá para ter calma numa hora dessas.
— Você não acreditaria se eu lhe dissesse.
— Tente.
— Fico sem graça de dizer.
Ele fica ainda mais sério.
— Eu conversava com um espírito, John. Nada demais.
— Um espírito, Cristal? Por favor...
— Juro!
Ele passa por mim e vai espiar o interior do banheiro.
— Ele não está mais aqui, John! — digo, esquecendo que mesmo que estivesse, ele não o veria.
— Ele? — questiona John, me fuzilando com os olhos.
— O espírito.
— De um homem?
— É. Não me vai dizer que vai ficar com ciúme agora de um espírito?
— Conta outra, Cristal! Pensa que eu sou otário?
— John...
— Desde que cheguei da Europa venho notando que você anda estranha, escondendo-me alguma coisa.
— Impressão sua, John.
— Que impressão que nada, Cristal.
Sento-me na poltrona, mergulho minhas mãos nos cabelos e tento ficar calma.
— Sente-se, John. Vou lhe contar tudo a respeito de Mark,

algo que já deveria ter feito e não fiz porque achei que não me acreditaria, que me acharia maluca como muitos me achavam no passado. Ainda vivo os traumas do *bullying* da época de escola.

 Ele bufa e eu então lhe conto detalhadamente como conheci Mark no crematório e tudo que vivemos desde então. John me ouve atentamente sem me interromper por um minuto sequer. Quando termino, seu rosto está estranho, não sei definir o que se passa dentro dele.

 – Acabou? – ele pergunta.
 – Sim.
 Ele se levanta, apanha suas coisas e parte.
 – Ei, não vai me dizer nada?
 – Acho melhor não, Cristal. Melhor não!
 Acabo rindo da cena vivida há pouco.

# Capítulo 15

À tarde, depois do trabalho, vou visitar meus pais para contar-lhes a grande novidade.
– Filha! – saúda-me minha mãe à porta.
– Como vai, mamãe?
Beijamo-nos.
– Faz tempo que não aparecia, foi muito bom vir, já estava com saudades. Ainda ontem comentei com seu pai a respeito.
– O que é isso, mamãe? Estive aqui sábado passado.
– Para mim é tempo demais.
– Não exagere.
– O seu pai saiu, mas volta logo, entre, sente-se. Quer um refresco?
Quando nos sentamos na sala, ela diz em tom de desculpa:
– Às vezes penso em ir visitá-la, Cristal, mas Manhattan não é um lugar convidativo para uma senhora como eu transitar, concorda? Além do mais, você não para no seu AP, estou errada?
– É verdade.
– Como vão as coisas?
– Bem, melhor impossível.
– Hum... Pelo visto, você tem algo de bom pra me contar.
– Tenho mesmo, mamãe! John me pediu em casamento.
– É mesmo, filha? Que notícia maravilhosa! Como se

sente? Por isso que está com essa carinha feliz.

– Quer se casar comigo, se tudo der certo, no ano que vem, em Las Vegas, numa cerimônia familiar.

– Las Vegas? Uau! Seu pai vai adorar a ideia.

– Estou pensando em chamar Maryann para ser minha madrinha e prima Isadora para ser a outra.

– Ótima escolha, filha. Mas algo a está preocupando, o que é?

– É que o John voltou empolgado da Europa com a possibilidade de ir trabalhar lá.

– E o que tem isso de mau?

– Ah, mamãe, sou uma americana apaixonada por meu país. Não gostaria de viver longe daqui, além do mais, se nos mudarmos para lá, vou ficar longe da senhora e do papai e bem... Isso eu não quero.

– Cristal, filha, você nem sabe se vai se mudar. Deixe para se preocupar depois caso isso realmente aconteça.

– A senhora acha?

– Sim. Acalme-se.

– Mas é tão difícil para mim ter de lidar com isso... – admito, abaixando os olhos.

– Não faça desse "porém" tempestade em copo d'água. Além do mais, a vida é feita de escolhas, Cristal. Não há como viver sem fazê-las o tempo todo.

Volto a olhar para ela que, empolgada, me conta:

– Quando eu estava prestes a me casar também fiquei agoniada. E se não desse certo? Poderia eu voltar atrás se isso acontecesse? Quando sua avó, muito religiosa, me disse: "Susan, minha neta, um casamento é para a vida toda! Mesmo se o cônjuge morrer é uma aliança sagrada, que deve ser respeitada até o fim da vida". Bambeei. Confesso que bambeei. E se eu tivesse um casamento infeliz, seria infeliz pelo resto da vida? Por sorte, seu pai me surpreendeu, tornou a minha vida ao lado dele a melhor possível, cada dia mais especial. Sou-lhe muito grata por tudo de bom que tem me propiciado. E por ter me dado você, minha querida. Você que amamos tanto.

Procuro sorrir e estendo minha mão até tocar a dela.

— Mamãe, a senhora ficou por tanto tempo entristecida com a perda do Beny... Eu me lembro bem de vê-la triste e o papai também.

— Sim, filha. Aguardamos tanto pela vinda do seu irmão, era como se ele já fizesse parte da família, mesmo estando ainda em crescimento no meu ventre. Aí, então, quando nasceu, morto, foi um baque para nós. Foi como se tivéssemos perdido um filho que há muito, muito tempo já conhecíamos.

— Eu faço ideia.

— Depois, eu nunca mais consegui engravidar, você sabe. Por receio de vir a perder novamente. Se Beny tivesse sido o meu primeiro bebê, eu teria certamente tido dificuldades para engravidar de você, Cristal. Talvez não conseguisse por medo de perder novamente uma criança. Penso que Deus fê-la nascer antes por isso, por ter previsto o que poderia me acontecer.

— Deus sempre sabe o que faz...

— Por que será que algumas crianças morrem na hora de nascer, ou antes, ou logo em seguida?

— Somente os sábios, os monges e os médiuns podem ter a resposta.

— Talvez nem eles, Cristal. Certos mistérios da vida são extremamente protegidos.

Mamãe toma mais um pouco de suco de laranja e diz:

— Quando você começou a ter aquelas visões, eu e seu pai ficamos extremamente preocupados. Não propriamente com o fato de você poder ver e se comunicar com os espíritos, mas pelo que isso pudesse lhe causar. Pelo medo de que pudesse ser afetada de uma forma negativa com isso. Ficamos realmente apavorados. Não queríamos perdê-la, não você, nossa pequenina, nossa joia rara. O medo quando acompanha a gente é terrível, mas sua existência, assim como tudo, é importante. Na medida certa, nos livramos de muitos problemas e perigos por causa do medo.

— Sim.

Lançando-me um olhar cada vez mais cheio de ternura,

mamãe falou com grande alegria:
— O importante é ser feliz, Cristal. Ser feliz!
— Não serei feliz completamente, tendo de viver longe da senhora e do papai.
— Minha querida, ninguém é feliz por completo.
— Não?!
— Não! A vida é feita de sacrifícios...
— Mas eu sonhei tanto em ser feliz... Ser a pessoa mais feliz do mundo.
— Quem dera tudo acontecesse como desejamos, Cristal. Mas é impossível. Só os escritores têm domínio absoluto sobre o destino de seus personagens. Ou talvez nem eles. Já li certa vez numa revista que muitas histórias parecem adquirir vida própria, controlando o autor ao invés de ele controlar a história.
— Pois eu queria ser a autora do meu próprio destino. Se eu pudesse, desde o início, não teria sofrido *bullying* nas escolas nem os horrores nas mãos dos espíritos.
— Você ainda se recente disso tudo, não, filha? Mas a vida quis assim, Cristal, quis fazer de você uma médium e, bem, temos de aceitar o que a vida quer de nós, não é o que dizem? Quem não aceita, sofre.
Concordo com um suspiro, emotiva como nunca. Papai chega a seguir e ao saber do meu casamento com John me cumprimenta, feliz. Quero ir embora, mas mamãe não me deixa, não antes do jantar: uma sopa leve de legumes com *croûtons*\* que eu adoro.
— Aceita mais um bocadinho? — oferece-me mamãe.
— Assim, vou engordar.
— Que nada!
— Ando comendo mais do que o meu habitual ultimamente.
Parto somente depois de saborear um pudim delicioso.

---

\*Croûton é um pequeno pedaço de pão, assado ou frito em óleo, manteiga ou azeite, utilizado para acompanhar sopas ou saladas.

\*\*\*

São quase nove horas quando entro no meu AP. Estou com a mente tão longe, que quando acendo a luz e vejo John sentado na poltrona, olhando seriamente para mim, grito de susto.

– John?! Não esperava encontrá-lo aqui! O que está fazendo no escuro?

Ele continua me olhando enfezado.

– Voltei mais cedo para casa, Cristal.

– Como conseguiu entrar?

Ele olha para a janela que dá acesso à escada de emergência.

– Você subiu até aqui por ali?

Ele concorda sem perder a seriedade.

– Queria fazer um teste. Foi fácil subir, abrir a janela e entrar.

– Sei...

Vou até a cozinha, bebo um copo de água e procuro respirar.

– Onde estava?

– Ah, fui ver meus pais.

– Até agora?

– Minha mãe insistiu para que eu ficasse para o jantar.

– Esperava que jantasse comigo.

– Ah, John, eu sinto muito. Mas ainda posso lhe fazer companhia se quiser.

– Talvez. Vou tomar banho se não se importar.

– A casa é sua, John.

Assim que ele volta para a sala, surpreendo-o com uma salada deliciosa com pedaços de mozarela de búfala que preparei nesse ínterim. Ele me parece menos irritado agora, tanto que sorri e me beija com ternura.

Ao ouvir Frederick Kolber cantando no *roof*, escancaro a janela para que possamos ouvi-lo melhor. John então se deita no sofá, com a cabeça no meu colo e fico lhe fazendo um cafuné, embalada pela voz aveludada de Frederick até que ele adormece feito um anjo.

    Lembro-me então de Mark, cantando a canção que fala dos anjos. Ainda que desafinada, é bela de se ouvir. Lindo seu jeito de cantar, seu timbre de voz. Tenho novamente a impressão de que há um significado mais profundo por trás de sua doce voz, pronunciando aquela letra tão poética. Há um toque de tristeza, sim, de tristeza! É isso!

    Eis que para minha total surpresa, Frederick Kolber começa a tocar e cantar a mesma canção dos anjos que ouvira na voz de Mark. Arrepio. Acho uma tremenda coincidência, ainda mais pelo fato de nunca ter ouvido aquela canção antes, senão por intermédio de Mark. De quem seria? Certamente de um cantor famoso, caso contrário Frederick não a conheceria. Decido perguntar a Mark a respeito quando nos encontramos mais uma vez.

> *Anjos habitam a Terra entre a paz e a guerra*
> *Entre o medo e o desejo, entre tapas e beijos*
> *Anjos também precisam de anjos pra voar e dormir*
> *Se encontrar e repartir, seus labirintos, seus devaneios*
> *Ser um anjo por inteiro, ser um anjo puro inteiro...*

## Capítulo 16

Hoje é sábado à tarde, por volta das dezessete horas, enquanto John assiste ao futebol americano, aproveito para dar uma volta pelo bairro, para espairecer e renovar minhas energias. Decido dar uma parada em Washington Square que àquela hora, por estar friozinho, encontra-se menos tumultuada de gente. Apenas alguns fazendo *jogging,* outros namorando, nada barulhento, o que é ótimo para pacificar a mente.

De repente, um vento inesperado agita as folhas caídas ao chão e os galhos das árvores. Meus cabelos também tomam parte do alvoroço. Àquilo, por mais que viesse acontecendo repetidas vezes nos últimos tempos, eu ainda não havia me acostumado.

De repente, tenho a impressão de que Mark está ali ao meu lado, me observando de longe ou até mesmo de perto, só que invisível aos meus olhos. Estaria de fato?

É quando sua voz atravessa o meu silêncio interior, cantarolando uma canção:

*De onde vem você, que só meus olhos podem ver?*
*De onde vem você? Que só minhas mãos podem tocar*
*Você que só tem olhos pra mim*
*Quando, enfim, só tenho olhos pra você...*
*Aonde vai você que só meus passos podem alcançar?*
*Aonde vai parar, você que só eu posso amar?*
*De que lugar do universo, é você*
*Que trouxe tantos versos para me encantar...*
*Versos tão inversos da solidão que há...*

*Versos que eu empresto pra te fazer brilhar*
*Pelo infinito de Deus tão lindo...*

Trata-se de uma bela letra de música que relata o doce mistério da vida e um pouco também da nossa história.
— Mark... — murmuro.
— Cristal...
Ao vê-lo diante de mim, sinto algo indefinido percorrer meu corpo. Já não sei definir se estou contente ou não.
— No que está pensando, Cristal?
Por algum motivo não quero falar. Então ele diz:
— Bastou ele chegar e você se esquece de mim, não é mesmo, Cristal?
— Havia de ser assim, Mark, afinal, John é meu namorado, ou melhor, meu noivo agora.
— Sim, não precisa me lembrar.
Acho graça do seu jeito de falar, mas logo me torno séria novamente.
— Quero lhe fazer um pedido, um muito sério. Prometa-me que fará o que lhe peço, para o nosso bem. Especialmente o seu.
— Falando assim, você me assusta.
— Não quero assustá-lo, quero ajudá-lo Mark. É sobre a sua realidade atual. Penso mesmo que deve seguir a luz. O portal que une os dois planos. Se a maioria dos espíritos assim que desencarnam seguem para lá, é porque deve ser o melhor para todos os desencarnados. Não pode ser o fim. Se a morte não foi, a travessia também não será. Foi a conclusão a que cheguei após muito refletir a respeito. Receio que se você não atravessar este portal, você prejudique sua existência.
— De que me vale tal existência agora?
— Deve valer muito sim, caso contrário o espírito não sobreviveria à morte.
— Pelo visto você quer mesmo se ver livre de mim, Cristal. Jamais pensei que chegaria a esse ponto. É triste demais!
— É para o seu próprio bem.

— Não quero me afastar de você, Cristal. Quantas vezes vou ter de repetir isso?
— Um dia... Um dia nós estaremos juntos novamente.
— Um dia para mim é muito longe, é o mesmo que NUNCA! E esperar nunca foi o meu forte! Nunca será! E se esse dia nunca chegar?
— Vai chegar como todos os outros que nos uniram. Vivemos num universo inteligente, que conduz tudo com maestria, para o melhor da nossa evolução.
— Olhe-me então nos meus olhos, Cristal. Bem nos meus olhos e repita, palavra por palavra o que acabou de me dizer.
Enxugo os olhos e, com grande esforço, atendo ao seu pedido.
— Repita, pausadamente — pede-me ele.
— Mark, por favor... Não torne tudo mais difícil para mim do que já está sendo.
— Está bem, eu vou atender ao seu pedido. Ainda que eu saiba que não é feito de coração.
— É e não é, Mark. Disso você pode estar certo! Peço o que peço por ser necessário a você...
Ele suspira.
— A vida é mesmo muito estranha... Tanto na Terra quanto aqui é cheia de esquisitices. Encontros e desencontros. Frustrações... Por que tanta confusão? Tudo poderia ser bem mais fácil se fluísse sem obstáculos, só em meio a espetáculos.
— Seria, sem dúvida, mas...
Ele abaixa a cabeça e eu também, ficamos assim por alguns segundos, invadidos pela dor de um adeus.
— Você diz que um dia poderemos nos reencontrar novamente, Cristal.
— Sim, Mark, por meio da reencarnação.
— E se cada um de nós reencarnarmos em cantos completamente opostos do universo?
— Se a vida nos uniu uma vez, há de nos unir novamente, Mark.
— Não quero viver, aguardando o nosso reencontro. O

dia D a hora H em que essa maldita vida vai resolver nos unir outra vez.

— Não dramatize as coisas, Mark. A vida já é dramática demais para a dramatizarmos ainda mais.

— Está bem, vou procurar seguir o meu caminho. O que me cabe seguir doravante.

— Faça isso, Mark.

— Mas lembre-se de que já tentei e não consegui. Se eu não conseguir novamente, fique tranquila, não mais voltarei a aborrecê-la. Adeus, Cristal.

— Não me diga adeus, Mark.

— Digo sim, porque minha intuição diz que nunca mais nos encontraremos. Mas antes quero que saiba o quanto significou para mim o nosso encontro.

A tristeza impera entre nós, cortante e assustadora ao mesmo tempo. Ele desabafa:

— Nas últimas semanas eu aprendi a ver beleza e amor em tudo, Cristal... E você é a responsável por isso. Despertou em mim a necessidade de me harmonizar e viver bem. Essa postura me deu mais alegria de viver, fazendo-me valorizar as pequenas coisas, procurando ser melhor.

— Que bom saber que nosso encontro transformou sua vida para melhor, Mark.

— Sim, para melhor.

Silêncio.

— E a sua vida, melhorou? Fiz eu algo de bom por você? Pude transformar ou acrescentar algo de bom nela?

Suspiro. A pergunta me deixa momentaneamente sem resposta. Por fim, digo:

— Sim, Mark! Você também transformou a minha vida de certo modo. Está me ensinando algo que jamais pensei conseguir fazer em toda vida. Lidar com a mediunidade de forma mais tranquila e feliz. Manter contato com os espíritos foi sempre encarado por mim como um fardo, um fardo árduo de se carregar. Com você é leve...

— Mas é ainda um fardo?

Rio.

– De certo modo, sim, Mark! Ainda é!

Risos e ele seriamente acrescenta:

– Saiba que na minha cabeça só existiu um pensamento nos últimos dias: você! No coração só um sentimento: Cristal. Se estivesse no mundo dos vivos, faria de tudo, tudo por um beijo seu, um beijo eterno tal como a eternidade... Faria mais, bem mais, por uma vida eterna ao seu lado, uma vida feliz, finalmente feliz, ao lado de uma mulher linda como você, Cristal.

Ele faz uma pausa, fecha olhos apertados como quem faz para segurar o choro e quando reabre, é mais uma vez claro e direto:

– Adeus Cristal, fique bem.

– Adeus, Mark.

E o vejo seguir caminho até desaparecer como que por encanto.

Este foi um dos momentos mais difíceis da minha vida, mas um daqueles tão necessários quanto uma dieta para manter o equilíbrio físico e mental. Eu queria o bem a Mark, a todo custo, o seu bem.

Volto para casa e permaneço pelo resto do dia, abatida porque ainda sou uma daquelas pessoas, raras hoje em dia, que não estão acostumadas a se desapegar das outras com tanta facilidade. De repente, Mark já era parte de mim, alguém para amar pela eternidade.

Dia seguinte é domingo e eu e John vamos ao cinema e depois ficamos no sofá do AP, abraçadinhos, assistindo TV e comendo pipoca com bastante manteiga como os americanos adoram fazer.

Como de hábito, rezo por todos que amo e pelo bem do planeta. Neste dia em especial, peço por Mark, para que siga seu destino da melhor forma que há e com êxito desta vez. Assim, vou dormir mais tranquila.

# Capítulo 17

Hoje é terça-feira, uma noite bonita de outono e vou a uma exposição na companhia de Clinton, um amigo do trabalho. Havia me esquecido do convite, não poderia desmarcar algo tão gentil de sua parte. Convido John para ir, mas ele não quer, diz que já tem compromisso de negócios e que me encontrará mais tarde.

Para quem aprecia exposições de arte, Nova York é um prato cheio. Muitas e diversificadas acontecem ao longo do mês e com deliciosos coquetéis.

Luzes de *led* convergem-se na direção das suntuosas estatuetas da exposição. Para onde quer que eu olhe, há estátuas e mais estátuas, representando os deuses da mitologia grega, recriadas pelo artista mais talentoso da última geração. São bonitos de se ver, verdadeiras obras-primas. Sempre me interessei pela mitologia.

A de Ísis é a que mais me chama a atenção. Há um quê de divino, mistério e paixão que tanto nos fascina em torno dela. Ísis, segundo a mitologia, é uma mulher admirável, pois mesmo passando por todas as tragédias que passou, como esposa, sobrevive e triunfa no final.

Clinton, além de bonito, é divertidíssimo. Impossível não rir na sua presença, é um comediante nato, é como estar constantemente num show de *stand up comedy*\* ao vivo.

---

\*Stand up é um tipo de show humorístico muito popular nos Estados Unidos e agora no Brasil, onde o comediante faz sua apresentação em pé o tempo todo. (N. do A.)

Minutos depois ele me faz um sinal, para que eu olhe para trás e quando vejo John, parado a poucos metros de nós, exclamo, sorrindo:

– John, mas que surpresa agradável!

Vou até ele, beijo-o e volto a me mostrar contente com sua chegada. Ele nada responde, mantém-se sério, lançando um olhar desconfiado para o meu amigo.

– Esse é... – tento apresentar meu colega de trabalho, mas John me interrompe.

– Não importa! Vamos embora, Cristal!

– Agora?!

– Sim!

– Mas acabo de chegar.

– E daí?

– E daí que gostaria de ver a exposição com mais detalhes e, com você aqui, será ainda muito melhor.

Só então me dou conta de que John transpira como se estivesse sob um sol de quarenta graus.

– Você não está passando bem?

Ele afrouxa o colarinho e muito estranhamente me responde:

– Não! Sinceramente, não!

Clinton se oferece para apanhar uma água ou um refrigerante para o John, mas ele secamente o impede.

– John! – fico indignada com a sua reação. – Estou desconhecendo-o...

– Eu é que estou desconhecendo você, Cristal!

– Fale baixo, por favor, todos estão olhando para nós.

– Eu falo do jeito que eu quiser!

Meu amigo, muito sem graça, volta-se para mim e faz uma sugestão bastante pertinente:

– É melhor vocês irem, Cristal.

Puxo John discretamente pelo braço e o encaminho para fora do lugar, sentindo vergonha, tal como acontecia na minha época de adolescente.

Na calçada, John explode mais uma vez:

— Eu já estava na exposição, Cristal! Muito antes de você me notar.
— O quê? Por que não me chamou. Não me viu?
— Vi, sim! Tão bem quanto a vi falando descontraidamente com o artista plástico que fez questão de tocar seu ombro, seu braço, pegar em sua mão e beijá-la carinhosamente.
— Ele deve ser assim com todos. Um modo gentil.
— Um homem não é gentil assim como uma mulher a troco de nada. Sou homem, sei bem do que estou falando.
— John, ele é gay.
— Que gay, que nada!
— É.
— Conta outra, Cristal! Muitos carinhas agora dizem isso para acobertar casos com mulheres comprometidas.
— John, eu o respeito!
— Não sei... Ando cada vez mais desconfiado de você, Cristal.

Ele torna a berrar comigo na calçada. Parece fora de si, jamais o vi daquele jeito. Jamais supus também que poderia ficar tão desequilibrado e agressivo.

Deixo-o falando sozinho e sigo pela calçada, chorando e estugando os passos. Ele corre atrás de mim.

— Cristal! — berra. — Eu estou falando com você!

Ele corre atrás de mim e me segura pelo braço.

— Cristal!
— Não me aperte, você está me machucando.
— Aconteceu algo de muito estanho com você, Cristal, enquanto estive fora. O que foi?
— Nada além do que já lhe contei, John.
— Você mente! Para mim você mente!
— John, o que é isso?

Um guarda se aproxima.

— Está tudo bem aí, moça? — pergunta. — Esse sujeito, por acaso, está sendo deselegante com a senhorita?

Caio em mim.

— Não, seu guarda, está tudo bem. É meu namorado, ou

melhor, meu noivo.

John também me parece cair em si, tanto que, assim que o guarda se vai, me pede perdão:

– Desculpe-me.
– Você bebeu?
– Sim, por quê?
– Pelo jeito que está, bebeu além da conta, não acha?
– Você acha?
– Eu nunca o vi assim, John. Com esse excesso de ciúmes.
– Sou ciumento, sim, Cristal. Nunca fiz segredo disso.
– É, você nunca fez, mas aprenda a confiar em mim. Vai ser melhor para nós dois.

Volto a caminhar e ele me segue. Seguimos calados por alguns segundos, até que ele rompe o silêncio, fingindo interesse pela exposição. É a forma que encontra de quebrar o gelo entre nós.

– Belas estatuetas, não? Achei-as de uma perfeição incrível.
– Sim, John, eu também. Um trabalho realmente magnífico.

Chegamos ao meu AP e vou tomar banho enquanto John faz uma boquinha na cozinha. De tão enciumado que ficara, não conseguiu comer nada durante o coquetel na exposição.

Enquanto me troco, John fica à porta, observando-me calado e pensativo.

– O que foi? – pergunto, estranhando o seu semblante.

Ele novamente me parece o mesmo que dera aquele escândalo há pouco na exposição.

– Enquanto você estava se trocando, fiquei pensando nos homens que já a viram nua...

Suas palavras me surpreendem ainda mais.

– Você pensou isso?!
– Pensei, juro que pensei! Cada peça de roupa que vestia, mais e mais minha mente era invadida por vozes e mais vozes falando disso.

*171*

Rio.
— Você só pode estar brincando.
— É que a ideia de você já ter se deitado com outro homem me atormenta tanto, a ponto até de embaçar a minha vista.
— John Randall, você está realmente falando sério? Não acredito.
Vou até ele, envolvo seu rosto com minhas mãos e digo com sinceridade:
— Você foi o único homem que me viu nua, John. E será o único!
Ele recua o rosto, endereçando-me um olhar assustador e pergunta sem nenhum toque de humor:
— Agora sou eu quem pergunto, Cristal. Você fala sério?
— É claro que sim, meu amor!
Tento beijá-lo, mas ele vira o rosto.
— John, meu querido, deixa esse ciúme besta de lado. Sou fiel a você e sempre serei. Acredite nisso.
Ele finalmente volta a me olhar e ainda que coberto por uma seriedade assustadora, beijo-lhe os lábios, expressando todo o meu amor.
Risos vindos do lado de fora chamam a nossa atenção. Acho que uma das vozes me é familiar, mas não consigo identificá-la. Rapidamente, me dirijo à janela e avisto dois rapazes numa das sacadas de metal de um dos apartamentos do terceiro andar do prédio vizinho ao meu. Estão rindo e conversando, olhando na minha direção, cada qual segurando um binóculo na mão. Estão bêbados, falam alto e mole. Teriam me visto nua, enquanto me vestia? Só então percebo que havia me esquecido de fechar a cortina enquanto me trocava. Ficara tão atarantada com o que acontecera na exposição que me distraí.
— Ela é linda, simplesmente linda... — comenta um dos rapazes.
— Uma princesa... Quero ser seu príncipe!
Riem.
— Jogue suas tranças para mim, Rapunzel! — brinca o outro.

Gargalham.
— As maçãs do rosto dela... — suspira o jovem. — É um pecado que eu quero provar!
— Tudo nela é atraente...
— Ela tem tudo que um homem procura no corpo de uma mulher — opina o outro.
Assusto-me, ao olhar para John, seus olhos parecem que vão saltar das órbitas.
— Só agora percebo que qualquer residente dali pode ver os vizinhos daqui se despindo.
— Calma, John.
— Eles estavam falando de você, Cristal!
— Não disseram nomes, pode ser de qualquer garota que more no prédio.
Sem mais delongas, John corre para fora do apartamento e eu sigo atrás dele.
— John, aonde vai?
Ele não responde, toma a escadaria e desce, saltando de dois em dois degraus.
— John, não tire conclusões precipitadas!
Do gradeado da escadaria posso ver seus olhos flamejantes, ao se voltar para mim quando ergue a cabeça. Assusto-me e fico temporariamente sem saber o que fazer, o que é muito estúpido da minha parte, afinal, John está prestes a entrar numa briga.
Corro atrás dele e o encontro no prédio ao lado, tentando fazer descer a escada de incêndio que liga o primeiro andar do prédio à rua. Por John ser alto, ele logo consegue seu objetivo, fazendo uso de uma lata de lixo para apoiar seus pés. Tento segurá-lo e ele me dá um safanão, por pouco não me desequilibro e vou ao chão.
— John, por favor!
— Aqueles sujeitinhos vão se arrepender do que fizeram, Cristal! Arrepender-se-ão amargamente!
Sem mais ele sobe e eu subo atrás.
Diante da balbúrdia, Cressida aparece na janela do seu

AP e, ao me ver, se assusta.

— Cristal! — exclama, surpresa. — Está tudo bem?

— Não, Cressida. Os rapazes lá de cima estavam espiando de binóculos quando eu me vestia. Meu namorado viu e não gostou nada disso. Depois lhe explico melhor, agora preciso detê-lo.

Ainda que apavorada e com as pernas bambas, continuo subindo.

Quando os dois rapazes veem John se aproximando, levantam-se para lhe dar passagem, pensando que ele quer passar por ali. Ele então, fulo da vida, para diante dos dois, toma o binóculo das mãos de um e o arremessa longe.

— Ei, cara!

John não lhe permite continuar, com um murro cala o rapaz, fazendo com que o outro pule a janela que leva ao interior do apartamento onde vive, procurando por algo com que possa se defender.

John segura então o pescoço do rapaz com sua mão forte, apertando-o, quase estrangulando-o. É nesse momento que eu o alcanço e tento fazê-lo soltar o rapaz, já quase roxo. Não percebo que o rapaz que adentrara seu apartamento está de volta, prestes a acertar a cabeça de John com uma garrafa. Consegue e eu grito e é nesse ínterim que os dois rapazes fogem. Ainda que sangrando, John vai atrás deles e eu, aos berros, o sigo.

Os três homens descem a escadaria como num filme de ação e perseguição. Ao chegarem à calçada, John consegue agarrar o rapaz que o atingiu e quando está prestes a esmurrá-lo, o som da sirene da polícia invade a rua.

Acabamos todos na delegacia e John acaba sendo absolvido de tudo por ter sido julgado a vítima de toda aquela história. Voltamos finalmente para o meu AP e eu ainda estou em choque por tudo o que aconteceu. Pela nova transformação que o ciúme foi capaz de fazer em John Randall. Eu que já pensava conhecê-lo o suficiente, sei, agora, que nada conheço de verdade.

Sob a luz amortecida de uma luminária da sala ficamos nós, em silêncio, tentando voltar a respirar no ritmo pacato de sempre.

– John, você está muito tenso – comento em meio a isso.

– Relaxe... Relaxe...

John se acomoda ao meu lado, me dá um beijo e diz com um sorriso de desculpas:

– Exagerei, né? Eu sinto muito. É que não quero que ninguém, ninguém além de mim, usufrua do que é meu, Cristal... E você é minha, só minha!

Novo beijo e no minuto seguinte, John parece voltar a ser o mesmo John calmo e sereno, por quem me apaixonei. Conversa então animadamente, descrevendo passagens divertidas de sua meninice e eu o ouço enquanto uma parte de minha mente se mantém entorpecida pelo choque que levei com tudo que se passara nesta noite. Ele havia me dito, sim, no nosso primeiro jantar a dois, que era ciumento, mas jamais pensei que fosse tanto.

John dorme esta noite aos sobressaltos, atormentado por sonhos, fragmentos confusos, imagens assustadoras de situações com pessoas que nunca viu, confessa-me ele mais tarde.

Ao acordar, poucas horas depois, solto-me de seus braços com todo cuidado para não despertá-lo. Se o fizer, receio que perca o sono o que não pode acontecer, ele precisa dormir, nada como uma boa noite de sono para recobrar energias e espantar o mau humor.

Na manhã seguinte, ao perceber que John ainda se encontra ferrado no sono, levanto-me da cama e me visto, evitando ao máximo fazer qualquer ruído que possa despertá-lo. Deixo o quarto pé ante pé e ele só aparece na sala quando já terminei de tomar meu café da manhã.

– Não quis acordá-lo, meu amor. Estava dormindo tão bonitinho.

Ele me brinda com um meio sorriso e vai para o banheiro

se banhar.

Neste dia, apesar de eu ter saído para fazer compras, sou eu a primeira a chegar em casa. Estou preparando o jantar quando ouço passos se aproximando. É o John, conheço bem seu jeito ligeiro de andar. Corro até a porta, abro-a, surpreendendo-o.
— Meu amor!
Beijo-o com ternura e o puxo para dentro.
— Parece-me empolgada, Cristal, o que houve?
— São os efeitos da proposta...
— Proposta?
— Sim, John, de casamento! Já se esqueceu?
— Ah, sim, não!
O rosto dele se torna assustadoramente sério novamente.
— Como hoje recebi meu salário e pude sair mais cedo do trabalho, aproveitei para ir fazer compras.
Pego as sacolas de roupa que comprei em promoção, e vou lhe mostrando uma a uma.
— Não são lindas, John? E baratíssimas!
— Pra que tanta roupa, Cristal?
— Porque o preço valia a pena.
— Mas são roupas de verão.
— Sim, eu sei, mas estavam uma pechincha. Não pude evitar. Comprei um vestido lindo, vou experimentá-lo para que me dê uma opinião.
— De que vai valer a minha opinião se já comprou o vestido?
— Larga de ser chato, John.
Junto meus cabelos e prendo atrás para ver qual penteado me deixa melhor.
— O que acha?
— Nunca a vi tão preocupada com a aparência, Cristal.
— Ora, toda mulher...
— Você não é toda mulher, Cristal. Você é a minha mu-

lher.
— Eu sei...
Vou até ele e o beijo e apesar da frieza com que me retribui, mantenho-me empolgada. Ele vai tomar banho e enquanto eu termino de preparar o jantar que John pouco prova, alegando não estar com fome.
— Amanhã estou pensando em cortar o cabelo. O que acha? – pergunto eu enquanto lavo a louça.
— O cabelo é seu, Cristal... Faça como preferir.
Ignorando seu mau humor vou em frente:
— É sempre bom a gente mudar um pouco o visual, não acha? Você com certeza não quer ver a mesma mulher, noite após a noite, certo?
— Você nunca é a mesma, Cristal. Está sempre me surpreendendo. É disso que mais gosto em você.
— Que bom!
Dou-me por feliz agora por ter resgatado seu bom humor. Ainda que dure pouco, estranhamente pouco.

## Capítulo 18

Hoje é sexta feira, 11 de novembro de 2005, *Veterans Day\**, feriado nacional nos Estados Unidos. John surge com uma surpresa:
— Tenho uma surpresa para você. Espero que goste.
— Está me deixando curiosa.
— Acho que vai gostar. A maioria gosta.
— O que é?
— Venha.
— Para onde?
— Se eu lhe disser, estrago a surpresa.
— Está bem.

Peguei minhas coisas, tomamos o carro e seguimos até Long Island.
— O verde azul do mar... — comento a certa altura, fascinada pela visão das águas que sempre admirei.

Chegamos então ao píer tomado de iates. São lindos, simplesmente lindos.
— Já esteve num?
— Num iate?
— É.
— Não, nunca.
— Chegou sua vez!

---

\*O Dia dos Veteranos é um feriado para os americanos honrarem todos aqueles que serviram em guerras, agradecendo-lhes pelo serviço prestado à nação. Acontece todo dia 11 de novembro nos Estados Unidos. (N. do A.)

— Como assim?
— Meu amigo George me emprestou seu iate para darmos uma volta. Não sabia que tinha um, foi em meio ao nosso bate-papo outro dia que descobri e ele me ofereceu. Aceitei! Adoro velejar.
— Eu não sabia...
— Meus pais têm um iate na Suécia onde aprendi a velejar já faz algum tempo. Sinto falta de velejar, sabe? Faz bem até para o espírito, eu diria.
Procuro sorrir.
— Vamos!
Atendo ao pedido de John com fingida empolgação. Eu e o mar temos um probleminha de longa data. Não propriamente eu e o mar, mas sim, eu e os barcos.

Quando quis satisfazer minha vontade quase infinda de velejar, passei mal, tive enjoos terríveis e vomitei um bocado. Foi frustrante e decepcionante para mim que pensara até então que seria um passeio delicioso.

Mais tarde, quando fui ao Caribe, decidi fazer um passeio de navio de dois dias, num daqueles transatlânticos maravilhosos e novamente me deparei com o meu terrível enjoo de mar. Fiquei na cabine praticamente o tempo todo, deitada, em meio a ânsias e vômitos repentinos. Jurei a mim mesma nunca mais me aventurar pelas águas.

Mas John parece-me tão entusiasmado com o passeio de lancha que não quero decepcioná-lo. Talvez, meu enjoo de mar já tenha passado, ouço dizer que muitos superam coisas desse tipo ao longo dos anos, por isso decido fazer o passeio sem medo.

— Não é lindo? – pergunta-me ele quanto alcançamos uma longa distância da praia.
— É... é, sim.
Até então estou bem. Acho que é o medo de passar mal que acaba me fazendo passar mal minutos depois.
— No que está pensando? – pergunta-me ele sem tirar a atenção do mar.

— Não sei por que me lembrei de uma atriz que morreu em alto mar enquanto velejava. Acho que estava embriagada...

— Acidentes acontecem, Cristal... Mas não com todos, pode crer! Não podemos nos privar das coisas só porque deram errado para alguns. Quantos já não sofreram acidentes de carro e, mesmo assim, continuamos dirigindo porque a maioria evita acidentes. O mesmo em relação a aviões, sendo a aviação ainda o meio de transporte mais seguro do que o automobilístico. Até de Kart ou de bicicleta muita gente já morreu. Até de patins ou skate.

Este é o John sensato que eu conheço bem e por quem me apaixonei.

— Sim, sim, eu sei! Mas é que é sempre tão triste quando...

Ele solta o leme, envolve-me em seus braços e me beija.

Assim que me solta, diante do balanço da lancha, sinto uma fisgada no estômago e procuro disfarçar.

— Agora, sente-se e passe o cinto, vou lhe mostrar a potência desta lancha – diz ele empolgado.

— Não vá correr demais, John.

— Relaxe.

Estremeço sob o vento provocado pela velocidade cada vez mais crescente do iate, pressionando minha roupa fina contra o meu corpo. Antes eu tivesse pegado um agasalho que alguma parte do meu cérebro me sugeriu antes de eu deixar meu AP.

Meus cabelos se desgrenhando ao vento é algo também que começa a me incomodar.

— John, diminua a velocidade, por favor! – peço e, ao perceber que ele não me ouve, repito bem alto.

— Relaxe, Cristal, relaxe!

— John, por favor, diminua. Não estou passando bem.

— Larga de frescura, Cristal.

— John, falo sério.

Ele me endereça um olhar de águia, um olhar que trans-

parece certo prazer.
— John...
Não posso dizer mais nada, a ânsia finalmente me faz vomitar. Leva quase um minuto até que John perceba o que está acontecendo comigo. Quando vê, zanga-se.
— Que meleca é essa, Cristal? O iate não é meu, poxa! Você vai ter de limpar toda essa porcaria aí.
— Desculpe-me, John! Eu tentei avisá-lo!
Novamente me interrompo porque solto nova golfada de vômito.
— Debruce sobre o parapeito da lancha, Cristal — berra John, enfurecido. — Assim você vai emporcalhar essa birosca!
Tento me conter, contorcendo-me e massageando meu estômago enquanto John conduz a lancha de volta para o cais.
— Desculpe-me, John eu não deveria ter aceitado fazer esse passeio. Sempre...
Ele me corta bruscamente:
— Enjoos... Desde quando você está tendo esses enjoos, Cristal?
— Não é de hoje.
Eu pensei que ele se referia aos meus enjoos de mar. Assim que saímos da lancha, dou graças aos céus por estar em terra firme.
— Sinto-me melhor agora — desabafo.
— Alguém perguntou? — retruca John, secamente, surpreendendo-me com suas palavras.
— Pensei que se importasse comigo.
Ele dá de ombros.
— John, o que está havendo com você?
— Comigo, Cristal? Nada! Agora, com você já é diferente.
— Comigo?
— É, Cristal, com você, sim! Esse enjoo seu...
— Tenho desde sempre, toda vez que ando de lancha, barco ou navio. Tanto que há muito desisti de fazer esse tipo de passeio. Só fui porque insistiu e eu, tola, pensei que desta vez seria diferente!

Ele permanece olhando para mim com olhos, transparecendo grande fúria.

– O que há, John? Por que continua me olhando assim? Até parece que não acredita no que eu digo.

– E não acredito mesmo!

Novamente suas palavras me machucam.

– Você mente, Cristal! Você mente descaradamente.

– Eu não minto!

– Mente!

– Em quê?

– Você sabe muito bem do que estou falando.

– Não, sinceramente não sei.

– Sabe, sim, não se faça de tonta.

Engulo em seco.

– Essa sua história de enjoo de mar é só para encobrir...

Ele ia completar a frase quando fez uma cara horrível. Medonha na verdade. Leva as mãos ao pescoço como se houvesse algo ali que o sufocasse.

– John! – fico alarmada.

Ele arranha o próprio pescoço como se quisesse arrancar algo que está ali, mas invisível aos meus e aos seus olhos.

– John – insisto, abrandando a voz. – Quer uma água?

Ele novamente volta a endireitar o corpo e me agride com palavras:

– Quero só a verdade, Cristal. Só a verdade!

– Que verdade, John? Que verdade?

– A que você tenta desesperadamente ocultar de mim.

Choco-me ainda mais.

– Fala! – ele berra, parecendo que vai saltar sobre mim.

Ao notar suas mãos, se abrindo e fechando e seu rosto cada vez mais encolerizado, temo que ele parta para a ignorância, que me faça algo terrível.

– Fala! – ele grita ainda mais ríspido, chamando ainda mais atenção dos que estão nas proximidades.

– Eu não posso falar sobre algo que não sei – respondo, sentindo-me ainda mais aflita.

Ele ri com escárnio.
— Você é mesmo uma dissimulada... Fingida e dissimulada.
Começo a chorar.
— Não fale assim comigo, John, por favor.
— Falo, falo sim.
Abaixo o rosto, derramando-me em mais lágrimas.
— Pensou que eu era tonto, não é Cristal? Enganou-se!
— Eu jamais pensei isso de você, John...
— Mentirosa!
— Eu juro!
Ele bufa, dá-me as costas e volta a caminhar na direção do estacionamento. Sigo-o, estugando os passos. Passamos por uma, duas, três pessoas, talvez mais, bem mais, mas eu não me atenho a elas, o nervosismo não me permite.
Diante do carro, ele abre o porta-malas e guarda os apetrechos que havíamos levado. Ao circular o veículo, eu me ponho à sua frente e volto a me defender:
— Por que está me tratando assim, John?
Ele bufa, volta a cabeça para o lado, cospe longe e ri, sinistramente.
— Você, Cristal, quem diria?
Procuro me manter firme.
— Você está errado em pensar mal de mim, John.
Ele, num repente, agarra meus braços, apertando-os até doer e encarando-me com olhos cheios de fúria, é incisivo mais uma vez:
— Aquele enjoo, Cristal... Sabe quando é que uma mulher fica enjoada assim? Quando está grávida! Grávida, Cristal! Grávida!!!
Por aquela resposta eu não esperava.
— Foi isso o que pensou...
— Pensei, não! Estou pensando!
— Onde já se viu pensar que eu...
— Não se faça de besta, Cristal!
— John, ouça-me!

Ele apertou ainda mais os meus braços.

– Você está me machucando.

– Tanto quanto você me machucou com sua traição.

– John, eu jamais o traí.

– Traiu, sim! Não se faça de sonsa.

– John, eu juro por tudo que há de mais sagrado que jamais...

– Confessa, vai ser melhor para você! Confessa, vai! Você não só saiu com o tal do Mark, como também se deitou com ele!

– Mark é um espírito! Quantas vezes eu vou ter de dizer isso a você?

– Um espírito... – ele ri debochado. – Prove!

– Eu não tenho como provar, John. Você ainda não desenvolveu a habilidade de ver ou se comunicar com os desencarnados...

– E nunca vou desenvolver porque isso não existe, Cristal! Isso é loucura da sua cabeça. Você só inventou isso para chamar a atenção de seus pais e dos adultos a sua volta, para se tornar o centro das atenções. Coisa de menininha mimada. Depois, repetiu o mesmo na fase de adolescente para ser a "diferente", entre aspas, da galera. Agora, descobriu outro modo de usar essa sua mentira deslavada. Fingir para o namorado que conversa, com um espírito para encobrir outro cara, de carne e osso, com quem anda se deitando!

– Você me disse, sempre me disse, que acreditava em mim!

Ele gargalha desta vez ainda com mais deboche.

– Eu acreditei em você... Da mesma forma que acreditei na sua pureza, lealdade e sinceridade comigo. Especialmente na sua fidelidade. Mas agora, depois dos últimos dias... Não acredito em mais nada!

Calamo-nos.

– Existe mesmo um espírito chamado Mark, John. Se você não acredita mesmo em mim, posso levá-lo à cidade onde ele viveu antes de morrer.

— Morrer do que Cristal?
— De acidente. É uma longa história.
Ele ri, avermelhando-se todo.
— Sua mentira é tão deslavada que você nem procurou inventar um motivo melhor para explicar a morte do seu *Fantasminha Legal*.
— Não deboche.
Ele gargalha irônico.
— Foi por causa do desenho do Gasparzinho, não foi, que você inventou essa história ridícula de conversar com os mortos?
— Espíritos!
— Mortos!
— Desencarnados!
— Mortos e fedorentos!
Calo-me.
— "Ouço e vejo os mortos!"... Como alguém pôde ter acreditado em você? Numa mentira deslavada dessas?
Ele bufa.
— Não adianta mais, Cristal. Seu joguinho acabou! *It's over! Over!*
Volto a me derramar em lágrimas.
— Não adianta chorar.
Choro ainda mais.
— Posso ver tudo agora ainda mais claramente. Você engravidou desse tal de Mark e ele certamente não quer a criança. Você, como boa cristã, decidiu tê-la mesmo assim e me escolheu para ser o pai, fazendo-me crer, logo mais, que engravidara de mim. Certo?
— Não é nada disso, John! O que deu em você? Está transtornado! Parece até uma outra pessoa!
— Você achou mesmo que ia me fazer de otário, Cristal.
— Eu senti enjoo por causa do mar.
Ele amarrou ainda mais o cenho, parecendo não ter ouvido uma palavra sequer da minha parte.
— No que você se transformou, Cristal?

*185*

— E você, John? No quê?
— Mas uma coisa é certa, você não vai sair impune dessa traição, eu não vou deixar.

Seu rosto volta a me apavorar.

— Você vai perder essa cria nem que seja a pontapés!

Recuo um passo, dois e quando ele vem para cima de mim, um senhor berra:

— Parado aí, rapaz!

John não esperava por aquilo. Volta-se rapidamente na direção do homem e o encara.

— Acabou o showzinho, rapaz? — desafia o senhor de não mais que sessenta anos. — Se você encostar um dedo nessa garota, vai se ver comigo!

— Cuida da sua vida, velhinho! — retruca John ainda mais encolerizado.

— Eu estou lhe avisando.

Nisso surgem mais dois homens. Conhecidos ou membros da família do tal idoso. Nessa hora, John estremece, ele certamente não esperava por aquilo.

— E aí valentão? — desafia um. — Agora são três contra um!

John solta um grunhido estranho, como faz um porco, ao ser abatido. A princípio penso que é de medo, só depois compreendo tratar-se de um grunhido de ódio.

— Essa vadia aqui! — ele berra. — Que se dizia minha namorada, está dormindo com outro! Com outro, ouviram? Eu pensei que ela me amava, que era a mulher perfeita para mim, mas não passa de uma dissimulada, mentirosa e fingida!

Um dos caras dá um passo à frente e socando a palma de uma das mãos, fala, feroz:

— Peça desculpas a ela, moço.

— Quem é você para...

Ele o interpela:

— Sou o cara que vai lhe dar uma surra se você não se desculpar com a moça.

— Quer dizer que o defensor das mulheres aceita ser

chifrudo.
— Cale essa tua boca e peça desculpas a ela.
— Vem me calar, vem.
O cara vai em frente e eu me ponho na frente dele.
— Não o machuquem — falo em defesa de John.
— Moça, ele estava quase agredindo você.
— Ele não está bem... Não anda bem ultimamente.
Nisso chega uma viatura da polícia.
— O que está acontecendo aqui?
A confusão não poderia piorar. Nossas coisas são revistadas bem como o carro para ver se não há indícios de droga. Por sorte não há nada, e quando fazem o teste do bafômetro em John para ver se velejara alcoolizado, nada também encontram.
O policial então me diz:
— Tem certeza de que não quer que a acompanhemos até sua casa?
— Não, obrigada.
Voltando os olhos para o John que parece ter caído em transe desde o minuto anterior, o policial completa:
— Tem mesmo certeza? Ele pode voltar a ser agressivo.
— Ele me parece agora mais calmo, normal como antes...
— É bipolar?
— Bem, eu não sei... Mas começo a acreditar que sim! Vou pedir amanhã mesmo que procure um médico para conversar a respeito.
— Faça isso. E acho melhor você dirigir se tiver habilitação.
— Tenho sim, apesar de dirigir pouco.
Despedimo-nos e quando falo que irei dirigindo, John se exalta novamente:
— Que nada, posso ir dirigindo numa boa. Não estou nem drogado nem alcoolizado.
— Foi apenas uma sugestão... Só quis ajudar...
Ele novamente me encara e parece ficar em transe no-

vamente. Respeito seu silêncio, sua introspecção, decidida a dar-lhe o tempo que for necessário para se recompor.

– John – chamo-o, tocando seu peito minutos depois.

Ele volta então seus olhos vermelhos e lacrimejantes para mim e me abraça e chora no meu ombro. Nunca o vira naquele estado tão deplorável, parece uma criancinha assustada e perturbada pelo medo. Sinto pena, muita pena.

Termino o dia, prometendo-me levar John ao médico assim que possível para falar sobre suas repentinas mudanças de humor, saber, enfim, se ele não é mais um dos milhares de seres humanos que sofrem de bipolaridade. Neste ínterim, penso em Mark, na possibilidade de ele intervir junto ao mundo espiritual a favor do bem-estar de John. Estaria ele ainda chateado comigo? Já teria atravessado o portal entre os dois mundos como sugeri a ele mais uma vez em nosso último encontro? Se o fez, poderia ele ainda se comunicar comigo do lugar em que agora se encontrava?*

---

*Lembrando que Cristal nunca estudou espiritualidade por meio dos livros de Allan Kardec ou outras sumidades no assunto. Era praticamente leiga em tudo que engloba o mundo dos espíritos. (N. do A.)

# Capítulo 19

Desde então as coisas vão piorando para o John. Segundo ele me conta, nos momentos em que parece ter recobrado a lucidez, já não pode mais dormir tranquilamente porque sonhos conturbados, verdadeiros pesadelos, vêm importuná-lo sem dó nem piedade.

Sem dormir direito, a paz tão necessária para o nosso equilíbrio físico e mental torna-se cada vez mais fragilizada.

Nos sonhos ele se vê repentinamente agarrado por mãos fortes e insistentes que o tiram da cama e o arrastam pelo chão, para fora do apartamento e depois pela escadaria abaixo.

A sensação é horrível, segundo seus relatos, ele pode até mesmo sentir suas costas, nuca e cabeça sendo massacradas pelo impacto que teriam, ao colidir com os degraus.

Ele chega a abrir a boca para gritar de dor e por socorro, mas não ouve nenhum som. Com o coração batendo freneticamente, tenta então lutar contra aquela força que parece demoníaca. Seus braços, estranhamente pesados, recusam-se a obedecer-lhe.

Ao acordar, sente o corpo doído, como se tivesse sido moído feito carne num açougue. A região da nuca está tensa e a cabeça lateja por dentro e por fora.

Nem mesmo a luz cintilante do sol, entrando pela janela do lado oposto àquele em que está deitado o alegra. É então que ouve mais uma vez a voz sinistra e insistente soar aos seus ouvidos: "Ela está te traindo, seu otário! Está fazendo você de palhaço!".

Ao lembrar-se daquelas palavras ao longo do dia, John chega a sentir falta de ar. Tão forte é o mal-estar que resolve procurar um pronto-socorro em Manhattan.

Para alegrá-lo, combino com ele de irmos jantar num agradável restaurante nas proximidades do Central Park, onde servem uma deliciosa comida tailandesa.
– Está se sentindo melhor, agora? – pergunto, logo após fazermos o pedido ao garçom.
Ele me dá um sorrisinho amarelo, não parece com muita vontade de falar tampouco de estar ali. Suas olheiras são assustadoras, tem-se a impressão de que seus olhos foram esbofeteados, tamanho o roxo em torno deles.
– A comida daqui é saborosíssima, acho que vai gostar – comento, querendo descontrair o clima.
Jantamos praticamente em total silêncio. Vez ou outra, conto algo divertido que aconteceu no meu trabalho, e rio de minhas próprias palavras, enquanto John se mantém sério. Na maior parte do tempo, ele me parece perdido e isolado noutro mundo.

Deixamos o restaurante e decidimos caminhar um pouco para fazermos uma boa digestão. É então que, ao cruzarmos com um casal enlaçados um ao outro, John perde novamente todo o equilíbrio das últimas horas, ao ver o rapaz me lançando um olhar interessado.
– Calma! – peço a ele assim que percebo o que pretende.
– Eu vou socar a fuça daquele infeliz!
– Calma, ele não fez por mal. Todo mundo olha para todo mundo, é natural... Mulheres também olham para você, John, eu vejo! Sei também que você olha para muitas delas. Olhar não arranca pedaço, não se preocupe.
As pálpebras de John tremem e seus olhos escuros se voltam para mim, transparecendo nojo:
– Quer dizer que você acha mesmo natural que um homem olhe para você despudoradamente como aquele sujeitinho fez

há pouco?
— John, não faça disso uma tempestade em copo d'água, por favor.
— Você está tentando, por acaso, proteger aquele sujeito, Cristal?
— Não, o que é isso?
— De onde o conhece? É o tal do Mark, não é?
A perplexidade invade meus olhos.
— John, eu nunca vi aquele rapaz antes em toda a minha vida! Ele também não é o Mark!
— Você está ruborizada, só fica assim quem mente.
Com firmeza, faço que não com a cabeça.
— Como fui estúpido! Um completo idiota! — explode ele outra vez. — Deixei-me levar por seu rostinho bonito, por seu porte de moça de família... Já entendi o seu jogo!
— Não tem jogo algum, John!
— Você pode ser uma daquelas que adora flertar com o perigo, não é? Mas você não vai me fazer de besta! Nunca mais! — repete John com a voz carregada de raiva.

Ele se afasta de mim e logo está correndo. Fico temporariamente sem saber o que fazer, sob a mira de todos que passam por mim, olhando-me espantados. Finalmente, desperto do transe e vou atrás de John que adentra o Central Park, ignorando os avisos de que não se deve entrar ali depois das oito da noite.

Faço o mesmo, seguindo por uma das passarelas dali, entre moitas e pinheiros antigos, assustada com os ruídos feitos pelos meus próprios sapatos.

— John? — chamo-o, baixinho, por receio de algo que não sei precisar o que é. Dizem que o parque à noite é habitado por todo o tipo de gente, de mendigos a criminosos. Entrar ali, misturar-se a eles pode ser um caminho sem volta. Mesmo assim aperto os passos e chamo por John novamente.

Quanto mais caminho para dentro do parque, mais escuro se torna. É arrepiante e assustador ao mesmo tempo.
— John... Onde está você, John?

Não muito longe dali, ouço um som seco e sibilante. O que seria?

Ao erguer os olhos, avisto a silhueta de um homem parado à sombra de uma das passagens em arco que existe ali. Há quanto tempo estaria me observando, não sei precisar.

– Quem... Quem está aí? – pergunto, procurando manter minha voz segura.

Ele avança para a luz do poste que há nas proximidades e só então percebo tratar-se de um sujeito de meia idade, de aparência totalmente descuidada e modo de falar brusco e severo.

– Você não tem medo de andar sozinha por aqui a essa hora da noite? – pergunta-me o estranho, aproximando-se ainda mais de mim.

Meus olhos encontram os dele e, por um segundo, meu corpo oscila para frente.

– Procuro meu namorado, ele não anda bem. Caminhávamos quando ele, subitamente, correu para cá e desapareceu.

– O que há de errado com ele, moça?

– Deve ter bipolaridade. Alteração de humores.

– Doença moderna.

Nossos olhares se cruzam e se prendem outra vez. Então, subitamente, começo a chorar e ele me indica um banco para me sentar.

– Você o ama? – pergunta-me quase um minuto depois.

– Sim, muito.

Ele me toca de leve no braço como quem faz para consolar alguém.

– Não é para ser assim, não é?

Então ele readquire seu modo brusco e severo de falar e me aconselha:

– Afaste-se dele, moça, o quanto antes para o seu próprio bem.

– Mas eu o amo!

– E quantos não morreram por amor?

Arrepio-me.

— Por isso, afaste-se dele de uma vez por todas. Antes que seja tarde.
— O que ele pode me fazer de mal? Quem ama não faz mal a quem ama.
— Faz sim, moça. Pode até matar!
— Quem ama, não mata!
— Mata! E mata porque na verdade não ama!
Suspiro.
— Está se sentindo melhor?
— Acho que sim.
— Então vá embora, antes que seja tarde.
— Não posso! Tenho de encontrar meu noivo.
— Chame a polícia para isso.
— Agora que já estou aqui, vou até o fim.
— Está bem, se você realmente quer assim... Mas não se esqueça do meu conselho, moça. Fique longe dele! Dele, entendeu?
— Agradeço seus conselhos, mas não posso. John depende de mim.

O sujeito franze a testa, parecendo chocado com minha objetividade. Parto, sem me atrever a olhar para trás. Prossigo, apertando os passos e procurando seguir somente pelos caminhos iluminados pelos postes.

— John! — volto a chamá-lo.

O lugar que tanto admiro à luz do sol, à noite me provoca arrepios, parece sinistro e apavorante. Sinto-me subitamente como Branca de Neve, fugindo da rainha má.

— John! — volto a chamá-lo repetidas vezes, erguendo cada vez mais a voz.

Com a garganta ardendo de tanto chamá-lo, percorro com os olhos o lugar iluminado somente pela luz do luar e alguns postes espalhados com luz fraca e amarelada. Sigo assustada e me arrepiando com as sombras provocadas pelas plantas, arbustos e árvores que se movem à brisa. Tenho a impressão de que são pessoas e não sombras a me espionarem. Talvez sejam aqueles que moram ou se escondem no parque, ao anoitecer.

Mesmo assim, prossigo determinada a encontrar John.

As formas provocadas pelas sombras são tantas que começo a ficar zonza, ao tentar vigiá-las.

Algo farfalha ao longe e depois mais perto e perto e perto... De repente, aquilo me parece mais um labirinto extremamente perigoso, o que me faz perguntar onde eu estava com a cabeça para ter entrado ali, sozinha.

Solto um grito quando algo desliza por sobre meus pés. Seria um rato, um esquilo, o quê? Respiro fundo e prossigo, chamando por John, e, desta vez, para que ele me proteja de tudo aquilo.

Subitamente penso em Mark, no quanto seria bom ele estar ali ao meu lado. Com ele ali, eu certamente me sentiria mais tranquila, mesmo sabendo que ele nada poderia fazer realmente para me salvar de um louco, assassino ou um maníaco sexual, caso surgisse um.

Algo se move então a certa distância e penso ser o John. Corro até lá e encontro, para meu desespero ainda maior, um mendigo brutamontes.

– Desculpe, pensei que fosse meu noivo.

Ele, olhando-me com seriedade, nada responde, apenas move-se lentamente na minha direção como se fosse uma serpente rastejante.

– Não! – grito. – Afaste-se de mim!

Surge outro e com tão pouca luz tudo o que posso ver é sua silhueta, nada mais. Logo avisto mais uns e começo a ouvir risos zombeteiros. Aquilo me deixa ainda mais apavorada, porque sei que não adianta gritar por socorro, ninguém do bem poderia me ajudar, ainda que ouvisse meus apelos, não conseguiria chegar a tempo de me salvar.

– John... John, por favor! – berro.

Novo murmúrio e gargalhadas zombeteiras.

Outro descamisado aparece e impondo a voz, fala com todas as letras:

– Ela é minha, ninguém tasca!

Gelo.

— Só porque você quer — retruca o outro, partindo para cima do sujeito, agarrando-o pelo pescoço com toda força até que vão ao chão em meio a socos e bofetadas. Outro pula sobre os dois, causando ainda mais balbúrdia entre os presentes.

Um deles vence a briga e quando se põe de pé, parece-me maior do que antes. Volta-se para os demais com seus olhos faiscantes, estufando o peito e impondo respeito.

— Alguém mais de vocês quer briga? — desfia ele, mas ninguém se atreve a enfrentá-lo.

Ele então rasteja outra vez para o meu lado e quando penso em fugir, agarra-me pelo braço e me prende junto ao seu peito. Cheira mal, muito mal e exala forte odor de álcool.

Levanto mais a cabeça, tento encará-lo, mas não consigo. Àquela luz é quase impossível enxergar seu rosto com nitidez, sinto medo, muito medo.

— A princesinha está perdida, está? — sussurra ele, exalando seu bafo nojento sobre mim. — Bonitinha, você.

Quero, naquele momento terrível de aflição, que todos ali sejam desencarnados, sendo, não me fariam mal pelo menos fisicamente.

O grandalhão me arrasta com ele para a escuridão, um ponto do parque onde tudo que se vê são trevas.

— O que vai fazer comigo? Solte-me! Solte-me!

Tento me soltar, mas ele me segura ainda mais firme pelo punho.

— Você vai ser minha, garota!

— Procuro meu noivo, ele adentrou o parque há não mais que uma hora, você por acaso o viu?

— Noivo?

Ele ri debochado.

O mundo ao meu redor oscila ritmicamente, de um lado para o outro, sem parar. Onde estarei? Ali, ninguém me encontrará. O sujeito poderá fazer de mim o que bem quiser. Tento não entrar em pânico, mas já estou. Temo perder os sentidos a qualquer minuto.

Quando tudo me parece definitivamente perdido, avisto, num ponto qualquer ao longe, a figura de alguém. Seria John?

Tomara que sim, para me libertar daquele sujeito fedorento antes que abuse de mim. O estranho se aproxima e o que me arrasta, trava os passos assim que percebe sua presença.
— Solte a moça! — ordena o recém-chegado.
— Quem é você para me dizer o que devo fazer, seu asno? — exalta-se o brutamontes que me mantém presa a ele.
— Solte a moça, estou pedindo...
— Não solto, ninguém manda em mim!
— Então nós vamos ter de resolver isso no muque.
— Então, vem.
Ele me empurra para um canto e parte para cima do recém-chegado em minha defesa.
Os dois rolam pelo chão entre murros e rosnados. Que vença aquele que veio intervir a meu favor, suplico aos céus. E os céus me ouvem, o sujeito vencedor da briga é o que chegou para me ajudar. Só então percebo tratar-se do mendigo com quem eu conversara há pouco.
— Você!... — exclamo, tomada de forte emoção. — Você mais uma vez me ajudou, obrigada.
— De nada, moça — responde ele ternamente e me aconselha:
— Siga reto por aqui e você chegará ao lago. Seu namorado está lá.
Acato seu conselho e quando volto para trás, minutos depois, avisto-o, acenando para mim até desaparecer como que por encanto numa súbita neblina. Quem seria, jamais eu saberia, fosse quem fosse eu seria eternamente grata a ele.
Minutos depois, avisto John, sentado num banco com vista para o lago. O local, sob a luz do luar ganha um aspecto místico, romântico e sinistro ao mesmo tempo. Aproximo-me dele com o máximo de cuidado, pé ante pé para não assustá-lo, é quando o ouço, desabafando consigo mesmo:
— Cristal só quer brincar comigo. Conheço esse tipo. É apenas um jogo.
Aproximo-me ainda com mais cautela.
— John — chamo sem fazer alarde.
Ele olha para mim com os olhos embaçados d´água, ambos

estão inchados e assustados, distorcendo-lhe a beleza.
— Você nunca me amou, não é mesmo?
Sento ao seu lado e mirando fundo seus olhos, respondo:
— É claro que o amo, John. Jamais estaria num relacionamento em que não gosto do parceiro. Não sou dessas!
— Minha cabeça está cada vez mais confusa, Cristal. E você é a culpada por isso.
— John, eu o amo, entenda isso. O ciúme está cegando-o, destruindo o seu bom senso, sua paz. Isso não é justo. Você precisa de ajuda. Estou aqui para ajudá-lo e estarei sempre!
— Mentira!
— Não, John, digo a verdade. Não sou de mentiras, nunca fui.
— Bah! — Ele fez um gesto com as mãos e soltou um grunhido. — Por que você não assume que tem outro?
— Porque isso não é verdade. Não posso admitir algo que não é verdadeiro. Isso me lembra a época da inquisição em que eles obrigavam a pessoa confessar uma mentira até quase à morte só para depois matá-la de fato.
— O mundo é mesmo um lugar cruel. Sempre ouvi dizer isso, agora sei que é verdade.
— O mundo é cruel para alguns, para outros é maravilhoso.
— É um mundo injusto. Só fosse justo, seria bom para todos, não cruel. Assim ninguém sairia perdendo.
— Ainda que seja um mundo problemático, John, é o único que temos! E se procuramos fazer dele um lugar melhor, cada dia mais será melhor.
Tomo ar e completo, com voz comovida:
— Além do mais, eu o amo e acredito que o amor pode transformar as pessoas.
Ele se mantém calado enquanto reforço minha esperança de poder reanimá-lo com essas palavras.
— Vamos sair daqui, John! Este não é um lugar seguro para ninguém a esta hora.
Ele continua em silêncio e eu aceito sua atitude, ficando

à espera do que pode vir a seguir. Ele parece lutar contra o desejo de se opor a mim, mas não consegue.

— Eu não consigo calar as vozes na minha cabeça, ligando os fatos, me levando à conclusão de que você está me traindo, Cristal. Elas não param de falar. São bem nítidas!

— John...

Ficamos novamente em silêncio até que eu, cansada de esperar me levanto e digo:

— Eu vou me embora, então!

Finalmente ele reage:

— Não, Cristal, espere! Não vá sem mim!

Estendo-lhe a mão e ele a entrelaça e seguimos finalmente para fora do parque, de mão dadas, feito um casal de namorados, felizes, altamente apaixonados.

Voltamos enlaçados um ao outro e, por todo o trajeto, tenho a sensação de que estamos sendo observados, só não sei dizer se por encarnados ou desencarnados. Levanto a hipótese de ser Mark, mas não, se fosse teria certamente aparecido para me guiar em meio a tudo o que vivi há pouco.

Quando sinto definitivamente que as tensões entre nós diminuíram, ouso perguntar:

— Não quero me intrometer na sua vida, John, tampouco quero que se ofenda, mas, preciso lhe fazer uma pergunta, algo bem sério. Algo que há dias quero lhe perguntar. Você, por acaso, está consumindo drogas?

Ele enrubesce contritamente.

— Não, Cristal! Não uso drogas e você sabe bem disso.

— Sei apenas o que me afirma.

— Você não confia em mim?

— Da mesma forma que você vem desconfiando da minha fidelidade com você.

— Epa!

— Desculpe-me, não vamos brigar de novo, por favor.

— Tudo bem, Cristal... Sem mais brigas por hoje.

— É melhor você dormir novamente em casa hoje.

— Só se você cuidar bem de mim.

— E não é sempre o que faço?

Ele trava o passos, mira meus olhos e diz, com aquela voz que vem do coração:
— Sim, e faz lindamente. Eu a amo. Nunca se esqueça do quanto eu a amo.

Ele me beija e naquele beijo sinto-o novamente completo como sempre foi, longe, bem longe dos surtos psicóticos dos últimos dias.

Chegamos ao edifício e para ele subir os três patamares de escada até o meu apartamento, é um sufoco, o cansaço bate forte nele agora, tanto que assim que entramos, ele segue direto para o quarto e se joga na cama.
— Parece que levei uma surra.

Ajudo-o a se despir.
— Estou cansado, Cristal... Muito cansado.
— Relaxe! Quer tomar um leite, um suco, algo para umedecer os lábios?
— Não, Cristal, quero apenas o seu amor.

Sorrio e o beijo na testa.
— Meu amor já é seu, John... Todo seu! E esse meu amor por você vai libertá-lo de todos os males que possam afetá-lo. Pode crer nisso.
— S-sim, Cristal, o amor pode tudo... Por um beijo eterno seu eu seria capaz de qualquer coisa... — responde ele, mal conseguindo completar a frase.

Adormece, deixando-me com a impressão de que iria dizer algo mais, porém, o esgotamento o impossibilita. Logo está roncando, e nada nele lembra o John exaltado e enfurecido de ciúme que vi naquela noite e nas anteriores, agora mais parece um anjo caído do céu.

A situação me obriga a pensar no que poderia estar deixando John tão transtornado nos últimos dias. Não podia ser só por ciúmes, nunca fora tão ciumento. Suas reações exageradas só poderiam ser fruto de algum problema financeiro, ou no trabalho, ou pessoal, algo que ele ainda não tivera tempo de me contar ou não quisera por um motivo ou outro.

## Capítulo 20

No dia seguinte, a paz parece reinar entre mim e John mais uma vez, nem o corte no queixo que ele faz, sem querer, com a gilete, o tira do sério. Solta certamente um palavrão, mas nada além disso, e, assim que estanca o sangue, dá umas palmadinhas nas bochechas, sorri e vem tomar café da manhã ao meu lado. Parece determinado a fazer daquele dia um dia feliz. Eu adoro vê-lo assim, como sempre foi: um cara equilibrado, amoroso e de bom humor. Entusiasmado com a vida.

Assim que terminamos de comer, John se veste e parte para o trabalho, mas não sem antes me dar um beijo afetuoso e brincar com a minha covinha.

– Eu te amo! – sussurra ao meu ouvido. – Não se esqueça de que eu te amo!

Entre lágrimas admito o mesmo porque é simplesmente o que vai fundo em meu coração. Tal como aquelas propagandas de margarina, sigo até a sacada conjugada à saída de emergência e sorrio para o sol de outono, abrindo os braços e inspirando profundamente o ar.

Quando dou por mim, Mark está parado a poucos metros de mim. Por pouco não grito de susto. Chego a levar a mão ao peito para massageá-lo.

– Desculpe-me – diz Mark, sério. – Não quis assustá-la.

– Por onde andou, Mark?

Procuro respirar fundo e a tensão se vai.

– Isso não importa agora, Cristal! – responde-me ele secamente. – O que importa mesmo pra mim é saber até quando... Até quando você vai suportar esse sujeito.

— Você se refere ao John?
— Quem mais atormenta a sua vida senão ele, Cristal? Estou verdadeiramente preocupado com você, vivendo ao lado de um drogado.
— Ele não é drogado, Mark! Deve ser bipolar, só isso. Já marquei um médico para levá-lo.
— Isso é o que você quer acreditar, Cristal.
— Ele me garantiu que não usa drogas.
— E você acreditou?
— S-sim.
— Ora, Cristal, por favor. Drogando-se assim, esse sujeito vai acabar matando você!
— Não posso abandoná-lo numa hora dessas, Mark.
— Mesmo que ele ponha sua vida em risco? — desafia-me Mark. — Pense nisso, Cristal, não quero vê-la sofrer.
— Eu sei, Mark, eu sei... — minha voz vacila. — Mas não posso abandoná-lo numa hora tão difícil como essa.

Ele franze a testa, perplexo, olhando retraído para o meu semblante entristecido e preocupado. Depois, caminha até a janela e fica espiando lá fora.

— É assim então que você quer? Pôr sua vida em risco por causa de um mau caráter?
— John não é um mau caráter, Mark. Ele está apenas perturbado. Só isso.
— Só isso?! E você acha pouco?
— Obrigado por se preocupar comigo, mas tudo há de acabar bem.
— Depois não diga que eu não a avisei, Cristal.
— No final tudo dá certo!

Mark apressou-se em dizer:
— Cuidado, Cristal, muito cuidado. Muitas já pensaram o mesmo que você e se deram mal. Digo, muitas bobas de paixão como você está por esse sujeito desagradável e violento.
— Mark, por favor.
— Você tem de me ouvir, Cristal. É mais do que isso, você tem de encarar a realidade bem diante do seu nariz e não fugir dela.

— A realidade é que eu amo John e...

Ele se virou para mim com sobrancelhas erguidas de espanto.

— Você ama a mim, Cristal, da mesma forma que eu a amo.

— Nosso amor é diferente, Mark...

Os olhos dele se abrem ainda mais, tomados de horror e perplexidade.

— É isso mesmo o que você ouviu, Mark. Se eu tenho de encarar os fatos, você também tem!

— Você anda cega de paixão e isso não faz bem, Cristal, não faz nada bem!

Respiro fundo e pergunto:

— E quanto a você? Pensei que a essas alturas já tivesse partido para o outro plano.

— Eu tentei mais uma vez, Cristal, mas não tive êxito.

— Como assim?

— Não sei, Cristal. Acho que o mundo espiritual me quer aqui por mais tempo, por uma razão especial, algo que ainda me será revelado.

— Pode ser...

Mark se ilumina com um novo sorriso e, balançando a cabeça, positivamente, afirma:

— Eu ainda acho que permaneci neste plano por sua causa, para protegê-la, como um anjo. Nada me tira isso da cabeça.

Ao ouvir passos, vindos do lado de fora do apartamento, desespero-me:

— Agora vá, Mark, por favor.

— Mesmo que seja ele, Cristal, ele não pode me ver, esqueceu-se?

— Mas pode me ouvir, falando com você e eu não quero complicações... Estou disposta a ser feliz e não, piorar tudo.

— Eu repito, mais uma vez, Cristal: cuidado com esse sujeito. Cuidado! Ele pode ser extremamente perigoso. Cuidado!

Agradeço mais uma vez, em pensamento, por Mark se importar tanto comigo, com a minha segurança e tudo a mais a meu respeito. E também por me amar tanto quanto o amo. Mas eu ainda confio em John, no seu coração, nos seus sentimentos por mim. Nada pode interferir no que eu sinto por ele, nada, absolutamente nada. Recordo-me a seguir de todas as coisas que amo nele: sua voz grave, o tom negro de seus olhos e a textura rosada de sua pele sueca. Ele reside em meus pensamentos e, por mais que eu me esforce para esquecê-lo, estou certa de que jamais conseguirei porque o amo.

Ouço então a voz de Mark se propagar na minha mente: "Cuidado, Cristal, muito cuidado. Muitas já pensaram o mesmo que você e se deram mal. Digo, muitas bobas de paixão como você está por esse sujeito desagradável e violento. Eu repito, mais uma vez, Cristal: cuidado com esse sujeito. Cuidado! Ele pode ser extremamente perigoso. Cuidado!"

Recordo também do conselho que o mendigo que me salvou do brutamontes no Central Park me deu:

"Afaste-se dele, moça... Para o seu próprio bem!"

Deveria seguir seus conselhos? Estaria eu realmente correndo perigo de vida nas mãos de John Randall?

Sigo para o trabalho e tenho um dia ótimo. Chego a falar com John por três vezes ao telefone e ele me parece excelente. Tão feliz fico com sua melhora, que depois do trabalho, saio para dar uma volta pela Quinta Avenida.

Estou subindo os degraus que conduzem à porta que dá acesso ao hall de entrada do prédio quando sou abordada de surpresa por John. Ele não me diz boa noite, nem pergunta como estou passando. Simplesmente agarra meu braço e me pergunta, enfurecido:

– Onde você estava?
– John! Você aqui!
– Eu lhe fiz uma pergunta! – retruca, impostando ainda mais a voz.
– Estava passeando...
– Com quem?!
– Sozinha.
– Sei...

Só então presto melhor atenção a ele. Seus olhos estão

vermelhos, a boca repuxa para um lado, sua pele parece febril como acontece com os que bebem muito.
— O que deu em você, John? Você andou bebendo, foi? Passou da dose?
— Chega de *blá blá blá,* Cristal.
— Nunca o vi assim.
— Há sempre uma primeira vez.
Nisso o velho senhor Taylor aparece à porta e pergunta:
— Senhorita Cristal, está tudo bem aí?
— Sim, Taylor, está tudo bem.
John vira para o lado, cospe e segue para o prédio, quase que passando por cima do zelador.
— Desculpe-me pelo John, Sr. Taylor, não sei o que deu nele.
— Se precisar de alguma coisa não hesite em me chamar.
— Obrigada.
Avisto John, batendo impacientemente com a mão na porta que se fechou automaticamente, assim que o Senhor Taylor passou por ela. Solta alguns palavrões que não valem a pena serem mencionados.
— Alguém quer abrir essa geringonça, por favor? — ralha ele, repetindo as pancadas na porta.
— Meu senhor — repreende Taylor. — Assim o senhor vai quebrar o vidro.
O homem imediatamente abre a porta e John entra apressado e sem agradecer-lhe pela gentileza. Torno a pedir desculpas ao Sr. Taylor e sigo para o meu AP.

John entra no chuveiro e quando sai, sou eu quem vai tomar banho. Quando volto para a sala, toda arrumada, encontro-o com um copo de vodca nas mãos, enquanto assiste TV. Vou preparar algo para o jantar e é quando ele me lança um olhar matreiro, levanta-se do sofá, vai até mim e começa a passar a mão em meu ombro, depois pelos meus seios. Atos que não me caem nada bem nesse momento. Incomodam-me um bocado.

– John, quer parar, por favor?
– Vai me dizer que não gosta?
– Para tudo tem o seu momento certo.
– *Bla bla bla!!!*
– Você nunca bebeu assim.
– *Bla bla bla!!!*
– Detesto gente bêbada.
– Cale essa boca, Cristal!

Sem mais, ele agarra meu punho e me arrasta para o quarto contra a minha vontade. Joga-me na cama e começa a me despir. Tento me livrar de seus braços porque me sinto sufocar ali, mas John não me deixa, parece sentir prazer com o meu desespero. Ele então me possui e tento relaxar, mas não consigo, o que era para ser um ato de amor, torna-se um ato de terror.

Só consigo voltar a respirar aliviada quando John sai de cima de mim, vira para o lado e dorme, ferrado, em questão de segundos. Mas minha tranquilidade dura pouco. Estremeço, ao avistar Mark, parado junto à porta trancafiada do quarto. Imediatamente puxo o lençol por sobre meu corpo, para esconder minha nudez e levanto da cama.

Chego à sala, agitada, arfante e trêmula. Mark também está ali, me encarando seriamente. Nunca o vira tão sério assim.

– Preciso repetir os conselhos que já lhe dei a respeito desse sujeito? – questiona-me ele, deixando-me sem graça.

Tento falar e ele me impede:

– Depois não diga que eu não lhe avisei, Cristal.

Fecho os olhos e começo a chorar. Quando os reabro, Mark já não está mais ali, restamos apenas eu e minha insegurança com tudo o que me cerca.

# Capítulo 21

É tarde de sexta e como de costume, cheguei do trabalho mais cedo. Estou sozinha em casa, quando a campainha do interfone toca e eu atendo.
— Cristal? — pergunta uma voz feminina do outro lado da linha.
— Sim.
— Sou eu, Maryann!
— Maryann Brandon?! Entre!
Aperto o botão do interfone que destranca a porta que dá acesso ao edifício e ela sobe.
— Maryann, querida! — exclamo, dando-lhe um forte abraço. — Que surpresa mais agradável!
Beijinhos e mais beijinhos.
— Cristal, que bom revê-la!
Só então noto a figura de um rapaz, aguardando do lado de fora do meu AP.
— Ele está com você?
— Sim, Cristal.
Ela vai até ele e o puxa para dentro.
— Podemos entrar?
— Certamente que sim! A casa é de vocês.
O rapaz me parece familiar.
— Sentem-se.
Assim fazem. Maryann então diz:
— Este é o Tom, Cristal, lembra-se dele?
— Ele não me é estranho...
Tom me ajuda a recobrar a memória:

– Você me conheceu no crematório em Detroit, lembra-se?
– Oh, Deus, sim, é claro! Que a cabeça a minha.
Risos.
– Que lugar mais triste para se conhecer alguém, não? – comenta Maryann com certo bom humor.
Os risos se ampliam.
– Pois bem, depois que me falou dele, do episódio que viveu naquele dia, fiquei curiosa para saber um pouco mais sobre ele e o irmão falecido. Fui atrás dele e foi assim que nos conhecemos.
– Sério?!
– Pelo visto, o amor tem mesmo uma diversidade de meios para unir um casal, não é mesmo?
– Sim, certamente que sim. E usou você como cupido. Porque você é, indubitavelmente responsável pela nossa união.
– Uau, virei cupido agora?!
– Sim, senhora!
Risos.
– O que a traz a Nova York, Maryann?
Maryann é rápida e precisa na resposta:
– Você, Cristal. Você!
– Eu?
– Sim.
– Saudade?
– Também.
Risos.
– É que o Tom precisa da sua ajuda.
– Tom?
– Sim, Cristal.
Tom, visivelmente sem graça, diz:
– Espero que não tenha me achado um maluco naquele dia no crematório. Que tenha entendido meus motivos para ter agido como agi.
– Sim, logicamente que sim.
Maryann volta a falar:
– Tom quer sua ajuda, porque, bem, em menos de um mês

ele perdeu o irmão e o pai.
— O quê?!
Arrepio.
— Quer dizer que seu pai e o de Mark, morreu?
— Sim!
— É por isso que Tom está aqui, Cristal. Porque talvez você, com a sua mediunidade, possa ajudá-lo.
— Ajudá-lo?!
— Sim — Tom explica. — Meu pai foi atropelado e penso que na verdade ele se jogou na frente do carro.
— Por que ele faria isso?
— Por sentir culpa pela morte do Mark.
— Culpa... — recordo-me do que Mark me contou e ligo os fatos. — Você acha mesmo que ele faria tal coisa?
— Sim. Vou lhe contar o que aconteceu entre Mark e meu pai.
— Não é preciso, eu já sei de tudo.
— Sabe, como?
— Bem...
Conto a seguir tudo o que se passou entre mim e Mark depois do nosso encontro no subsolo do crematório.
— Mark... Quer dizer que ele veio para Nova York?!! Pode um espírito se locomover de uma cidade para outra, assim? Estou impressionado.
E chorando completa:
— Pobre do meu irmão, eu o amava tanto. Ainda o amo. Mas é bom saber que está vivo, ainda que não nesse mundo, noutro diferente do nosso.
— Sim.
Breve pausa.
— Então, como eu dizia, temo que o papai tenha, você sabe... E é por isso que venho sonhando com ele, pensando nele sem parar. Chego até a ter a impressão de que ele está em casa e ao meu lado no carro ou quando saio para caminhar. Chego até a sentir seu perfume.
— Ele pode realmente ter estado ao seu lado.
— Pois é, foi isso que Maryann me falou quando contei a

ela tudo o que venho passando.

Maryann fala:

— Por isso o trouxe até você, Cristal. Pelo pouco que estudei a respeito de vida após a morte, sei que alguns médiuns podem incorporar um espírito para que ele possa conversar com um de seus familiares ou com a família toda.

— Incorporar? — estranho a palavra.

— Sim. Incorporar que nem fez o personagem de Whoopi Goldberg no filme "Ghost, do outro lado da vida", lembra-se?

— Ah, sim... Claro. Mas não me recordo deste trecho em detalhes.

— Para um médium, Cristal, a incorporação é algo fácil de se fazer, pelo menos penso assim, pelo pouco que estudei a respeito. Muitos estudiosos do assunto dizem que a incorporação ajuda muitos espíritos, especialmente os que cometeram suicídio a se libertarem do trauma que viveram, para que possam voltar a ficar em paz novamente consigo mesmos.

— Interessante... Eu que sou médium é que deveria ler mais a respeito de mediunidade e mundo espiritual e, no entanto, é você quem faz, Maryann.

Rimos.

— Mas, Cristal, só me interessei em estudar mais profundamente o assunto por sua causa, minha amiga. Eu sempre admirei sua mediunidade.

— Acho que até mais do que eu, não é mesmo, Maryann?

Risos redobrados.

Tom opina a seguir:

— Penso que papai precisa também de ajuda para se ver livre dos tormentos que vem tendo desde a morte do Mark. Para que possa seguir seu caminho espiritual, sua nova jornada além da vida.

— Bem, eu não sou a pessoa certa para isso — respondo sem faltar com a verdade. — Não tenho experiência com isso que chamam de incorporação. Jamais incorporei um espírito para conversar com um familiar ou qualquer pessoa que seja.

— Sim.

– Mas você pode tentar, não pode, Cristal? – insiste Tom.
– É muito importante para mim, minha mãe e minhas duas irmãs.
– Eu gostaria muito, mas...
O desapontamento transparece nos olhos do rapaz.
– Mas sei quem pode ajudá-los! Acho que ela ainda pode. Há muito, muito tempo que não a vejo, mas ainda deve estar viva. O nome dela é Cindy Kebbell, uma das médiuns mais respeitadas da América. Sugiro a vocês que a procurarem e se ela puder ajudá-los, certamente o fará. Além do mais, poderá lhes dar *passes* que vão harmonizar vocês e seus familiares.
Explico rapidamente aos dois, o significado do "passe".
– Minha mãe ainda deve ter o telefone dela e, bem, também podemos procurar por ela na internet.
– Sim, sem dúvida.
Assim fazemos e para nossa alegria, Cindy Kebbell tem atualmente uma página na internet onde responde a perguntas de milhares de pessoas que a procuram por uma resposta para seus dramas pessoais e espirituais.
Eu mesma ligo para ela sem esperar que se lembre de mim, afinal, estive com ela há quase uma década atrás, mas para minha surpresa ela se recorda no mesmo instante e me convida para ir junto com Tom e Maryann fazer-lhe a visita. Acabo aceitando.
Enquanto Maryann vai ao banheiro, eu e Tom ficamos conversando na sala. É quando ele me explica um pouco mais sobre os tormentos pelos quais vem passando.
– Faço coisas, digo coisas, sem pensar. Quando olho para trás, percebo, claramente, que não só agi precipitadamente como estava completamente fora de mim. Tal como aqueles seriados de ficção científica em que um alienígena ocupa o corpo de um terráqueo, sabe?
– Perdidos no Espaço?
– Sim... E Jornada nas Estrelas.
Rimos.
Bem nessa hora, a porta se abre e John entra. Ao nos ver, seu rosto se transforma e antes que ele tenha um novo acesso

de ciúmes, levanto-me e procuro explicar.
– John, este é Tom Belson.
Tom se levanta e estende-lhe a mão:
– Muito prazer.
John ignora sua gentileza.
– Quem é esse sujeito, Cristal? O que ele faz aqui? De onde vocês se conhecem?
– Do crematório em Detroit, John.
– Está por acaso tirando uma de mim?
– Falo sério! Foi quando fui a Detroit por causa de Maryann Brandon...
– Maryann Brandon?! Que Maryann Brandon, Cristal?
– Minha amiga de escola, lembra-se? Crescemos e estudamos juntas até ela se mudar com a família para Detroit.
– O que tem a ver esse sujeito com ela?
– Ele é...
– Vamos, Cristal, responda!
Tom adianta-se na resposta:
– Sou o namorado de Maryann Brandon
– Namorado?
– Sim!
– E o que você está fazendo aqui, sozinho, na casa da minha noiva?
– Não vim só, Maryann veio comigo!
Girando o pescoço ao redor, num tom cínico, John zomba:
– Ela é um espírito, por acaso? Um desses que Cristal diz ver? Porque eu não estou vendo nada além de vocês dois.
Risos e John se enfurece ainda mais:
– Eu vou tirar esse seu sorrisinho besta da sua cara, seu babaca!
Nisso ouve-se a voz de Maryann:
– Olá!
Ao vê-la, John avermelha-se feito um pimentão.
– Você deve ser o John, muito prazer! Cristal sempre me fala muito a seu respeito por e-mails e telefonemas.
John perde o chão, nunca o vira tão sem graça. Ele procu-

ra sorrir, mas não consegue. Ao ver Maryann se entrelaçar ao Tom e trocarem um selinho, parece-me ainda mais sem graça. Para quebrar o clima, procuro explicar ao John o que os dois haviam ido fazer ali.

Tenho a impressão de que Maryann fica preocupada comigo, percebe que algo ainda está errado entre mim e John. Mas nada fala, cala-se diante do fato.

Logo, ela e Tom seguem para o hotel onde vão passar a noite, antes, porém, acompanho os dois até a calçada e explico por que não quero que John saiba da possibilidade de viajarmos juntos para Washington D. C. Com seus últimos e repentinos ataques de ciúme não me deixaria ir de jeito algum. Despeço-me deles, prometendo encontrar um modo de viajar sem que ele saiba. E já tenho um, direi que passarei a tarde com minha mãe e meu pai, visitando uma parente num asilo.

Por sorte, John me conta que no dia seguinte, sábado, irá com os amigos assistir ao seu time favorito de baseball jogar a partida final do campeonato no Giants*.

Assim, penso que terei tempo de voar até Washington D. C, visitar Cindy Kebbell e voltar para Nova York sem que John perceba o que fiz. Não sou de mentir, mas neste caso, diante das recentes oscilações de seu humor, será uma mentirinha para o nosso próprio bem.

---

*Famoso ginásio de esportes de New Jersey, USA. (N. do A.)

# Capítulo 22

No dia seguinte, pegamos o voo e em uma hora estamos na casa da médium.
– Estou todo arrepiado. Acho que vou desmaiar – admite Tom.
– Tom, acalme-se – argumenta Maryann carinhosamente.
Eu também falo:
– Tom, relaxe! Também me senti insegura quando vim conhecer a Senhora Cindy pela primeira vez, mas foi preocupação à toa. O encontro com um médium pode parecer assustador, mas é algo super natural, médiuns são gente como a gente.
Somos recebidos à porta por uma moça, que nos dá boas-vindas e nos conduz ao interior da casa que continua acolhedora e alegre.
– Qual de vocês vai se consultar com a Senhora Kebbell?
– O Tom – aponta Maryann Brandon. – Já que sou a namorada dele, gostaria de conversar com ela para obter uma orientação. Para que eu saiba o que fazer quando ele precisar de ajuda espiritual.
A seguir explico que já estive com Cindy Kebbell no passado e que ela quer me ver.
– Sim, certamente. Eu chamarei vocês daqui a pouco.
Minutos depois, com pontualidade britânica, Cindy Kebbell nos recebe em sua aconchegante saleta. Estende-nos a mão, olhando com interesse para cada um de nós.

— Cristal...

Espanto-me, ao ouvi-la dizer meu nome quando me cumprimenta.

— Quer dizer que a senhora se lembra de mim?

— Oh, sim, minha querida. Foi um dos casos mais marcantes que conheci.

Sorrio, comovida. Ela pede para nos sentarmos e ficarmos à vontade.

Tom, olhando admirado para a mulher, comenta na sua maior simplicidade:

— A senhora me parece tão normal...

Ela, sorrindo, responde:

— E sou! Por que não haveria de ser?

— É que, bem...

— Não é porque me comunico com os espíritos que eu seria diferente.

Rimos.

— É verdade.

— Cristal também tem o mesmo dom desenvolvido que eu e, mesmo assim...

Eu me defendo com humildade:

— Mas não um dom tão desenvolvido quanto o da senhora.

— Que nada... Em que posso ajudá-los?

Tom responde:

— O que me traz aqui é meu pai que morreu há menos de um mês.

— Compreendo. Prossiga!

— Venho sonhando com ele desde então. Num dos sonhos, tive a impressão de estar frente a frente com ele. Pude até senti-lo, tocando a minha pele. Foi algo surpreendente e, ao mesmo tempo, assustador.

— Foi uma viagem astral, não foi um sonho. Vocês se encontraram no astral enquanto seu corpo dormia.

— Como é que é?!

— Isso mesmo que você ouviu! Uma viagem astral.

— Isso é possível?

– Sim. Milhares de casos são relatados constantemente. Procure saber mais, vai ficar surpreso com o que vai descobrir.

Tom parece empolgado. Cindy Kebbell prossegue:
– O espírito de cada um de nós é um espírito eterno. Quando não está encarnado em algum lugar do cosmos, pode estar nas comunidades astrais. Para saber mais sobre as leis cósmicas e as energias que nos rodeiam, vou indicar-lhes alguns livros. Dúvidas é só me procurar.

Tom parece-me ainda mais empolgado e a seguir, relata tudo o que se passou com Mark, envolvendo seu pai, e o que o levou a suspeitar que seu pai tenha se jogado na frente do carro.
– A motorista disse o quê? – indaga a Senhora Kebbell.
– Que quando o viu, já era tarde para brecar. Foi como se ele realmente tivesse saltado, de repente, na frente do veículo. O nome dela é Kristine Perroni, a coitada está arrasada.
– Compreendo. O que posso prometer a você, Tom, é tentar um contato com ele numa das noites que dedico para esse fim. Caso eu obtenha alguma notícia, informo você. Quero que me diga, ou melhor, que me escreva numa folha de papel o que você gostaria de dizer a ele.

Tom concorda.
– Espero tê-lo ajudado.
– Muito obrigado por sua atenção.
– Estou ao seu dispor. Deus o abençoe! Sugiro agora que tome um *passe* na sala ao lado.

Cindy Kebbell se volta para mim e pergunta:
– E você, Cristal, como tem lidado com sua mediunidade nos últimos anos? Quando esteve aqui pela última vez, você tinha apenas...
– Catorze anos.
– Catorze anos. O tempo passa voando, não?
– Sim. Mas nos ajuda a lidar melhor com dons como o meu.

Risos.
– Que bom que encontrou a paz em relação à mediunidade,

*215*

Cristal. Estimo.

— Obrigada.

Assim que deixamos o aposento, seguimos para a sala indicada por Cindy Kebbell, um lugar agradável, com música *newage,* tocando ao fundo e um incenso agradável, perfumando o ar. Cada um de nós se senta na cadeira indicada pela médium, enquanto duas pessoas, uma diante e outra atrás, levantam as mãos e pouco depois as passam por nossos corpos sem nos tocar. Esse é o *passe,* algo simples, mas extremamente purificador e revitalizante.

Partimos dali nos sentindo revitalizados. Na rua, volto-me para o Tom e pergunto:

— Como está se sentindo agora?

— Melhor, mais tranquilo — responde ele com os olhos, brilhando.

— Ela passa mesmo uma sensação de confiança — completa Maryann Brandon. — Sinto em meu coração uma sensação boa que renovou minha motivação.

— Seu apoio, no passado, foi muito importante para mim — explico.

No táxi, Maryann Brandon comenta:

— Jamais pensei que um dia eu conheceria outra médium.

— Outra?!

— Ora, Cristal, outra além de você!

— Ah, sim, sempre me esqueço de que sou uma também.

— Isso tudo deve ser um bocado maluco para você, não? — pergunta Tom.

— Já foi mais, hoje nem tanto.

— Se eu tivesse o seu dom acho que acabaria pirando — continuou Tom entre risos. — Ver, ouvir e interagir com os espíritos me deixaria um bocado confuso. Como eu saberia que é um espírito e não um de nós?

— Você quer dizer — ajudo Tom. — Como saberia que é um encarnado e não um desencarnado?

– Ou isso!

Tom ri e eu explico. Por fim, acrescento:

– A Senhora Cindy acredita também que já vivemos várias encarnações no mundo.

– Se vivemos, por que não nos lembramos delas? – questiona Tom como a maioria das pessoas, ao ouvirem falar a respeito.

– Não se lembrar de outras vidas é um recurso da vida para nos proteger. Se lembrássemos de tudo, o que seria um bocado, já que atravessamos inúmeras vidas, aí, sim, ficaríamos pirados. Por isso, recordamos somente o que for necessário para uma reconciliação com os desafetos do passado. As reencarnações existem para que possamos ir amadurecendo espiritualmente. Somos como um diamante bruto que precisa ser lapidado. Digamos que o ponto final da evolução é o brilhante.

– Se somos tal como um brilhante, deve haver também falsos brilhantes, não?

– Como assim?

– Pessoas que parecem evoluídas, mas que na verdade não são!

– Nunca havia pensado nisso, Tom! Interessante a sua observação!

Ele me parece orgulhoso do que falou.

– Infelizmente, muito do que pensamos, são valores adquiridos em vidas passadas que ficaram arquivados em nosso subconsciente, sem nunca questionarmos se são reais, limitando o nosso progresso, complicando a nossa vida. Às vezes é preciso um choque, um sofrimento, para que possamos despertar para a verdade, ampliar a nossa mente.

– Para mim a única coisa certa nisso tudo é o fato de que morrer é o destino de todos nós! – opina Tom mais uma vez.
– E o que vamos pensar e fazer da nossa vida até lá é o que mais importa, concorda?

– Concordo. Deixemos o amanhã para o amanhã.

– Sim, o amanhã a Deus pertence!

No aeroporto de Washington D. C. nos despedimos. Tom

e Maryann seguem para Detroit e eu de volta para Nova York. Por sorte, chego ao apartamento antes de John, o que é ótimo para mim, não quero que saiba onde estive, enciumado como anda, vai pensar bobagens a respeito.

Enquanto estou a sós no AP, volto a pensar em Mark, ansiosa por saber se ele já sabe a respeito da morte do pai.

– Mark – chamo ele na esperança de que apareça. – Mark! – repito e nada de ele aparecer. Desisto e decido ir tomar banho, estou quase nua, quando o vejo pelo canto dos meus olhos, parado no pequeno corredor que liga a sala ao banheiro e ao quarto.

– Mark! Que susto!

– Olá, Cristal. Tive a impressão de que queria falar comigo. Cheguei até a ouvir sua voz.

– E quero mesmo, Mark – respondo, enquanto enrolo meu corpo no lençol.

– Aconteceu alguma coisa? E o chato do seu noivo, como anda? Tá mais calmo?

– O que eu tenho a lhe dizer não tem nada a ver com o John.

– Não?!

– O Tom esteve aqui...

– O Tom?!

– Sim! Ele e Maryann, minha amiga de Detroit, estão namorando.

– E eles voaram até aqui para lhe contar isso?

– Não! Para me pedirem ajuda. Você vai ter de ser forte, Mark. O que eu tenho a lhe contar não é nada agradável.

– Diz logo, Cristal, assim você está...

– Seu pai morreu, Mark. Atropelado!

Ele leva as mãos aos cabelos, chocado.

– Pobre papai... Lutou tanto pela moral e pelos bons costumes e, mesmo assim, morreu dessa forma tão estúpida.

– Há coisas na vida que não podemos mesmo entender.

– Coitado.

Ele agora se derramava em lágrimas.

– Eu sinto muito, Mark. Você não sabia?

– Não, como eu poderia saber?
– Pensei que talvez ele pudesse ter vindo atrás de você.
– Como ele poderia saber onde estou, Cristal?
– Você tem razão.
O silêncio cai sobre nós enquanto ele chora, baixinho.
– Mark, eu gostaria tanto de poder aliviar a sua dor.
– Você já fez muito por mim, Cristal. Não se preocupe.
– O importante é saber que ele está bem, não?
– Será mesmo?
– Bem...
– O que foi, Cristal?
– É que o Tom suspeita que ele na verdade tenha se jogado na frente do carro.
– Impossível! Papai amava a vida! Lutava por ela! Defendia-a sob todas as circunstâncias.
– Tom acha que seu pai fez o que fez por se culpar pela sua morte.
– O Tom?!
– Sim.

A seguir relato tudo o que aturde Tom e o que se passou durante a nossa visita à Cindy Kebbell em Washington D.C.

Ao ouvir o interfone, tocando, corro para atender e, ao saber que é o John, digo:

– Agora você precisa ir, Mark. Prometa-me que vai ficar bem, por favor!

– Prometo, Cristal. Talvez eu até faça uma visita ao Tom. Sei que ele não pode me ver, mas quero matar a saudade, entende?

– Sim, eu sei.

John chega contente por seu time ter ganhado o campeonato e a noite passa sem que ele tenha novas crises de ciúme. Jantamos ali perto e dormimos lado a lado felizes e em paz. O *passe* que recebi na casa de Cindy Kebbell deve ter sido tão forte que acho que se estendeu ao John. Talvez porque desejei isso ao recebê-lo.

# Capítulo 23

Tarde do dia seguinte, atendo a uma chamada de Maryann.
– Cristal, tudo bem? Sim, chegamos bem. O Tom quer ter uma palavrinha com você, pode ser? Ótimo, vou passar o telefone para ele.
Trocamos os cumprimentos de sempre e ele diz:
– Cristal, é sobre Kristine Perroni, a mulher que atropelou meu pai. A coitada está cada dia pior, não consegue parar de sentir culpada. Está de dar pena. Seria possível você falar com ela? Pensei que seria legal, ajudaria. Ou talvez a Senhora Kebbell.
– Acho melhor eu pedir à Senhora Cindy que ponha o nome dela em suas orações. Que lhe transmita um *passe* à distância.
– Está bem... Mas se mudar de ideia.
– Eu digo.
– Você é quem sabe. Obrigado pela atenção, por tudo o que fez por mim.
Termino a ligação e minha mãe me liga em seguida. Conversa vai, conversa vem, ela comenta que está a fim de fazer um passeio no feriado prolongado do dia de ação de graças (24 de novembro), que neste ano cai na quinta-feira, e me pede uma sugestão. Prometo que o farei, assim que me ocorrer algo.
Desligo o telefone e não sei por que me vem à cabeça a conversa que tive há pouco com o Tom. Imediatamente encontro uma solução para atender ao seu pedido. Ligo para minha mãe e sugiro a ela e papai que voemos juntos para Detroit,

no feriado, para nos distrair como ela tanto quer. Ela e papai adoram a ideia. Viajando com os dois, não há como John se zangar comigo ou pensar mal de mim. De qualquer modo, convido-o para ir conosco, mas ele agradece, diz preferir ficar para adiantar um projeto.

No dia em questão, eu e meus pais voamos para Detroit e assim que posso, encontro-me com Tom que me leva a casa de Kristine Perroni.

– É melhor eu ir só – digo a Tom que promete me esperar no carro, estacionado quase em frente à casa da mulher.

Toco a campainha e é a própria Kristine Perroni quem me atende à porta.

– Boa tarde.
– Boa tarde. No que posso ajudá-la?
– Bem... Meu nome é Cristal Adkins. Sou amiga de Tom Belson, filho do Sr. Belson...
– Oh, sim, entre, por favor. Ele me ligou, dizendo que viria.

Ela me guia até a sala onde nos sentamos. Sem rodeios, ela desabafa:

– Não me perdoo pelo acontecido. Estou deprimida desde então. Meus filhos têm feito de tudo para que eu me recupere, mas... Estou definhando a cada dia.
– Eu sinto muito.
– Eu não estava embriagada, sabe? Foi um acidente.
– Eu soube.
– Eu não sei o que me deu naquela hora. Pisei fundo no acelerador e atropelei o homem. Foi como se uma força tivesse me possuído. Algo sobrenatural. Havia uma voz se projetando na minha mente: "Pise fundo, vamos. Atropele o demônio!".
– O demônio?!
– Sim, demônio! Era o que dizia a voz na minha mente! Então fiquei cega e surda para o bom senso. Quando dei por mim já havia atropelado o velho... Mas só fui perceber o que havia feito quando a polícia me parou. Eu não estava em mim naquele dia, não mesmo! Foi como se o demônio tivesse me

dominado.

Tento confortá-la com palavras e parto dali com Kristine Perroni muito agradecida por eu ter ido visitá-la.

Volto para o carro, pensativa.

— Como foi lá? — pergunta Tom.

— A mulher está de dar pena.

— Eu não falei? Pobre coitada. Tenho pena, sabe?

Dali partimos para a casa de Maryann que estava ansiosa para saber a respeito da minha visita a Kristine Perroni. Depois de lhe contar tim-tim por tim-tim, Maryann comenta:

— Isso mais me parece um caso de obsessão.

— Obsessão? — espanta-se Tom e eu também.

— Sim. Segundo o Livro dos Médiuns, a obsessão é a ação persistente ou domínio que alguns Espíritos logram adquirir sobre certas pessoas.*

Tom pergunta a seguir:

— Será mesmo que um espírito pode possuir a mente de uma pessoa?

— Hum-hum.

— Nunca pensei que isso fosse possível — opino.

— Porque nunca estudou mediunidade a fundo, Cristal.

— Nisso você tem razão, Maryann. E você sabe muito bem porque nunca quis me aprofundar nesses estudos.

— Sim, eu sei, querida.

— Sofri um bocado na infância e adolescência, você sabe...

— Sim, Cristal, não precisa se retratar comigo. Fiz apenas um comentário.

— Eu sei... Mas, Maryann, querida, se Kristine Perroni foi realmente obsediada por um espírito, quem seria ele?

— É isso o que precisamos descobrir.

Ficamos em silêncio até eu dizer o nome de Tim Johnson.

— Tim Johnson?! — espantam-se Maryann e Tom ao mesmo tempo. — Quem é?

---

*Para saber mais sobre o assunto, ver páginas 268 a 278.

– Trata-se do moço que seu irmão atropelou no dia...
– Espere aí, Cristal! Mark nunca atropelou ninguém.
– Ninguém que você saiba, Tom!
– O quê?!
– Sim! Foi o próprio Mark quem me contou num de nossos encontros em Nova York. Ele o atropelou e fugiu do local sem prestar socorro. Logicamente que ele não teve tempo de saber seu nome, só descobri, porque pesquisei na internet. O pobre rapaz morreu, infelizmente.
– Meu Deus!
– Já suspeitei dele anteriormente, ao me sentir seguida por alguém invisível aos meus olhos. Tanto que comentei com Mark num de nossos encontros e pedi a ele que tentasse localizar o rapaz, para tentar ajudá-lo diante do que estava passando. Infelizmente, Mark nunca o encontrou.

Imediatamente levo Maryann e Tom para a frente do computador e procuro na internet informação sobre Tim Johnson, para provar a eles que tanto eu quanto Mark dizemos a verdade. A polícia até então não conseguira encontrar o responsável pelo atropelamento do rapaz.

– Estou pasmo! – exclama Tom. – Que tragédia!

Fazemos um minuto de silêncio até eu dizer:

– Se Kristine Perroni foi realmente obsediada por um espírito, esse só pode ter sido mesmo Tim Johnson.

É Tom quem pergunta a seguir:

– Por que ele faria isso?

E é Maryann quem responde:

– Já sei! Porque de alguma forma ele descobriu que foi seu pai, Tom, quem, de certo modo, levou Mark ao desespero naquele dia, culminando no seu atropelamento e, depois, na sua própria morte por acidente de carro. O que ele quer é vingança.

– Não, Maryann, me recuso a acreditar que um espírito possa ser tão mau – protesta Tom.

– E em minha opinião – continua Maryann bem certa do que dizia –, ele fez tudo isso para ferir Mark e seu pai em todos os sentidos. Pois sabendo que o espírito sobrevive à morte, veria ambos sofrerem, por verem você, suas irmãs e sua mãe sofrendo com mortes tão repentinas e estúpidas em tão pouco tempo.

Tom arrepia-se e eu também.

– Maryann você tem razão – admito, surpresa com suas conclusões e ela diz:

– Agradeço o dia em que me interessei pelos livros sérios a respeito do assunto.

– E o que faremos agora? – indaga Tom, ansioso.

– Boa pergunta! – sou eu quem respondo. – Penso que só uma pessoa pode nos ajudar neste caso, Tom. O próprio Mark.

E todos nós nos arrepiamos novamente.

Naquela noite no meu quarto de hotel, tento fazer contato com Mark.

– Mark, você precisa encontrar Tim Johnson– repito, desejando muito que minhas palavras o alcancem, esteja ele onde estiver. – Sei que já pedi isso a você, anteriormente, e que não teve êxito na sua busca, mas, por favor, tente mais uma vez. Sua família toda e outros estão sofrendo por causa dele e não merecem sofrer mais!

Durmo, orando para que ele tenha ouvido meu pedido e seguido atrás do espírito desse rapaz. Decido também pedir ajuda a Cindy Kebbell para que transmita ao espírito obsessor, um passe à distância ou tente se comunicar com ele, libertá-lo de sua revolta.

De volta a Nova York, faço um jantar especial para o John. Para dar um clima romântico, enfeito a sala com algumas velas e assim que ele chega, a primeira pergunta que faz é:

– Por que tantas velas?

– Ah, sim, para dar um clima romântico...

– Detesto velas!

– Desde quando? Já usei antes e você nunca reclamou.

— Sempre detestei. Elas me lembram tragédia, morte, morbidez... Coisas que sempre odiei.
— Cada um as vê de um jeito, John... É como a flor, pode alegrar um ambiente alegre ou triste.
— Pois para mim elas não alegram nem um lugar nem o outro, só entristecem.
— Que nada! Vou até ele e o beijo.
— No nosso casamento haverá muitas velas, sempre imaginei meu casamento com muitas delas naqueles castiçais lindos e floridos.
Ele se arrepia.
— Eu preferiria que não houvesse, Cristal. Eu realmente não relaciono velas com alegria. E pretendo que seja um dia alegre, concorda?
Concordo por concordar, com um ligeiro balançar de cabeça. Acho que ele está exagerando, como sempre, exagerando. Velas são inofensivas e a luz de suas chamas é para mim, em qualquer circunstância, algo bom de se ver.
John vai tomar seu banho e quando volta à sala, já apaguei e guardei as velas. Resta apenas um resquício do cheiro delas pelo ar, algo que John sente e o faz reclamar outra vez.
— Cheiro de vela queimada, horrível.
Sem mais delongas, sirvo o jantar. Termino a noite, ainda me sentindo ansiosa para saber se meu pedido feito no quarto de hotel em Detroit foi ouvido por Mark. Desde então não tenho notícias dele e acabo indo dormir, ainda sem ter. Onde ele estaria?

# Capítulo 24

Assim que posso, chamo por Mark, estou preocupada e ansiosa para saber se ele finalmente localizou Tim Johnson. Sento-me no sofá, fecho os olhos e volto totalmente meus pensamentos para ele que reaparece minutos depois.

– Estou aqui, Cristal... – diz ele com o tom terno que sempre usa para se dirigir a mim.

– Olá, Mark. Como vai? Ouviu meu pedido? É muito importante, sabe...

– Você só me chamou aqui por causa disso? – pergunta-me ele com espanto e decepção na voz. – Foi só por isso, não foi?

– Também.

– Eu sabia.

– É que precisamos ajudar esse rapaz, Mark.

– Eu não entendo você, Cristal. Você nem o conhece.

– E desde quando precisamos conhecer alguém para prestar auxílio?

Ele abaixa a cabeça e diz:

– Desculpe-me, fui grosseiro com você.

Faço um gesto com a mão, como quem diz que está tudo bem e ele completa:

– Esse sujeito já deve ter atravessado a luz, Cristal, por isso é que não o encontro. Se não o fez, sabe se esconder muito bem de mim. De qualquer modo, por que é tão importante encontrá-lo?

– Porque Maryann acredita que foi ele o responsável pela morte do seu pai.

— O quê?! Isso é impossível, ele já estava morto quando meu pai morreu.
— Sim, eu sei, mas por meio da obsessão, um espírito mal intencionado pode afetar um desencarnado. Até matá-lo se quiser.
— Obsessão?!...
— Sim, Mark!
E resumi para ele o que era obsessão, segundo o que Maryann havia lido no Livro dos Médiuns.
— Maryann acredita que Tim Johnson obsediou Kristine Perroni para que ela atropelasse seu pai. Para que fizesse sofrer sua família e consequentemente você por tê-lo atropelado, Mark.
— Obsediou...
— É por isso que queremos tanto que você encontre Tim Johnson para que ele não obsedie mais ninguém.
Mark parecia perplexo diante das minhas palavras. E foi então que me lembrei, à velocidade de um raio, dos momentos em que me senti sendo espionada e seguida por alguém que meus olhos não puderam alcançar. E as rajadas súbitas de vento que surgiam repentinamente, pegando-me desprevenida e me fazendo arrepiar.
— No que está pensando, Cristal? — pergunta Mark, trazendo-me de volta à realidade. — Em Tim Johnson, novamente?
— Não, Mark. Em obsessão. Acaba de me ocorrer uma hipótese agora assustadora. E se toda essa mudança de humor do John for na verdade fruto de uma obsessão? Ele está sendo obsediado por um espírito que quer me prejudicar...
Mark, abobado, pergunta:
— E que espírito seria esse que quer prejudicá-la, Cristal?
— Ora, Mark, o próprio Tim Johnson, e para feri-lo como já supôs e comentei com você. Acho que vou ligar para Cindy Kebbell para que ela intervenha junto ao mundo espiritual a favor do John. E que me diga o que devo fazer para afastar John da obsessão. Acho que vou ligar, não! Vou ligar, sim, e amanhã cedo sem falta! Não sei como não pensei nisso antes.

Mark balança a cabeça de um lado para o outro e em meio a um risinho esquisito, comenta:
— Vai perder seu tempo, Cristal...
— Por quê?
— Porque o problema do seu noivo é outro, não tem nada a ver com obsessão.
— Como pode saber? Por acaso está sabendo de alguma coisa que eu não sei?
— Eu não deveria falar, mas...
— Diga-me, Mark, por favor! É algo sério? Eu amo o John, tudo que diz respeito a ele me preocupa.

Não demorou muito para que Mark se abrisse:
— O problema dele são as drogas mesmo como eu supus desde o início. São elas que andam afetando seu humor, deixando-o doido.
— Você tem certeza?!
— Eu o segui, Cristal! Tomei a liberdade de fazer isso para o seu próprio bem.
— John, consumindo drogas... Não pode ser. Já o questionei a respeito e ele me jurou que não consome drogas!
— Ele não iria confessar a você que é viciado. Mas eu o vi, comprando e as consumindo.
— Meu Deus, por quê? Desde quando?
— Isso eu não posso lhe responder, Cristal. Só estou lhe contando para que não perca tempo com algo que não a levará a nada. E para também que fique de sobreaviso. Uma pessoa sob o efeito das drogas pode se tornar absurdamente agressiva. Pode até matar!
— Sim, eu sei. Fez bem em ter me contado. Muito obrigada, Mark. Mais uma vez, muito obrigada.
— Pelo visto suas velinhas não estão dando muito certo, não é mesmo?
— Não zombe de mim, Mark, por favor.

Ele faz nova pausa e diz:
— Que bom que eu ainda não atravessei o portal, não é mesmo, Cristal? Se tivesse, não poderia ajudá-la como estou fazendo agora. É como eu disse desde o início, fiquei preso a

este plano para protegê-la, como um anjo. Só você que ainda não notou. Só você!

Olho para ele com perplexidade. Ele tem razão, toda razão! Sinto-me culpada por não lhe ter dado o devido crédito.

Naquele fim de tarde, aguardo John deixar o trabalho e o sigo, tomando todo o cuidado para ele não me ver. Logo o vejo, seguindo por um beco e conversando com um traficante. Assim que deixa o local, ele me encontra, aguardando por ele. Seu rosto se transforma numa expressão de choque e vergonha ao mesmo tempo.

– Cristal!
– Desde quando, John? – pergunto com voz triste. – Quando e por que você começou?

O semblante dele muda, agora me enfrenta com o olhar.

– Não é da sua conta!
– Preocupo-me com você!
– Se preocupasse mesmo não teria ou estaria me traindo com outro.
– Lá vem você de novo com essa hipótese absurda!
– Não é uma hipótese, Cristal! Não, para mim!
– John, você precisa de ajuda.
– Eu preciso mesmo é de uma mulher fiel ao meu lado, Cristal. Fiel!

Sem mais, ele parte, mesmo sob meus chamados. Tento segui-lo, mas o perco em meio aos transeuntes. É então que ouço uma voz me dizer: "Afaste-se dele! Ouça meu conselho urgentemente! Afaste-se dele para o seu próprio bem!". Arrepio-me diante do alerta e penso: como posso me afastar de quem tanto amo? E a pergunta fica no ar mais uma vez.

Volto para casa arrasada. Entrar no mundo das drogas é um caminho sem volta, todos sabem. Como John pode ter feito uma coisa dessas consigo próprio e comigo? Pois tudo que o afeta, afeta a mim também!

Passa das dez da noite e John ainda não voltou. Estou cada vez mais preocupada com ele. Volto a rezar e é quando a campainha toca. Corro para abrir e o encontro parado ali, visivelmente chapado.

— Como entrou?

— Aproveitei que um morador estava saindo do prédio e...

Sua voz está mole e ele está meloso demais para o meu gosto. Ao tentar me beijar, recuo,

— Você está fedendo.

— Esses são modos de você falar com seu noivo?

— Vá tomar um banho.

— Vou se eu quiser.

— Você vai se sentir melhor, venha.

Conduzo-o até lá e o enfio debaixo do chuveiro. Vinte minutos depois, John está novinho em folha, bem vestido e cheirando muito bem.

— Enquanto você se banhava, preparei este prato para você.

— Hum... macarrão com almôndegas. O cheiro está bom!

— Pelo visto você não tinha jantado.

— Não, mesmo.

Ele ri e não para mais. É uma gargalhada atrás da outra. Eu me mantenho séria e, toda vez que ele tenta me imitar, rio ainda mais. Acabo rindo com ele e tudo novamente volta às boas entre nós. Levo-o para cama onde ele adormece em menos de cinco minutos, parece exausto, deve ser efeito das drogas. Durmo decidida a levá-lo a um psiquiatra e também aos alcoólicos anônimos.

Quando desperto na manhã do dia seguinte, John já havia se levantado e eu nada percebi.

— John? — chamo por ele, mas ele já saiu. Há um bilhete em cima da mesa: "Tenha um bom dia, te amo!".

Gosto do que ele fez, tomo meu café da manhã e quando vou partir para o trabalho, não encontro a chaves da porta. Reviro quase o apartamento todo e só então me ocorre que John, ao sair, teve de abrir a porta e pode, sem querer, ter deixado as chaves do lado de fora da fechadura. Logo descubro que me enganei, a porta está trancada estou presa no meu próprio

AP, e agora?
 Ligo para os meus vizinhos pelo interfone, mas nenhum deles atende. Já devem ter saído para o trabalho. E o Sr. Taylor só chega por volta das dez. Ligo para o celular do John, mas só dá caixa postal. Começo a ficar irritada e preocupada, tenho uma importante reunião na empresa, não posso me atrasar.
 Resta-me então sair pela janela que dá acesso à escada de emergência, para caso de incêndio. Só então descubro o quanto é apavorante descer por ali, ainda mais para uma pessoa com pânico de altura. Tento me acalmar e sigo em frente. A escada que liga o primeiro andar ao térreo precisa ser destravada, tento, mas não consigo. É quando um passante me vê e me explica como soltar a bendita. Depois de muito esforço consigo, ufa! Chego ao trabalho suada e esbaforida e nem tenho tempo de explicar o que me aconteceu, já estão todos na sala, aguardando-me para dar início à reunião.

 Já é noite e eu estou no meu AP, aguardando por John. Até então ele não atendeu a nenhuma de minhas chamadas no celular. Ele chega visivelmente embriagado e, ao me ver, ri.
 – As chaves, levei-as comigo por força de hábito.
 – Eu percebi – respondo, seriamente. – Agora, você pode me explicar por que não atendeu a nenhuma das minhas chamadas durante o dia inteiro?
 – Não?!
 Ele ri ainda mais e sem me responder vem para cima de mim, meloso, tentando me beijar.
 – John!
 – Estava sem bateria.
 – O dia todo?
 – Sim, ora, acontece!
 – Justamente no dia em que você me deixou trancada na minha própria casa?
 – Não foi de todo mal, Cristal, confesse! Você anda mesmo precisando descansar, além do mais...
 – Eu tinha uma reunião importante!
 – E daí? Você logo vai mandar esse emprego pras

cucuias!
— John...
— *Take it easy\*,* Cristal!
— Saiba que mesmo me deixando presa aqui, consegui sair pela escada de emergência.
Ele volta os olhos para a janela, pasmo.
— Foi você mesmo que me lembrou que se pode entrar e sair do apartamento por ali.
Ele faz bico e nada responde.
— Vou tomar meu banho.
Sai da sala e vai para o banheiro. Fico pensando se ele não teria me prendido ali de propósito. Não, não chegaria àquele ponto. Com o propósito de alegrar o ambiente e relaxar a tensão, ponho um CD de música pop para tocar.
Vinte minutos depois, estou na cozinha, preparando algo para lancharmos, quando John reaparece de banho tomado, fuzilando-me com os olhos.
— Você pode me explicar o que é isto, Cristal?
Olho para sua mão e vejo um pedaço de papel.
— O quê?
— Essa passagem para Washington D.C., sua boba!
— Ah!
— Responda! — ele grita.
— Fui com Maryann e Tom, de companhia, visitar Dona Cindy Kebbell. A médium que me ajudou quando eu era garota. Ela própria me disse ao telefone, que queria me ver. A princípio não ia, mas quando você me falou que passaria a tarde toda com os amigos, assistindo ao final do campeonato de baseball, acabei decidindo ir.
— V-você viajou com aquele rapaz?!...
— E com Maryann.
— Como vou saber que ela foi junto?
— Ligo para ela agora e você confirma.
— Pode ser tudo uma armação entre vocês.
— Calma aí, John.
— É isso mesmo o que você ouviu, Cristal. Essa tal de

\*"*Vá com calma*", expressão muito usada pelos americanos.

Maryann está encobrindo o namoro de vocês.
— Não é nada disso, pelo amor de Deus!
Ele deixa seu corpo cair ao sofá e geme, fazendo uma careta horrível de dor.
— Ai!...
De repente, começa a bater a cabeça contra o encosto do sofá, como se quisesse quebrá-la. Corro até ele e tento segurar suas mãos, mas ele me empurra, levanta e começa a quebrar tudo que há por ali.
A música acaba abafando o som, pelo menos é o que eu penso. Quando ele para, cai de joelhos ao chão, enverga-se e soca o assoalho.
— Que ódio! Que ódio — repete entre dentes.
— John — tento falar. — Ligo agora para a Senhora Kebbell se quiser...
— Eu não quero falar com ninguém! Estão todos do seu lado, todos mancomunados com você!
Sem mais, ele se levanta, pega suas coisas e parte apressado. Sei que não adianta ir atrás dele, não naquele estado. Tenho então mais uma das piores noites da minha vida.
Nesse ínterim, Mark reaparece e me consola.
— Afaste-se desse homem, Cristal...
Suas palavras me fazem lembrar do mendigo que encontrei no Central Park aquela noite e da voz que ouvi na tarde anterior, logo depois de confrontar John e seu vício: "Afaste-se dele! Ouça meu conselho urgentemente! Afaste-se dele para o seu próprio bem!". Estariam eles com razão?

No dia seguinte, todos no meu trabalho, percebem que não estou bem, que tive uma noite péssima.

# Capítulo 25

Estou de volta ao meu AP e para minha surpresa encontro John, aguardando por mim.
— John?
— Olá, Cristal.
Ele me presenteia então com um buquê de flores.
— Para mim?
— Flores para uma flor.
— Obrigada.
— Queria falar com você, acho que lhe devo desculpas por ontem. Posso subir?
— Sim, claro.
Assim que entramos no apartamento, John vai direto ao que vem:
— Ando estressado, Cristal... Acho que ando trabalhando demais, sabe? Por isso quero sair um pouco da cidade. Quando comentei isso com um colega do trabalho, ele, muito gentilmente me ofereceu sua casa da praia. O que acha de passarmos uns dias lá? Eu tiro folga do trabalho, você também. Vai ser bom para nós ficarmos um pouco longe dessa loucura da cidade, não acha?
— Sim, John, acho sim. É uma ótima ideia.
— Que bom que gostou!
— A casa fica nos Hamptons*.
— Conheço o lugar só por foto. Dizem que é muito lindo.

*Os Hamptons são uma zona balneária de luxo no estado de Nova Iorque, Estados Unidos da América. (N. do A.)

– Lindos mesmo serão nossos dias ali.

Ele me beija e eu estou feliz por saber que John está se esforçando para que tudo volte às boas entre nós. Dias depois, seguimos para o local e a casa da praia é mesmo um sonho. Visto que é alto outono, a maioria das casas na vizinhança estão vazias. O lugar é sempre bem mais frequentado na primavera e no verão.

Em menos de um dia, John me parece renovado e rejuvenescido. O mesmo cara por quem me apaixonei. Jantamos à luz de velas, dormimos abraçadinhos, um sono tranquilo e sereno.

Na cálida manhã do dia seguinte, bem cedo, John me desperta:

– Cristal, acorde! O dia está lindo! Vamos caminhar!

Rapidamente me visto e saímos. De fato, faz um dia esplendoroso para um outono nova-iorquino. Diante do mar paramos e John me abraça por detrás e pergunta ao meu ouvido:

– Pensando em nós?

– Sim, John, no futuro brilhante que podemos construir lado a lado.

Viro-me para ele e o beijo ao som das gaivotas que sobrevoam o local.

É quando vou preparar o nosso almoço, que ele aparece, segurando uma arma de fogo. Ao vê-la, por pouco não grito.

– Calma! – adverte-me, sorrindo. – É apenas para nos proteger em caso de alguma emergência. Um intruso inesperado e perigoso.

– Não gosto de armas, John. Especialmente perto de mim.

– Está bem, vou guardá-la num lugar longe dos seus olhos, fique tranquila.

Almoçamos em paz, tão romântico nos tornamos que acabo me esquecendo do susto que levei, ao ver o revólver nas mãos de John. Mas ele está certo, num lugar como aquele, é bom mesmo ter com o que nos proteger. Ouve-se tanto falar a respeito de invasões de casa por loucos, ou maníacos ou drogados para abuso sexual ou assaltos.

Nessa noite, encontro um livro de poesias e leio em voz alta algumas delas para que o John, com a cabeça deitada no meu colo, seja também agraciado por sua magia.

*Talvez eu deva te pedir desculpas por te amar demais...*
*Talvez eu deva me pedir desculpas por te amar demais*
*Tudo o que nos tornamos foi por amor ou pela falta dele*
*Tudo o que perdemos foi por amor ou pela falta dele*
*E o que conquistamos foi por amor ou pela falta dele*
*O fim do mundo é onde vão parar todos os corações partidos*
*Por amantes, por amigos, por paraísos perdidos...*
*E é lá também que fica o fundo do poço*
*Onde vão parar depois de tantos desgostos...*
*Também os que se odeiam por amar demais*
*E os que se acovardam por amar demais*
*E os que se matam por amar demais*
*Talvez eu não devesse te amar demais*

Leio um pouco mais e só então seguimos para o quarto para mais uma noite tranquila, dormindo lado a lado.

Na manhã do dia seguinte, acordo e encontro John na sala, brincando com a arma de fogo.

– John?!
– Olá, Cristal – diz ele displicentemente. – Estava aqui brincando um pouquinho...
– Com uma arma de fogo? Perdeu o juízo?
– É que é mais divertido.
– Divertido?! Espero que esteja sem bala, pelo menos.

Ele ri.

– Não seja estúpida, Cristal. De que me adiantaria uma arma sem munição?

Arrepio-me.

– Quer dizer que está carregada?! Então pare de brincar com isso imediatamente! Vai que dispara e acerta um de nós!

Ele volta-se na minha direção, fixando seus olhos gravemente nos meus e com súbito ódio na voz, diz:

— Quem você pensa que é para dizer o que devo fazer?

— John...

Ele aponta a arma para mim.

— John, pare com isso, por favor!

— Ninguém manda em mim! — berra ele, completamente transformado noutro ser.

— Está bem, desculpe-me...

Estou trêmula agora da cabeça aos pés. O clima pesa no recinto até que ele guarda a arma na sua maleta, pega a chave do carro e diz:

— Estou indo para Manhattan. Negócios urgentes.

— Vou com você.

— Não, você fica!

— Não quero ficar aqui sozinha.

— Mas vai!

— Não, John, não quero!

— Problema seu!

— John, por favor!

— E também não quero que saia da casa na minha ausência.

— O quê?!

— É isso mesmo o que você ouviu!

Ele se inclina para frente e diz, com cólera e frieza:

— Eu não confio mais em você, Cristal!

— John, por favor.

— Cale a boca!

— John...

— Calada!

Estremeço ainda mais diante do que ele diz a seguir:

— Como é possível, depois de tudo o que vivemos juntos, eu significar tão pouco para você?

Suas palavras me chocam.

— O que é isso, John? Você significa muito para mim.

— Mentira! Tanto é que foi capaz de me trair com aquele sujeitinho de Detroit! Meu estômago chega a se revirar de ódio por você ter me feito de corno.

— Eu não o traí, John. Juro que não!

— Nem em pensamento?

Minha súbita insegurança estraga tudo, faz tremer meus lábios justamente quando não posso, pois vai parecer que o traí sim, ainda que em pensamento. Ele ri, um riso triste e sinistro ao mesmo tempo. Triunfante.

— O que houve com você, John? Esse ciúme doentio.

— Eu sempre fui ciumento. Sempre deixei isso bem claro...

— Mas não era assim. De qualquer modo, eu sempre lhe fui fiel porque o amo. Nunca fiz segredo disso.

Minhas palavras conseguem tocá-lo nesse instante. Ele me segura pelos punhos, olha para mim seriamente e admite:

— Eu a amo, sua besta! Apesar de ter me traído, eu ainda a amo!

Meus olhos, envoltos de perplexidade e paixão, fecham-se e tornam a se abrir. Então admito, carinhosamente:

— Jamais pensei que eu poderia me tornar o centro da existência de alguém.

Mas John perde novamente o domínio sobre si e me puxa até o quarto que havíamos escolhido para dormir, empurra-me para dentro e fecha a porta com chave.

— John! Você perdeu o juízo?

— As janelas estão travadas por fora, com varetas — alerta-me ele. — Você jamais conseguirá abri-las.

Só então entendo por que John não fez questão de destravar as janelas e portas da casa. Já deveria ter em mente o desejo de me aprisionar ali.

— John! — elevo a voz.

— Pode berrar à vontade — ele retruca. — Ainda que haja alguém nas casas vizinhas, elas ficam muito longe daqui para que alguém possa ouvi-la.

Sem mais ele parte, deixando-me à mercê do desespero total. Os minutos seguintes pareceram intermináveis. Sinto-me praticamente uma prisioneira, procuro manter a calma, mas não consigo. Deixo então minha mente vagar, languidamente, procurando lembrar-me de coisas boas para relaxar. Penso com saudade dos primeiros tempos do nosso namoro e garanto a mim mesma que tudo entre nós pode voltar a ser como antes. O tempo segue seu caminho e só então percebo que estou mesmo presa, sem ter com o que me alimentar e matar a sede. John ficara tão fora de si que se esquecera desse detalhe crucial. Estremeço só de pensar que vou passar fome e sede. A sensação é pavorosa.

Sem me aperceber, adormeço, vindo a despertar só horas depois. Já não sei precisar por quanto tempo apaguei. Quando dou por mim, estou estirada na cama, toda encolhida, e só me resta chorar a minha tristeza.

Meus olhos ficam tão embaçados que demoro para perceber a presença de Mark no quarto. Meu rosto se transforma, ao vê-lo. Choro então de felicidade.

– Que bom, que bom que você está aqui, Mark... – suspiro emocionada.

– Foi desesperador tentar encontrá-la, Cristal – admite ele também aflito. – Intuí que precisava de mim, mas... até localizá-la posso dizer que quase morri de novo.

Rio, chorando.

– Que bom, Mark... Que bom que você não foi embora!

– Eu sabia que não deveria ir, Cristal. Desde o início eu lhe disse que deveria haver um motivo especial para eu ter ficado neste plano. O motivo era você, Cristal, para protegê-la!

– Sim, Mark, você disse... O tempo todo você me disse e...

– E você duvidou.

– De qualquer forma, obrigada.

– Você já se deu conta de que sou o único que se preocupa com você, Cristal? O único também que decidiu dedicar toda a sua atenção a você, porque a ama? Amo-a sem limites!

– Ô, Mark... Suas palavras me comovem e me confortam...

– Você logo vai sair dessa, Cristal. Acredite! Torço por

isso.
– Se não fossem as drogas, Mark, John não teria se tornado o que se tornou. Um cara bem sucedido, de excelente família... É de me dar pena.
– Pena, Cristal? É de dar ódio, isso sim! Ódio e repugnância.
– Ainda assim eu sinto pena dele, porque o amo. Recordo-me então da cena em que vi John, comprando drogas de um traficante em Nova York. Em meio a isso recordo-me das palavras que Kristine Perroni usou para descrever o que sentiu antes de atropelar o pai de Mark.
– O que foi, Cristal? No que está pensando?
– Estava recordando o dia em que vi John, comprando drogas e, subitamente, veio-me à mente o que Kristine Perroni me contou a respeito do dia em que atropelou seu pai.
– Pensando nessa mulher de novo, Cristal?
– Foi sem querer, Mark... E acaba de me ocorrer algo. Lembra-se quando eu suspeitei que John estaria sendo atormentado por um espírito obsessor? Que isso explicaria muito a respeito da sua mudança repentina de comportamento?
– Sim, e daí?
– E daí que eu acho que é exatamente o que está acontecendo.
– Lá vem você de novo com essa história. São as drogas que estão transtornando seu noivo, Cristal. Já lhe provei isso!
– Sim, mas só agora percebo que ele pode ter sido levado a elas por um espírito obsessor.
– O quê?!
– Sim! Da mesma forma que Kristine Perroni foi induzida a atropelar seu pai, esse mesmo espírito induziu John a consumir drogas. E penso mais, para mim, é esse mesmo espírito obsessor que vem me perseguindo, perseguindo nós dois, desde o nosso primeiro encontro em Battery Park. Já lhe disse que desde esse dia eu sempre tive a sensação de estar sendo vigiada a distância por alguém que meus olhos não

podiam alcançar.

Mark olha para mim agora com surpresa e certa inquietude.

– Eu estava certa o tempo todo, desde o início. Eu deveria ter refletido um pouco mais, ido mais a fundo. Você tem de encontrar esse espírito, Mark!

– Eu já tentei, lembra-se? Nunca vi espírito algum!

– Mas ele tem de existir! Talvez não seja Tim Johnson e, sim, outro espírito. A nossa única chance de ficarmos livres desses tormentos é tentar nos comunicar com ele, fazê-lo desistir dessa obsessão insana.

– Quando você diz: ficarmos livres, refere-se a você e John, certo?

– Sim, Mark. Eu e John! Porque você me parece tranquilo em relação a essa misteriosa figura. É ou não é?

– De fato, se ele existe mesmo, a mim tem me poupado.

– Aí é que você se engana, Mark. Ele está me ferindo para feri-lo porque você gosta de mim.

– Você ainda acredita nisso?

– Sim! Ele quer se vingar de você por meu intermédio.

E depois de um novo arrepio, suplico:

– Só você pode nos ajudar, Mark! Por favor! Só você!

– Está bem, Cristal... Farei tudo o que estiver ao meu alcance. Tudo... Porque a amo tanto quanto você ama o John.

E sem mais, Mark parte, deixando-me só entre as quatro paredes, examinando, vezes sem conta, possibilidades de fugir dali. Mas minha inteligência parece ter sido drenada pela fraqueza que me abate, a falta de alimentos começa a me deixar zonza. Acabo adormecendo, sem perceber.

Na manhã seguinte, acordo com o estômago se contorcendo de fome. O lugar está tão silencioso quanto uma cripta. Tenho novamente a sensação de ter sido enterrada viva. Somente o som das gaivotas lá fora atravessa o silêncio sepulcral. Sei que faz sol porque seus raios são filtrados pelas frestas da janela. Tento abri-la novamente, nada acontece. Sigo então para o banheiro, lavo o rosto, respiro fundo e tento pensar positivamente. É quando avisto a janelinha que há ali e percebo que posso passar por ela apesar de ser estreita. Meu coração acelera de excitação diante da possibilidade.

Sou capaz de usar até minhas próprias mãos como torniquetes para escancarar a janela ao máximo para me dar passagem. Tenho de fazer nem que me machuque, é minha única escapatória.

Quando consigo alcançar meu objetivo, salto para fora sem me preocupar com a possibilidade de John estar nas imediações. Corro pela praia, afoita e transpirando. Estou livre, finalmente livre, só há um senão, o lugar está deserto, preciso de ajuda para ir embora dali.

É difícil enxergar com clareza algo além, pois a fina névoa da manhã embaça ainda mais minha visão.

Não muito longe avisto um homem parado a uma certa distância e ao que me parece, está olhando na minha direção. Ufa!, respiro aliviada. A princípio penso ser Mark, depois já não sei mais, o desespero é tanto que grito por socorro, acenando com as mãos.

Corro com todo gás que ainda me resta. Corro, corro, corro... Finalmente vou poder ir embora e quando longe, aprender a me proteger de John. Já não posso correr mais riscos nas suas mãos. Já não consigo mais correr, prossigo, tentando acelerar os passos mas desisto. Por ter ficado tanto tempo sem me alimentar, estou fraca.

— Olá! — dirijo-me ao sujeito. — Preciso de ajuda! Por favor!

Ouço então a voz clara e inconfundivel de John Randall dizer:

— Olá, Cristal!

Estremeço, ao perceber que é ele. Meu rosto se contrai numa expressão de pânico e horror.

— Onde você pensa que vai, Cristal?

— John, por favor...

Ele ri, arreganhando os dentes, adquirindo uma expressão

demoníaca.

– Você precisa me levar de volta a Manhattan, John. Meus pais vão ficar preocupados comigo e eu preciso me alimentar direito, por favor!

– Você tem sido uma garota má, Cristal. Não me obedece, não me respeita! Eu disse a você para não sair daquela casa sob hipótese alguma, lembra?

– John, ouça-me! As drogas estão afetando a sua cabeça. Você precisa me deixar ajudá-lo.

Ele ri ainda mais debochado.

– Pare, John, pare!

Ao vir para cima de mim, corro na direção contrária com a força que ainda me resta.

– Socorro! – grito na esperança de que alguém possa me ouvir e me ajudar.

John tropeça na areia, cai e se levanta, parecendo ainda mais furioso.

– Você vai ser minha, Cristal! Só minha!

Meus pés afundam na areia, fazendo-me muitas vezes perder o passo. Agora sou eu que caio e me levanto rápido, não posso parar.

– Alguém, por favor, me ajude – berro quase sem voz.

Nem um sinal senão o murmúrio do mar e das gaivotas.

– Não adianta, Cristal... As casas estão vazias... é outono, lembra-se? Se fosse no verão...

Por isso ele me trouxera para cá, para eu não ter mesmo com quem contar diante do que planejara fazer comigo.

– Socorro! Socorro! – meu desespero é total.

John volta a rir, sinistro como nunca. Só então percebo que ele carrega consigo a tal arma que disse ter levado para nos proteger. A descoberta me apavora ainda mais.

– Deus meu! Alguém, por favor, me ajude!

Ouço minha voz, ecoando como se fosse num sonho. Minha garganta arde, já não consigo mais proferir uma palavra sequer.

John já não corre mais, não é preciso, lenta como estou,

sabe que pode me alcançar, simplesmente andando. Um minuto mais e minhas forças se acabam de vez, é quando ele me agarra e me arrasta de novo para casa.

– John, pare! Solte-me, por favor!

Num instante, ele me pega nos braços e me leva para o quarto e me joga sobre a cama. Seus olhos perscrutam meu rosto, vermelhos e ansiosos.

– Não me trate assim, John, eu o amo!

Ele ri novamente de forma sinistra.

– Eu o amo, sim! Pare com isso!

Começo a ofegar e a tremer, enquanto uma nuvem de dolorosa friagem me envolve pouco a pouco. Meu coração parece finalmente sair fora do compasso e, tudo o que mais quero é gritar, mas não consigo, porque todos os sons se aglutinam e congelam em minha garganta. Grito, mas apenas mentalmente.

Quando olho de novo e diretamente para os olhos do John, o que vejo me apavora ainda mais. Suspiro tepidamente e desmaio.

## Capítulo 26

Desperto sem saber ao certo por quanto tempo fiquei desacordada. Um gemido de angústia ecoa do meu peito e outro e outro... Tento me mover, alcançar de novo a janela, mas um peso monstruoso me prende ao lugar. Outro gemido de terror sacode o meu espírito. Colapso mental. Sinto-me impotente, boba e indefesa, já não posso mais falar e agir como uma pessoa pensante. Tudo acabou para mim, não vejo mais saída.

Ouço então passos pela casa, sinal de que John ainda está aqui, o que me enche ainda mais de pavor. O medo é tanto que tenho a impressão de que minha saliva virou fel, pois amarga a minha boca. Não tenho tempo de pensar em mais nada, John chega, abrindo a porta com um leve pontapé. Num instante, atravessa o quarto e se inclina sobre a cama.

– Acordou finalmente? Fiz um macarrão instantâneo para você. Coma!

Ainda que seja um instantâneo, que não aprecio, minha fome é tanta que devoro o prato.

– Ainda sinto fome – admito.

– É para sentir mesmo.

– Como assim, John?

– Quanto mais fraquinha você ficar, menos chances terá de fugir de mim.

– Cedo ou tarde alguém vai aparecer, John.

– Já estaremos longe daqui, Cristal. Noutro mundo!

– Noutro mundo? Que outro mundo, John?

– Não é você a garotinha amiga dos mortos? Pois bem, quero ver como se sente morta como eles.

— John, não diga isso nem brincando.
— Cale essa sua boca! Aqui quem manda sou eu!
— John, por favor!

Já ouvira dizer que sob o efeito das drogas, um indivíduo chega a perder todo senso de compaixão e bom senso, que sua maldade pode se expandir sem limites, mas jamais pensei que aquilo seria tão verdadeiro.

Ele então se senta ao meu lado na cama, aninha sua cabeça em meu ombro, parecendo o mesmo John carinhoso de antes. O surto psicótico deve ter dado uma trégua, penso eu, sentindo-me mais aliviada. Assim, relaxo e adormeço outra vez. Um sono pesado.

Quando desperto, sinto-me mais aliviada. O pior já passou, penso cá com meus botões, ao me lembrar que pouco antes de eu adormecer, John parecia ter voltado a ser o mesmo homem por quem me apaixonara.

Quero me levantar e ao primeiro movimento, pânico. Estou amarrada à cama e quando penso em gritar, John surge à porta, atravessa o quarto e se deita ao meu lado.

— Você é mesmo uma Bela Adormecida, Cristal — diz ele com voz melosa e artificial.
— Você me amarrou?
— Hum-hum.
— Por quê? Solte-me, por favor!
— Pra que, Cristal? Pra você tentar fugir de mim outra vez?
— Só fugi porque você me prendeu nesta casa.
— Não importa! O que importa para mim agora é que você doravante vai ser só minha... Como meu brinquedo favorito.
— John, você não pode dizer isso. Ninguém é de ninguém, não como uma propriedade, um objeto...
— Saiba que suas palavras me ferem, Cristal.
— Mas são verdadeiras e não podemos fugir das verdades da vida!
— Estou pouco me lixando para elas, o que me importa agora é amá-la, Cristal. E do jeito que eu quiser, como bem entender.

– Então me solte, John, por favor.
– Faria se ainda confiasse em você.
– Você ainda pode confiar em mim, John. Solte-me!
Os olhos negros dele concentrados em mim transparecem dúvida.
Diante do forte cheiro de bebida nele, comento:
– Você se excedeu na bebida outra vez, foi?
Ele dá de ombros e sem mais delongas, começa a me despir e me possuir contra a minha vontade. Nada posso fazer senão suar em profusão e gritar por socorro, mas ele me tapa a boca com uma das mãos, quase me tirando todo o ar. É horrível, simplesmente horrivel... Por fim, ele é obrigado a soltar pelo menos uma de minhas mãos e pés para me virar de lado, o que faz me sentir ainda mais usada e suja. Quando tudo termina, seu cheiro está impregnado na minha pele e, pela primeira vez, sinto nojo de tudo que vem de John.
– Ah, Cristal... Você é ótima... – murmura ele entre um suspiro e outro. – Uma mulher e tanto...
Ele suspira novamente, vira para o lado e dorme. Para minha felicidade, ele se esqueceu de amarrar novamente minha mão esquerda e o tornozelo do pé esquerdo. Assim, aguardo adormecer profundamente para eu poder soltar a minha outra mão e o meu outro pé. Mal posso acreditar quando me sinto livre outra vez.
Saio do quarto então, quase que sem respirar, com medo de que ele perceba o que estou fazendo. Atravesso a sala e sigo diretamente para a garagem. Chove fraco, mas o suficiente para complicar a minha fuga.
Ponho a chave na ignição e a excitação de estar ali, prestes a escapar daquilo que se tornou um caos em minha vida, me faz chorar. Deixo-me cair para trás, chorando sem parar.
"Vá embora, o quanto antes!", ouço uma voz dizer na minha cabeça.
Tento me recompor e é quando me vejo sem forças para seguir adiante. Nem sequer para manobrar o carro para fora da garagem, nem mesmo para dar partida no motor. Minha cabeça tomba para diante e cerro os olhos.

A voz ouvida há pouco volta a me aconselhar freneticamente:

"Fuja daí antes que ele desperte!"

Sinto agora uma abominável angústia por trás de cada palavra.

"Suma daí, vamos!"

Ainda assim, permaneço travada, com minha atenção presa agora ao metódico tique-taque do relógio do carro.

"Desperte, Cristal!", repete a voz. "Coragem!"

Ouço um estalo o que me desperta apavorada. É John, ele está vindo! Finalmente ligo o carro, dou marcha ré e quando me preparo para pegar a pequena estrada que liga àquela que me levará de volta a Manhattan. Um grito irrompe da minha garganta, um grito histérico, de pavor. John está parado em frente ao veículo, sob a chuva e sob a luz dos faróis. A visão é apavorante.

– E agora? – pergunto a não sei quem.

O desespero aumenta dentro de mim, ao vê-lo, segurando a arma que levou, dizendo que era para nos proteger. Em meio ao terror, tudo o que consigo fazer é tacar a mão na buzina, apertando-a sem parar. John larga a arma, tapa os ouvidos, e cai de joelhos. Algo então se apodera de mim, uma força do Além que me impulsiona a seguir em frente, habilmente contorno John e sigo para a estrada.

Nem bem entro nela, um pensamento grotesco me dilacera o coração. A arma, descontrolado como John está, tão fora de si como se encontra, pode atentar contra a própria vida. Tenho de voltar para lá.

"Cristal!", ecoa novamente a voz sensata até mim.

– Tenho de salvá-lo! – respondo, gritando.

"Não volte, Cristal!", adverte-me a voz sensata novamente.

Com o máximo de cuidado saio para o acostamento e dou meia volta assim que me sinto segura. A chuva piorou nesse tempo, quando chego a casa, John já não se encontra mais ali, onde o vi pela última vez. Espero que tenha voltado para dentro e que esteja bem. Estaciono o carro, saio e sigo para a casa

a passos lentos e cuidadosos. O medo volta a me assombrar. Tudo permanece no escuro, a chuva aperta, eu devo mesmo estar louca para estar de novo ali, sem ninguém para me ajudar. O certo teria sido eu ter ido atrás de alguém para voltar comigo. Agora é tarde para voltar atrás, John precisa de mim.
  Entro na casa, está tudo escuro, mas logo percebo o forte cheiro de gás. Rapidamente me dirijo para a cozinha e avisto John caido ao chão a poucos metros do fogão. Imediatamente desligo o botão do fogão e abro as janelas.
  Estou desesperada, espero que John esteja bem. Com grande esforço tento arrastá-lo para longe dali, mas não consigo. Além de ele ser pesado demais para mim, ainda me sinto fraca. Só mesmo quando o gás se dissipa do ar é que acendo a luz e tento reanimar John. Por sorte ele ainda está vivo e meu coração dispara, desta vez, de felicidade.
  Vou até o quarto, apanho um edredon para cobri-lo, como alguma coisa e só então parto novamente em busca de alguém nas imediações que possa me ajudar. Assim consigo me libertar de vez do passeio que se tornou um novo pesadelo em minha vida.

# Capítulo 27

De volta a Nova York tento novamente pôr a minha vida em ordem. Para isso tiro uma licença do trabalho e procuro relaxar em meu apartamento. É quando Mark reaparece.
– Como se sente agora, Cristal?
– Melhor, Mark. Bem melhor. Só de saber que John está numa clínica para reabilitação, isso me tranquiliza um bocado.
Assim que possível vou levá-lo até Cindy Kebbell, a médium de que lhe falei. Para que lhe faça um trabalho de desobsessão. Foi sugestão dela, quero tentar, é uma esperança.
– Você realmente gosta dele, não? Mesmo depois de tudo o que ele lhe fez...
– John não fez por querer, Mark. Fez porque, bem, já lhe apresentei a minha teoria. Por falar nela, conseguiu alguma pista do que lhe pedi?
– Não, Cristal, e é isso o que vim lhe dizer.
– Que pena!
– Eu sinto muito.
– Tudo bem. A propósito, durante a minha fuga da casa da praia, ouvi vozes me aconselhando o que fazer. Era você?
– Certamente de amigos espirituais que pedi para ajudá-la enquanto eu tentava descobrir o que me pediu.
– Eu sabia que só podia ter sido você quem os enviou. Obrigada mais uma vez.
Ele aceitou minha gratidão, balançando calmamente a cabeça para cima e para baixo.

Silêncio repentino.
— E no meio de tudo isso acabei me esquecendo de saber de você, Mark. Como anda?
— Bem, na medida do possível, Cristal.
— E quanto àquilo que já falamos por diversas vezes? Quero ajudá-lo a se libertar desse mundo solitário em que vive agora.
— Meu mundo não é mais solitário, Cristal. Não depois de tê-la conhecido. Já lhe disse isso? Agora que a tenho, nada mais me falta.
— Mas não é justo que fique preso a esse plano triste e solitário... Por apego a mim que nada posso fazer de concreto por você.
— Eu não me importo.
— Mas eu sim, porque quero o seu bem. Estou certa de que pelo portal, ou luz, ou passagem, como queira chamar, você encontrará a sua libertação, Mark. Mais do que isso, a sua purificação.
Nesse instante o interfone toca e eu vou atender.
— Cristal — diz John do outro lado da linha.
— J-John?...
— Olá, Cristal. Posso subir? Preciso muito falar com você.
Gelo.
— Não, John, agora não posso, outra hora.
— Mas...
— Pensei que estivesse internado.
— Eu fugi de lá, Cristal. Aquilo não é lugar para mim, você sabe.
— John, você não deveria ter feito isso, você precisa de ajuda.
— O que eu preciso mesmo é de você, Cristal. Só de você.
Suspiro, tensa.
— Volte para lá, John, ou sou capaz de ligar para as autoridades competentes. Prometa-me que fará isso, por mim.

Diante do silêncio repentino, chamo por ele, mas ao que parece, ele já não mais se encontra ali. Partiu. Solto um novo suspiro de alívio e peço, em silêncio, para que ele volte para a clínica de reabilitação.

Tomo um refresco e decido ir tomar um banho de banheira, para relaxar do susto que levei há pouco. Fico submersa na água, deixando minha mente vagar, longe, até que um estalo me tira daquela sensação boa, da qual não quero me desprender.

Enxugo-me e vou para o meu quarto me vestir. Quando retorno à sala, decido fazer uma sobremesa com bolacha champanhe que aprendi há algum tempo atrás. Só então noto a janela que dá acesso à escada de emergência, escancarada, não me lembro de tê-la deixado aberta. Venta frio lá fora.

– Cristal – soa a voz de John na sala.

Viro-me para trás feito um raio.

– O que você está fazendo aqui, John? – pergunto, desesperada.

– Fui eu quem deixou a janela aberta assim que entrei por ela. O tempo está abafado.

– Abafado, John? Não, está frio.

– Então você está doente, Cristal.

Silêncio.

– Queria lhe pedir desculpas pelo episódio em torno da casa da praia.

– Não vou desculpá-lo desta vez, John. Já fiz isso e não adiantou nada. Você continuou o mesmo.

– Mas...

Vou até a porta e digo:

– Agora saia daqui, por favor.

Desespero-me, ao perceber que a chave não está na fechadura.

– Está procurando por isso? – indaga John, balançando o chaveiro entre os dedos enquanto adquire um sorriso sinistro.

– Vim para conversar com você, Cristal – continua ele. – Quero acertar umas coisinhas que ficaram pendentes entre nós.

— Me dê essa chave, John, ou eu vou gritar, histérica.
— Pode gritar, não me importo.

Enquanto falo, dirijo-me para a janela que ficara aberta. É quando me lembro de fazer algo que nunca fiz até então, por pura distração. Supondo que John esteja mesmo sendo obsediado por Tim Johnson, falo:

— John...

Ele olha para mim com seu rosto deformado por uma aparência asquerosa.

— Esse não é você, John... — completo, frisando bem as palavras.

Ele me olha mais atentamente e eu prossigo, firme:

— Você é John Randall, o cara que me ama, lembra? Que me ama e confia em mim.

Os lábios dele se amarram.

— John... — insisto mais uma vez. — Ouça o seu coração!

Ele leva as mãos à cabeça, prensando-as fortemente contra a testa.

— A voz... — murmura.

— Essa voz na sua cabeça, John, não é sua. Não a ouça!

— É, é sim!!!

— Não é, não!

— Ela manda em mim.

— Não, John, não manda! Ouça a voz do seu coração.

— Não!

Ele começa a tremer por inteiro.

— Essa voz na sua mente pertence a outro ser.

— Não!

— Sim, John, a outro ser!

Ele solta um grunhido no mesmo instante em que retira as mãos da cabeça.

— Você quer me enlouquecer, Cristal? É isso?

— John...

Ele abre a gaveta do armário e tira de lá uma faca de ponta.

— Nunca mais você vai me aborrecer, Cristal. Nunca mais!

— Esse não é você, John Randall! — insisto, articulando bem forte seu nome. — Você está sendo dominado por um espírito obsessor!

Quando ele se move, eu imediatamente passo pela janela e subo a escada que leva ao *roof*. Não demora para que ele saia atrás de mim, com a faca em punho. No mesmo instante, arrependo-me de ter seguido para ali, eu deveria ter descido, esse teria sido o caminho mais seguro.

Chego ao *roof* e olho para os lados ansiosa por um local por onde eu possa sair. Assim que vejo, corro para lá, mas está fechada. Desespero total. Por mais que eu grite, não haverá tempo para ninguém chegar ali para me salvar. John vem para cima de mim, a passos lentos e cambaleantes. Só me resta fazê-lo compreender que aquele não é ele.

— Esse não é você, John... Não é!

Ele ri com escárnio.

— Você é John Randall, o cara que me ama! O cara que me ama e confia em mim!

O sorriso dele se torna ainda mais sinistro.

— Ouça o seu coração, John! E não a voz da sua cabeça!

Ele finalmente responde:

— Ela quer vê-la morta, Cristal! Morta!

— Essa voz na sua cabeça, não é sua, John. Não a ouça!

— É, sim!!!

— Não é, não! Pertence a outro ser.

— Ela me comanda!

— Não, John, não!

Ele arreganha os dentes e se avermelha todo.

— Você nunca mais vai me enlouquecer, Cristal! Nunca mais!

Vamos andando em círculos é a única forma que encontro para me afastar dele.

— John Randall! Esse não é você!
O que resta fazer?, pergunto aos céus, desesperada. E é então que algo vem a minha mente:
— Pai Nosso que estais no céu, santificado seja o vosso nome...
John trava os passos e diz, trôpego:
— Pare, Cristal!
Eu continuo, elevando a voz:
— Venha a nós o Vosso reino, seja feita a Sua vontade, assim na Terra como no céu.
— Pare Cristal! — grita John, enviesando o cenho, curvando o corpo.
Mas eu não paro.
— O pão nosso de cada dia, nos dai hoje, perdoai as nossas ofensas assim como temos perdoado a quem tenha nos ofendido, e não nos deixeis cair em tentação, livrai-nos de todo mal, amém!
— Ai — ele geme, caindo de joelhos ao chão.
Dessa vez me mantenho firme, erguendo ainda mais a voz:
— E não nos deixeis cair em tentação, livrai-nos de todo mal, amém!
Ele ruge e eu repito, enfaticamente:
— E não nos deixeis cair em tentação, livrai-nos de todo mal, amém!
— Cristal, por favor...
Ele agora se arrasta pelo chão, estendendo uma das mãos na minha direção, como quem pede socorro. E eu repito, insistentemente:
— E não nos deixeis cair em tentação, livrai-nos de todo mal, amém!
Então seus olhos vermelhos e esbugalhados encontram os meus e eu repito o Pai Nosso, desta vez, porém, mais pausadamente. O corpo dele se estatela e o que dominava sua mente até então vai para longe dele feito um raio fulminante e sinistro.

Por ser uma médium posso ver tudo em detalhes. Ainda que esperasse por aquilo, assusto-me terrivelmente. John estava mesmo sendo obsediado por um espírito mal-intencionado, cuja única intenção era nos separar, mas o mais cruel de tudo aquilo é descobrir que o espírito obsessor não é, nem nunca fora Tim Johnson como supus. É, na verdade, aquele que eu jamais pensei que seria capaz de uma coisa dessas: Mark Belson.

# Capítulo 28

Parece que o mundo ao nosso redor deixa de existir. Restamos apenas eu, Mark e John desmaiado sobre o telhado do prédio onde resido.

— Mark... — mal consigo pronunciar seu nome tamanho o choque.

Ele me olha agora assustado e vejo sua verdadeira face finalmente depois de tanto tempo.

— Por que, Mark? — pergunto ainda que trêmula. — Por quê?

Ele morde os lábios enquanto lágrimas e mais lágrimas rolam por sua face luzidia. Dou-lhe o tempo necessário para se recompor e responder a minha pergunta.

— Por quê? — diz ele finalmente. — Porque você foi a única pessoa que me deu atenção de verdade. A única coisa boa que me aconteceu nessa desnecessária passagem pela Terra. Achei que alguém lá em cima teve pena de mim e me enviou você, Cristal, como um prêmio de consolação.

— Mas...

— Eu me apaixonei por você loucamente... Foi mais do que paixão, foi e é amor de verdade.

— Se é amor, Mark, por que judiar de mim?

— Não era para judiar, Cristal, não, nunca foi esse o meu propósito... Mas essa maldita vida não me deu outra alternativa!

— Alternativa...

— É...
— Pra que, Mark? Pra quê?
— Será que não entende? Eu não posso voltar para o plano terrestre, o plano em que você se encontra agora. Mesmo que eu sobreviva à passagem pela luz, chegue a um lugar nos céus, o tal paraíso que muitos dizem existir, levaria muito tempo ainda para ficarmos juntos. Ainda que pudéssemos desfrutar de uma reencarnação lado a lado, se é que existe mesmo esse processo, levaria também anos e anos para isso acontecer. Ainda assim, eu correria o risco de jamais reencontrá-la para viver todo o amor que sinto por você. Mas com você passando para o lado de cá, já, agora e o mais rápido possível, enquanto ainda estou aqui, aí sim podemos ficar juntos de uma vez por todas, viver o beijo eterno que tanto anseio.
— Agora entendo... — suspiro. — Você obsediou o John para ele me matar para que eu pudesse passar para...
— Sim, Cristal! Era o único jeito de ficarmos juntos porque eu a amo e você também me ama e um casal que se ama deve ficar junto.
— Amar, Mark, é uma energia para alimentar a alma, não para intoxicá-la.

Fecho os olhos e recordo as palavras do mendigo e da voz do bom senso que muitas vezes chegava até meus ouvidos: "Afaste-se dele moça... Para o seu próprio bem!". Recordo também os ventos repentinos que me apavoravam tanto, fazendo-me estremecer toda vez que Mark aparecia.

— Era a você que o mendigo do Central Park e as vozes do Além estavam se referindo... Não do John como pensei a princípio.

Ele interpela minhas palavras, desprezando minhas conclusões:

— Se não fosse por você, Cristal... O que teria sido de mim desde o meu desencarne? Acho que nunca vou me cansar de repetir o quanto lhe sou grato. Você me trouxe felicidade, mas também uma profunda tristeza por eu não poder estar ao seu lado. Viver ao seu lado. Sofri muito até encontrar uma forma de ficarmos juntos de vez.

— Amor é bondade, Mark. Se não é feito de bondade, não é amor.

Outra conclusão me choca.

— Foi você, não foi? Quem atormentou a cabeça de Kristine Perroni para atropelar o seu pai.

Não esperei que ele respondesse tão rapidamente como fez:

— Sim! Ele destruiu a minha vida, seria justo que eu destruísse a dele.

— E nós pensamos que Tim Johnson era o responsável pela morte dele...

— Pensou errado, Cristal e foi melhor assim.

— Mas ele era seu pai...

— Você não me entende, Cristal, nunca vai me entender, porque não passou o que eu passei nas mãos dele. Ele destruiu a minha vida, fez de mim essa pessoa, ser, espírito, sei lá o quê, revoltado, cheio de culpa e infeliz.

Nova conclusão me surpreendeu:

— Era você quem me seguia, não é? O tempo todo, você!

Ele nem precisou responder que sim.

— Você também mentiu quando dizia que respeitaria minha privacidade, não é mesmo?

— Eu ainda sou um homem, Cristal... Ainda mantenho meus desejos carnais.

Suas palavras me deixam ainda mais horrorizada com tudo que descubro, mas logo percebo que já não sinto mais nada a respeito de Mark senão pena, uma tremenda pena.

— Inacreditável... — murmuro. — Mesmo dizendo me amar, você desejou a minha morte...

— Já lhe disse por que, Cristal.

— Quem ama não mata, Mark. Jamais!

Ele se cala, baixa a cabeça e chora, baixinho, sua dor, sua ignorância, seu apego excessivo à matéria e a seu ego.

— É melhor você ir — sugiro, ao me recompor.

Os olhos azuis dele, que um dia achei irresistíveis, voltam-se para mim com plena força.
— Cristal, ouça-me! Eu não vou saber viver sem você. Você foi o melhor que me aconteceu em toda a minha vida, é sério. Nada nunca teve tanta importância para mim do que ter você ao meu lado. É tão horrível me ver só... tão sem sentido e solitário e eu detesto a solidão. Para mim, a união torna tudo mais feliz! Nos leva de encontro à felicidade... É como se uma bênção tivesse caído dos céus sobre a minha cabeça. Por isso, fique comigo, Cristal! É só o que eu tenho a lhe pedir. Por tudo que há de mais sagrado, fique comigo, para sempre! Por um beijo eterno!

Enxugo as lágrimas, a coriza provocada pela forte emoção e sou sincera mais uma vez:
— Eu vou ficar aonde devo ficar, Mark! E o meu lugar agora é aqui. Neste plano. E o seu é aí, onde se encontra agora! Ou melhor, não é aí! É lá onde você se recusa estar!

Respiro fundo e prossigo:
— Ah, Mark, eu posso dizer que o amo, amo muito... Sim, um amor puro, belo e sincero! Um amor sem limites e sem deslizes... Mas pertencemos a realidades muito diferentes agora. A mundos diferentes, infelizmente ou felizmente, quem vai saber? Temos de aceitar a realidade que nos cerca para não sofrermos mais...

— Que se dane a realidade! Estou cansado da realidade. Foi algo que sempre me desiludiu... Algo que insiste em me martirizar, me fazer sofrer, perder o entusiasmo pela vida!

— Mas não há outra realidade senão a própria realidade, Mark.

— Pois para mim, temos de ser mais fortes do que essa tal realidade. Deve haver um jeito.

— Sem ela, Mark, não somos nada, porque não aprendemos nada! E se não aprendemos nada, não evoluímos nada! E não há sensação mais gratificante na vida do que perceber que evoluímos, que já não nos importamos com mediocridades e futilidades. Que somos melhores do que ontem, mais sábios e condizentes com os pensamentos cristãos. Ah, Mark, eu amo a realidade! Porque ela me levou a você e a tudo que venho aprendendo desde então. Por isso sou eternamente grata a ela!

– Pois eu vou sempre odiar a realidade, Cristal, por ela ter me feito sempre um perdedor.

– Pois Mark, ninguém nunca perde nada quando se torna alguém que só sabe dar orgulho ao Criador, apesar dos desafios que a Vida nos impõe.

E novamente se fez uma pausa silenciosa e comovente.

– Agora vá, Mark – disse eu, então. – Não só em busca da sua luz, mas em busca do seu pai, para lhe pedir perdão pelo que você foi capaz de fazer a ele.

– E o que ele fez a mim, Cristal, não conta?

– O que ele fez a você, não é nem nunca será motivo para tirar a vida de uma pessoa. Porque ninguém é mais do que ninguém, ninguém tem esse direito.

Respiro fundo e concluo:

– Siga seu caminho... Um dia estaremos juntos novamente. Pegue o que lhe resta de luz interior e faça valer a pena a sua existência. Para quando eu encontrá-lo novamente, eu possa me apaixonar por você, por admirá-lo.

Em meio a fortes emoções que não podemos traduzir em palavras, Mark parte, deixando-me com a esperança de que finalmente ele há de encontrar o seu caminho. Então ele se volta para mim e acena, com lágrimas nos olhos e eu aceno de volta, também chorando por tudo que vivemos e os horrores que passamos por causa de um amor impossível.

Agacho-me então e afago a cabeça de John no meu colo. Enquanto massageio seus cabelos suados, murmuro, derramando-me em lágrimas:

– Vai ficar tudo bem, John... Estou aqui com você.

Ele então abre os olhos e foca os meus.

– O que aconteceu, Cristal?

– Nada, John, tranquilize-se. Agora está tudo bem, vai ficar tudo bem para sempre.

Enquanto isso, eu me prometo intimamente estudar a espiritualidade com mais profundidade e persistência. Se tivesse feito isto desde quando me aconselharam, eu provavelmente não teria passado por tudo aquilo, teria compreendido muito diferentemente os acontecimentos e ajudado Mark e muitos outros desde o início.

Ouço a voz de Frederick Kolber me chamando:
— Cristal.
— Frederick...
— Ouvi gritos, berros! Posso ajudá-la em alguma coisa?
— Pode.

Com cuidado, ele me ajuda a levar o John de volta para o meu apartamento. Descemos novamente e, com cuidado, a escada de incêndio.

— Obrigada, Frederick, muito obrigada — agradeço-lhe mais uma vez assim que chegamos lá.

Volto-me então para o John, com meus olhos cheios d'água e aliso seus cabelos como quem faz um carinho, um afago.

— Agora está tudo bem, meu querido... Vai ficar tudo bem.

E o abraço.

Semanas depois, quando já é Natal, John me abraça e pergunta ao meu ouvido:
— Pensando nele? Não consegue esquecê-lo, não é mesmo?

Enrijeço. Certamente não esperava ter sido tão transparente assim.
— Estava sim, John.
— Acabou, Cristal! Não viva mais de passado!
— Será que ele está bem? É só isso que eu gostaria de saber.
— Deus queira que sim, meu amor...
— Tomara.

Procuro sorrir, mas por dentro ainda persiste a preocupação. Temo que Mark ainda esteja entre nós, que volte a perturbar o John que descobrimos, por intermédio de Cindy Kebbell, ser extremamente suscetível à obsessão.

– Siga os conselhos de Cindy Kebbell – aconselha-me John a seguir.

– É o que eu tenho feito.

Volto-me para ele e o beijo, ternamente. Desde então, estou estudando mediunidade com afinco, e até mesmo o John agora está interessado no assunto e vem lendo comigo para debatermos, trocarmos ideias. Encontrei pessoas também em Nova York, por indicação de Cindy, para aprender mais sobre o *passe*.

Acho que foi isso que a vida quis de mim desde o início. Que eu aprendesse as leis que regem a nossa existência para ajudar encarnados e desencarnados. Sinto-me feliz agora por ter nascido médium. Feliz e grata.

Um ano depois eu e John nos casamos em Las Vegas como ele tanto queria e Cressida e Marlon, meus vizinhos, também se casaram. O que prova que nem todo relacionamento que começa errado ou passa por períodos difíceis acaba errado.

Semanas depois do meu casamento soube que estava grávida, o que me deixou muito feliz. Assim que pude fui a Washington visitar Cindy Kebbell.

– Cristal, que bom revê-la!

– Como vai?

– Entre, sente-se. Percebo que tem novidades!

– Sim! Estou grávida.

– Que maravilha! Parabéns!

Sorrimos e ela, muito perceptiva, indaga:

– O que a preocupa?

– A senhora percebeu, não é? Acho que sou muito transparente, não é mesmo?

– Sim.

– É que eu ainda me sinto culpada por ser feliz e Mark, não! Por ele ter se apaixonado por mim, eu por ele, ainda que noutra sintonia. E eu pergunto à senhora mais uma vez se é justo uns serem felizes e outros não? Uns terem tanta oportunidade e outros poucas ou nenhuma?

— Mas diante do processo da reencarnação, Cristal, todos terão oportunidades iguais desde que façam por merecer.

Reflito e questiono:

— Considerando a hipótese de que podemos reencarnar, o meu bebê, poderia ser Mark?

— Penso que não, Cristal, é ainda muito cedo para ele reencarnar. E considerando tudo o que fez, não sabemos aonde exatamente ele se encontra agora. Os que não se arrependem do que fizeram, vão parar muitas vezes no vale dos suicidas até que sejam modestos o suficiente para reconhecer seus erros e ter coragem para repará-los. Mas sendo o universo de Deus um lugar de vidas que se completam, recomeços e reconstruções, penso que Mark está finalmente seguindo o seu caminho, o seu destino...

— Dona Cindy, qual é a possibilidade de o meu bebê nascer médium como eu? Não quero que passe por tudo o que passei na infância e na adolescência. E recentemente.

— Eu também não posso responder a essa pergunta, Cristal.

— Eu quero que minha criança seja normal.

— Cristal, toda criança vê pessoas que ninguém mais vê. Não só vê, como conversa com elas. São chamadas por muitos de "amigos invisíveis". Será que esses amigos invisíveis não são espíritos? Penso que sim, o que me revela que toda criança é, no fundo, médium por natureza. Só que com o tempo, para a maioria, isso passa... Não foi o seu caso.

Acho graça.

Dias depois, estou em Battery Park, meu lugar favorito de admirar o pôr do sol. Foi aqui que tudo entre mim e Mark começou ou recomeçou... Ainda me recordo com clareza de quando o vi pela primeira vez ali. E da vez em que me falou dos anjos e da sua vontade de viver comigo pela eternidade. Só sei que tudo poderia ter sido diferente para nós. Que pena que o mundo padece de ignorância, preconceito e falso moralismo.

Olho para o Sol que se finda no horizonte e me pergunto se ele está bem. Se seguiu seu caminho e se arrependeu do que fez? Tomara que sim para que possa ter a chance de ser finalmente feliz.

Neste exato momento, uma inesperada rajada de vento balança as folhas das árvores de Battery Park e, não sei por que, tenho a impressão de que alguém me observa de muito longe e ao mesmo tempo de muito perto.

Giro o pescoço, lançando o olhar para os prédios à distância e nada vejo senão o brilho dos últimos raios do sol, refletidos na superfície espelhada dos edifícios. Mas alguém está ali, sim, posso sentir... Espero de coração que não seja o Mark, ninguém pode se libertar das amarguras do passado, privando-se da evolução...

Volto novamente os olhos por sobre o ombro na direção do Sol e lembro-me dele, levitando de um lado para o outro, sem rumo certo, como se estivesse perdido e entristecido. Revejo então em pensamento seus olhos de um azul profundo, seus cabelos claros e seu rosto bonito, o retrato de um anjo bondoso...

*Anjos habitam a Terra entre a paz e a guerra*
*Entre o medo e o desejo, entre tapas e beijos*
*Anjos também precisam de anjos pra voar e dormir*
*Se encontrar e repartir, seus labirintos seus devaneios*
*Ser um anjo por inteiro, ser um anjo puro inteiro...*

## Epílogo

Dois espíritos socorristas chegaram ao vale dos suicidas, acompanhando um senhor. Levou algum tempo até que localizassem o espírito que procuravam.

— Filho! — chamou o homem assim que o avistou.

Os olhos de um azul profundo voltaram-se para aquele que fora seu pai na última encarnação, mal podendo acreditar no que via.

— Pai — balbuciou o espírito.
— Eu vim buscá-lo, filho. Venha!
— Pai...
— Perdoe-me, filho. Perdoe-me.
— Perdoe-me você, pai.
— Eu errei, você errou, quantos e quantos erros não cometemos ao longo da vida?

O jovem de olhos azuis abaixou a cabeça, vertendo-se em lágrimas até que o pai o ajudou a se levantar. Os dois se abraçaram e choraram ainda mais um no ombro do outro.

Então, como determinação, foram acompanhados pelos espíritos socorristas para uma colônia de reabilitação da alma.

## Palavras finais...

Casos e casos de obsessão vêm sendo relatados desde os primórdios... No Livro dos Espíritos, todos podem se informar melhor sobre o tema, podendo assim se ajudar diante de casos do tipo.

Milhares de pessoas, especialmente crianças e adolescentes, sofrem de *bullying* por serem médiuns e não saberem lidar com isso. Muitas escondem de todos essa habilidade para não serem chamadas de loucas. O ideal, neste caso, é sempre procurar saber mais a respeito por intermédio de livros que falam com seriedade e propriedade sobre o assunto.

Os danos que a repressão sexual causa nas pessoas já foram estudados por Freud e ela continua sendo um dos maiores causadores de distúrbios psíquicos. (O que levou Mark e seu pai às tragédias relatadas neste livro.) Precisamos também aprender a lidar melhor com a nossa sexualidade já que ela é vital a todos como o ar que respiramos.

A bebida alcoólica ainda continua fazendo vítimas, daí porque devemos beber conscientemente, jamais dirigindo após ingeri-las.

E muitos ainda matam e se matam por amor, quando na verdade o amor de verdade só gera paz no coração.

## Mais sobre o tema abordado neste livro.
Cap. 23 – DA OBSESSÃO
OBSESSÃO SIMPLES/FASCINAÇÃO/SUBJUGAÇÃO/CAUSAS DA OBSESSÃO/MEIOS DE COMBATÊ-LA

237. No número das dificuldades que a prática do Espiritismo apresenta é necessário colocar a da obsessão em primeira linha. Trata-se do domínio que alguns Espíritos podem adquirir sobre certas pessoas. São sempre os Espíritos inferiores que procuram dominar, pois os bons não exercem nenhum constrangimento. Os bons aconselham, combatem a influência dos maus, e se não os escutam preferem retirar-se. Os maus, pelo contrário, agarram-se aos que conseguem prender. Se chegarem a dominar alguém, identifica-se com o Espírito da vítima e a conduzem como se faz com uma criança.

A obsessão apresenta característica diversas que precisamos distinguir com precisão, resultantes do grau do constrangimento e da natureza dos efeitos que este produz. A palavra obsessão é portanto um termo genérico pelo qual se designa o conjunto desses fenômenos, cujas principais variedades são: a obsessão simples, a fascinação e a subjugação.

238. A obsessão simples verifica-se quando um Espírito malfazejo se impõe a um médium, intromete-se contra a sua vontade nas comunicações que ele recebe, o impede de se comunicar com outros Espíritos e substitui os que são evocados.

Não se está obsedado pelos simples fato de ser enganado por um Espírito mentiroso, pois o melhor médium está sujeito a isso, sobretudo no início, quando ainda lhe falta a experiência necessária, como entre nós as pessoas mais honestas podem ser enganadas por trapaceiros. Pode-se, pois, ser enganado sem estar obsedado. A obsessão consiste na tenacidade de um Espírito do qual não se consegue desembaraçar.

Na obsessão simples o médium sabe perfeitamente que está lidando com um Espírito mistificador, que não se disfarça e nem mesmo dissimula de maneira alguma as suas más intenções e o seu desejo de contrariar. O médium reconhece facilmente a mistificação, e como se mantém vigilante raramente é enganado. Assim, esta forma de obsessão é apenas desagradável e só tem o inconveniente de dificultar as comunicações com os Espíritos sérios ou com os de nossa afeição.

Podemos incluir nesta categoria os casos de obsessão física, que consistem nas manifestações barulhentas e obstinadas de certos Espíritos que espontaneamente produzem pancadas e outros ruídos. Quanto a este fenômeno, remetemos o leitor ao capítulo Das manifestações físicas espontâneas, nº 82.

239. A fascinação tem consequências muito mais graves. Trata-

se de uma ilusão criada diretamente pelo Espírito no pensamento do médium e que paralisa de certa maneira a sua capacidade de julgar as comunicações. O médium fascinado não se considera enganado. O Espírito consegue inspirar-lhe uma confiança cega, impedindo-o de ver a mistificação e de compreender o absurdo do que escreve, mesmo quando este salta aos olhos de todos. A ilusão pode chegar a ponto de levá-lo a considerar sublime a linguagem mais ridícula. Enganam-se os que pensam que esse tipo de obsessão só pode atingir as pessoas simples, ignorantes e desprovidas de senso. Os homens mais atilados, mais instruídos e inteligentes noutro sentido, não estão mais livres dessa ilusão, o que prova tratar-se de uma aberração produzida por uma causa estranha, cuja influência os subjuga.

Dissemos que as consequências da fascinação são muito mais graves. Com efeito, graças a essa ilusão que lhe é consequente o Espírito dirige a sua vítima como se faz a um cego, podendo levá-lo a aceitar as doutrinas mais absurdas e as teorias mais falsas como sendo as únicas expressões da verdade. Além disso, pode arrastá-lo a ações ridículas, comprometedoras e até mesmo bastante perigosas.(1)

Compreende-se facilmente toda a diferença entre obsessão simples e a fascinação. Compreende-se também que os Espíritos provocadores de ambas devem ser diferentes quanto ao caráter. Na primeira, o Espírito que se apega ao médium é apenas um importuno pela sua insistência, do qual ele procura livrar-se. Na segunda, é muito diferente, pois para chegar a tais fins o Espírito deve ser esperto, ardiloso e profundamente hipócrita. Porque ele só pode enganar e se impor usando máscara e uma falsa aparência de virtude.

As grandes palavras como caridade, humildade e amor a Deus servem-lhe de carta de fiança. Mas através de tudo isso deixa passar os sinais de sua inferioridade, que só o fascinado não percebe; e por isso mesmo ele teme, mais do que tudo, as pessoas que veem as coisas com clareza. Sua tática é quase sempre a de inspirar ao seu intérprete afastamento de quem quer que possa abrir-lhe os olhos. Evitando, por esse meio, qualquer contradição, está certo de ter sempre razão.

240. A subjugação é um envolvimento que produz a paralisação da vontade da vítima, fazendo-a agir malgrado seu. Esta se encontra, numa palavra, sob um verdadeiro jugo.

A subjugação pode ser moral ou corpórea. No primeiro caso, o subjugado é levado a tomar decisões frequentemente absurdas e comprometedoras que, por uma espécie de ilusão considera sensatas: é uma espécie de fascinação. No segundo caso, o Espírito age sobre os órgãos materiais, provocando movimentos involuntários. No médium escrevente produz uma necessidade incessante de escrever, mesmo nos momentos mais inoportunos. Vimos subjugados que, na falta de caneta ou lápis, fingiam escrever com o dedo, onde quer que se encontre, mesmo nas ruas, escrevendo em portas e paredes.

A subjugação corpórea vai às vezes mais longe, podendo levar a vítima aos atos mais ridículos. Conhecemos um homem que, não sendo jovem nem belo, dominado por uma obsessão dessa natureza, foi constrangido por uma força irrestível a cair de joelhos diante de uma jovem que não lhe interessava e pedi-la em casamento. De outras vezes sentia nas costas e nas curvas das pernas uma forte pressão que obrigava, apesar de sua resistência, a ajoelhar-se e beijar a terra nos lugares públicos, diante da multidão. Para os seus conhecidos passava por louco(2), mas estamos convencidos de que absolutamente não o era, pois tinha plena consciência do ridículo que praticava contra a própria vontade e sofria com isso horrivelmente.

241. Dava-se antigamente o nome de possessão ao domínio exercido pelos maus Espíritos, quando a sua influência chegava a produzir a aberração das faculdades humanas. A possessão corresponderia, para nós, à subjugação. Se não adotamos esse termo, é por dois motivos: primeiro, por implicar a crença na existência de seres criados para o mal e perpetuamente votados ao mal, quando só existem seres mais ou menos imperfeitos e todos eles suscetíveis de se melhorarem; segundo, por implicar também a ideia de tomada do corpo por um Espírito estranho, numa espécie de coabitação, quando só existe constrangimento. A palavra subjugação exprime perfeitamente a ideia. Assim, para nós, não existem possessos, no sentido vulgar do termo, mas apenas obsedados, subjugados e fascinados.(3)

242. A obsessão, como dissemos, é um dos maiores escolhos da mediunidade. É também um dos mais frequentes. Assim, nunca serão demais as providências para combatê-la. Mesmo porque, além dos prejuízos pessoais que dela resultam, constitui um obstáculo absoluto à pureza a veracidade das comunicações. A obsessão, em qualquer dos seus graus, sendo sempre o resultado de um constrangimento, e não podendo jamais esse constrangimento ser exercido por um Espírito bom, segue-se que toda comunicação dada por um médium obsedado é de origem suspeita e não merece nenhuma confiança. Se, por vezes, se encontrar nela algo de bom, é necessário restringir-se a isso e rejeitar tudo o que apresentar o menor motivo de dúvida.

243. Reconhece-se a obsessão pelas seguintes características:

1) Insistência de um Espírito em comunicar-se queria ou não o médium, pela escrita, pela audição, pela tiptologia etc., opondo-se a que outros Espíritos o façam.

2) Ilusão que, não obstante a inteligência do médium, o impede de

reconhecer a falsidade e o ridículo das comunicações recebidas.

3) Crença na infalibilidade e na identidade absoluta dos Espíritos que se comunicam e que, sob nomes respeitáveis e venerados, dizem falsidades ou absurdos.

4) Aceitação pelo médium dos elogios que lhe fazem os Espíritos que se comunicam por seu intermédio.

5) Disposição para se afastar das pessoas que podem esclarecê-lo.

6) Levar a mal a crítica das comunicações que recebe.

7) Necessidade incessante e inoportuna de escrever.

8) Qualquer forma de constrangimento físico, dominando-lhe à vontade e forçando-o a agir ou falar sem querer.

9) Ruídos e transtornos em redor do médium, causados por ele ou tendo-o por alvo.

244. Em face do perigo da obsessão, ocorre perguntar se não é inconveniente ser médium, se não é essa faculdade que a provoca, enfim, se não é isso uma prova da inconveniência das comunicações espíritas. Nossa resposta é fácil e pedimos que a meditem cuidadosamente.

Não tendo sido os médiuns nem os espíritas que criaram os Espíritos, mas sim os Espíritos que deram origem aos espíritas e aos médiuns, e sendo os Espíritos simplesmente as almas dos homens, é evidente que sempre exerceram sua influência benéfica ou perniciosa sobre a Humanidade. A faculdade mediúnica é para eles apenas um meio de se comunicarem, e na falta dessa faculdade eles se comunicam por mil outras maneiras mais ou menos ocultas. Seria errôneo, pois, acreditar que os Espíritos só exercem sua influência através das comunicações escritas ou verbais. Essa influência é permanente e os que não se preocupam com os Espíritos, ou nem mesmo crêem na sua existência, estão expostos a ela como os outros, e até mais do que os outros, por não disporem de meios de defesa. É pela mediunidade que o Espírito se dá a conhecer. Se ele for mau, sempre se trai, por mais hipócrita que seja. Pode-se dizer, portanto, que a mediunidade permite ao homem ver o seu inimigo face a face, se assim se pode dizer, e combatê-lo com suas próprias armas. Sem essa faculdade ele age na sombra,e contando com a invisibilidade pode fazer e faz realmente muito mal.(4)

A quantos atos não é o homem impelido, para sua desgraça, e que seriam evitados se ele tivesse um meio de se esclarecer. Os incrédulos não supõem dizer uma verdade quando afirmam de um homem que se obstina no erro. "É o seu mau gênio que o impele a perder-se". É assim que o conhecimento do Espiritismo, longe de facilitar o domínio dos maus Espíritos, deve ter como resultado, num tempo mais ou menos próximo, quando se achar divulgado, destruir esse domínio, dando a cada um os meios de se manter vigilante contra as suas sugestões. E *aquele* que então sucumbir só poderá queixar-se de si mesmo.

Regra geral: quem quer que receba más comunicações espíritas, escritas ou verbais, está sob má influência; essa influência se exerce sobre ele, quer escreva ou não, isto é, seja ou não médium, creia ou não creia. A escrita oferece-lhe um meio de assegurar da natureza dos Espíritos em ação e de os combater, se forem maus, os que se consegue com maior êxito quando se chega a conhecer os motivos da sua atividade. Se a sua cegueira é bastante para não lhe permitir a compreensão, outros poderão lhe abrir os olhos.

Em resumo: o perigo não está no Espiritismo, desde que este pode, pelo contrário, servir-nos de controle e preservar-nos do risco incessante a que nos expomos sem saber. Ele está na orgulhosa propensão de certos médiuns a se considerarem muito levianamente instrumentos exclusivos dos Espíritos superiores, e na espécie de fascinação que não lhes permite compreender as tolices de que são intérpretes. Mas mesmo os que não são médiuns podem se deixar envolver.

Façamos uma comparação. Um homem tem um inimigo secreto que ele não conhece e que espalha contra ele, às ocultas, a calúnia e tudo o que a mais negra maldade possa engendrar. Vê a sua fortuna se perder, os amigos se afastarem, perturbar-se a sua tranquilidade interior. Não podendo descobrir a mão que o fere, não pode se defender e acaba vencido. Mas um dia o inimigo secreto lhe escreve e se trai, apesar da sua astúcia. Eis descoberto o inimigo que ele agora pode fazer calar e com isso se reabilitar. Esse o papel dos maus Espíritos, que o Espiritismo nos dá a possibilidade de descobrir e anular.

245. Os motivos da obsessão variam segundo o caráter do Espírito. Às vezes é a prática de uma vingança contra pessoa que o magoou na sua vida ou numa existência anterior. Frequentemente é apenas o desejo de fazer o mal, pois como sofre, deseja fazer os outros sofrerem, sentido uma espécie de prazer em atormentá-los e humilhá-los. A impaciência das vítimas também influi, porque ele vê atingido o seu objetivo, enquanto a paciência acaba por cansá-lo. Ao se irritar, mostrando-se zangado, a vítima faz precisamente o que ele quer. Esses Espíritos agem às vezes pelo ódio que lhes desperta a inveja do bem, e é por isso que lançam a sua maldade sobre criaturas honestas.

Um deles se apegou como verdadeira tinha(5) a uma boa família nossa conhecida, que não teve aliás, a satisfação de enganar. Interrogado sobre o motivo do ataque a essa boa gente, ao invés de apegar-se a homens da sua espécie, respondeu: Esses não me dão inveja. Outros são levados por simples covardia, aproveitando-se da fraqueza moral de certas pessoas, que sabem incapazes de lhes oferecer resistência. Um destes, que subjugava um rapaz de inteligência muito curta, respondeunos sobre o motivo da sua escolha:

Tenho muita necessidade de atormentar alguém: uma pessoa capaz me repeliria; apego-me a um idiota que não pode resistir.

246. Há Espíritos obsessores sem maldade, que são até mesmo bons, mas dominados pelo orgulho do falso saber: têm suas idéias, seus sistemas sobre as Ciências, a Economia Social, a Moral, a Religião, a Filosofia. Querem impor a sua opinião e para isso procuram médiuns suficientemente crédulos para aceitá-las de olhos fechados, fascinando-os para impedir qualquer discernimento do verdadeiro e do falso. São os mais perigosos porque não vacilam em sofismar e podem impor as mais ridículas utopias. Conhecendo o prestígio dos nomes famosos não têm escrúpulo em enfeitar-se com eles e nem mesmo recuam ante o sacrilégio de se dizerem Jesus, a Virgem Maria ou um santo venerado.(6)

Procuram fascinar por uma linguagem empolada, mais pretensiosa do que profunda, cheia de termos técnicos e enfeitada de palavras grandiosas, como Caridade e Moral. Evitam os maus conselhos, porque sabem que seriam repelidos, de maneira que os enganados os defendem sempre, afirmando: Bem vês que nada dizem de mau. Mas a moral é para eles apenas um passaporte, é o de que menos cuidam. O que desejam antes de mais nada é dominar e impor as suas idéias, por mais absurdas que sejam.(7)

247. Os Espíritos sistemáticos são quase sempre escrevinhadores. É por isso que procuram os médiuns que escrevem com facilidade, tratando de fazê-los seus instrumentos dóceis e sobretudo entusiastas, por meio da fascinação. Esses Espíritos são geralmente verbosos, muito prolixos, procurando compensar pela quantidade a falta de qualidade. Gostam de ditar aos seus intérpretes volumosos escritos, indigestos e muitas vezes pouco inteligíveis, que trazem felizmente como contraveneno a impossibilidade material de ser lidos pelas massas. Os Espíritos realmente superiores são sóbrios nas palavras, dizem muita coisa em poucas linhas, de maneira que essa fecundidade prodigiosa deve ser sempre considerada suspeita.

Nunca será demais a prudência, quando se tratar da publicação de semelhantes escritos. As utopias e as excentricidades, que são neles freqüentemente abundantes e chocam o bom senso, provocam impressão muito desagradável nas pessoas que se iniciam, dando-lhes uma ideia falsa do Espiritismo, sem contar ainda que servem de armas aos adversários para ridicularizá-lo. Entre essas publicações há as que, sem serem más e sem provirem de uma obsessão, podem ser consideradas como imprudentes, intempestivas e inábeis.(8)

248. Acontece com muita frequência que um médium só pode comunicar-se com um Espírito que se ligou a ele e responde pelos que são

evocados. Nem sempre se trata de obsessão, porque isso pode decorrer de uma falta de flexibilidade do médium e de uma afinidade especial de sua parte com este ou aquele Espírito. A obsessão propriamente dita só existe quando o Espírito se impõe e afasta voluntariamente o outro, o que jamais é feito por um Espírito bom. Geralmente, o Espírito que se apossa do médium para dominá-lo não suporta o exame crítico das suas comunicações. Quando vê que elas não são aceitas, mas submetidas à discussão, não deixa o médium mas lhe sugere o pensamento de se afastar, e muitas vezes mesmo lhe ordena que se afaste. Todo médium que se aborrece com as críticas das suas comunicações faz-se eco do Espírito que o domina, e esse Espírito não pode ser bom, desde que lhe inspira o pensamento ilógico de recusar o exame.

O isolamento do médium é sempre prejudicial para ele, que fica sem a possibilidade de controle de suas comunicações. Ele deve não somente esclarecer-se através de terceiros, mas também estudar todos os gêneros de comunicações, para aprender a compará-las. Limitando-se às que recebe, por melhores que lhe pareçam, fica exposto a enganar-se quanto ao seu valor, devendo-se ainda considerar que ele não pode conhecer tudo e que elas giram sempre num mesmo círculo de idéias. (Ver no número 192: Médiuns exclusivos)

249. Os meios de combater a obsessão variam, segundo as características de que ela se reveste. Não existe um perigo real para todo médium que esteja bem convencido de lidar com um Espírito mentiroso, como acontece na obsessão simples. Esta não será para ele mais do que um fato desagradável. Mas precisamente por lhe ser desagradável, o Espírito tem mais uma razão para insistir em aborrecê-lo. Duas medidas essenciais devem ser tomadas pelo médium nesse caso: provar ao Espírito que não foi enganado por ele e que será impossível deixar-se enganar; segundo, cansar-lhe a paciência, mostrando-se mais paciente do que ele. Quando se convencer de que perde o seu tempo, acabará por se retirar, como o fazem o importuno a quem não se escuta.

Mas isso nem sempre é suficiente e pode demorar bastante, porque existem os teimosos, para os quais os meses e os anos pouco significam. O médium deve, além disso, apelar fervorosamente ao seu bom anjo e aos bons Espíritos que lhe são simpáticos, suplicando-lhes assistência. No tocante ao Espírito obsessor, por mau que ele seja, é necessário tratá-lo com serenidade mas ao mesmo tempo com benevolência, vencendo-o pelo bom procedimento, orando por ele. Se for realmente um Espírito perverso, a princípio se divertirá com isso, mas submetido com perseverança a um processo de moralização, acabará por emendar-se. É uma conversão que se empreende, tarefas muitas vezes penosas, ingratas, mas cujo mérito está na própria dificuldade, e que uma vez bem realizada traz sempre a satisfação de se haver cumprido um dever de caridade, e frequentemente a de haver reconduzido ao bom caminho uma alma perdida.(9)

É também conveniente interromper as comunicações escritas quando se reconhece que procedem de um Espírito mau, que nada quer ouvir, para não se lhe dar o prazer de ser ouvido. Em certos casos, pode mesmo ser útil deixar de escrever por algum tempo, regulando-se isso de acordo com as circunstâncias. Mas se o médium escrevente pode evitar essas conversações abstendo-se de escrever, não se dá o mesmo com o médium audiente, que o Espírito obsessor persegue às vezes a todo instante com seu palavreado grosseiro e obsceno, e que não tem nem mesmo o recurso de fechar os ouvidos. De resto, devemos reconhecer que certas pessoas se divertem com a linguagem trivial dessa espécie de Espíritos, que os encorajam e provocam ao rir das suas tolices, ao invés de lhes impor silêncio e orientá-los moralmente. Nossos conselhos não podem aplicar-se a esses que desejam afogar-se.

250. Só há, portanto, aborrecimento e não perigo para todo médium que não se deixa enganar, de vez que ele não pode ser confundido. Exatamente o contrário se verifica na fascinação, porque então o domínio do Espírito sobre a vítima não tem limites. A única coisa a fazer é convencê-la de que foi enganada e reverter a sua obsessão ao grau de obsessão simples. Mas isso nem sempre é fácil, se não for algumas vezes impossíveis. O ascendente do Espírito sobre o fascinado é tal que o torna surdo a todo raciocínio. Pode mesmo chegar a ponto de fazê-lo duvidar do acerto da Ciência, quando o Espírito comete alguma grossa heresia científica.

Como já dissemos, o fascinado recebe geralmente muito mal os conselhos. A crítica o aborrece, irrita e faz embirrar com as pessoas que não participam da sua admiração. Suspeitar do seu obsessor é quase uma profanação, e é isso o que o Espírito deseja, que se ponham de joelhos ante as suas palavras.

Um desses Espíritos exercia extraordinária fascinação sobre pessoa nossa conhecida. Evocamo-lo e após algumas fanfarrices, vendo que não podia lograr-nos quanto à sua identidade, acabou confessando que tomara um nome falso. Perguntamos porque abusava tanto daquela pessoa, e ele respondeu com estas palavras que revelam nitidamente o caráter dessa espécie de Espíritos: Eu procurava um homem que pudesse manejar, encontrei-o e ficarei com ele. – Mas se o esclarecermos ele o expulsará. – É o que veremos!

Como não há pior cego do que o que não quer ver, quando se reconhece a inutilidade de todas as tentativas para abrir os olhos do fascinado o melhor que se tem a fazer é deixá-lo com as suas ilusões. Não se pode curar um doente que se obstina na doença e nela se compraz.(10)

251. A subjugação corpórea tira quase sempre ao obsedado as energias necessárias para dominar o mau Espírito. É por isso necessária à intervenção de uma terceira pessoa, agindo por meio do magnetismo ou pela força da sua própria vontade. Na falta do concurso do obsedado, essa pessoa deve conseguir ascendente sobre o Espírito. Mas como essa ascendência só pode ser moral, só pode ser exercida por uma pessoa moralmente superior ao Espírito, e seu poder será tanto maior quanto o for a sua superioridade moral, porque então se impõe ao Espírito, que se vê obrigado a inclinar-se ante ela. Era por isso que Jesus possuía tamanho poder de expulsar os que então se chamavam demônios, ou seja, os maus Espíritos obsessores.

Só podemos dar aqui alguns conselhos gerais, porque não há nenhum processo material, nenhuma fórmula, sobretudo, nem qualquer palavra sacramental que tenham o poder de expulsar os Espíritos obsessores. O que falta em geral ao obsedado é força fluídica suficiente. Nesse caso a ação magnética de um bom magnetizador pode dar-lhe uma ajuda eficiente. Além disso, é sempre bom obter, por um médium de confiança, os conselhos de um Espírito superior ou do seu anjo da guarda.(11)

252. As imperfeições morais do obsedado são frequentemente um obstáculo à sua libertação. Eis um notável exemplo, que pode servir para a instrução de todos.

Desde alguns anos que várias irmãs vinham sendo vítimas de atos estranhos de depredação. Suas roupas eram continuamente espalhadas por todos os cantos da casa e até mesmo pelo telhado. Eram rasgadas, cortadas e crivadas de furos, por mais cuidados que tivessem em guardá-las sob chaves. Essas senhoras, isoladas numa pequena cidade provinciana, jamais tinham ouvido falar de Espiritismo. A primeira ideia que tiveram foi, naturalmente, a de estarem sendo vítimas de brincadeiras de mau gosto. Mas a persistência dos fatos e as precauções que tomavam afastaram essa ideia.

Só muito tempo depois, graças a algumas indicações, achou que devia dirigir-se a nós, procurando saber à causa desses transtornos e os meios, se possível, de lhes dar um fim.

A causa estava bem clara, mas o remédio era mais difícil. O Espírito que assim se manifestava era evidentemente malfazejo. Mostrou-se, na evocação, de grande perversidade e inacessível aos bons sentimentos. A prece, porém, parecia exercer sobre ele uma boa influência. Mas após algum tempo de descanso, as depredações recomeçaram. Eis a respeito o conselho dado por um Espírito superior:

O que essas senhoras têm de melhor a fazer é rogar aos seus Espíritos protetores que não as abandonem. E eu não tenho melhor conselho a lhes dar do que o de mergulharem na própria consciência para se confessarem consigo mesmas, examinando se praticaram sempre o amor ao próximo e a caridade. Não me refiro à caridade que dá e distribui, mas à caridade da língua. Porque infelizmente elas não sabem contê-la, e por outro lado não justificam, por seus atos piedosos, o desejo de se livrarem de quem as atormenta. Gostam bastante de falar mal do próximo e o Espírito que as obseda tira a sua desforra, porque em vida foi para elas um bode expiratório. Basta-lhes sondar a memória para logo descobrirem com quem estão lidando.

Entretanto, se chegarem a melhor, seus anjos da guarda voltarão para elas e sua presença será suficiente para afastar o Espírito mau, que se apegou sobretudo a uma delas porque o seu anjo da guarda teve de afastar-se, diante dos seus atos repreensíveis ou dos seus maus pensamentos. O que elas precisam é de fazer preces fervorosas pelos que sofrem, e acima de tudo praticar as virtudes que Deus recomenda a cada um, segundo a sua condição.

À observação de que essas palavras nos pareciam um pouco severas, e que talvez se devesse abrandá-las para a transmitir o Espírito acrescentou:

Eu tenho a dizer isso que disse e como disse, porque as pessoas em causa acostumou-se a pensar que não fazem nenhum mal pela língua, quando na verdade o fazem e muito. Eis porque é necessário chocar-lhes o espírito de maneira que isso lhes sirva de séria advertência.

Disso resulta um ensinamento de grande alcance, o de que as imperfeições morais dão acesso aos Espíritos obsessores, e de que o meio mais seguro de livrar-se deles é atrair os bons pela prática do bem. Os Espíritos bons são naturalmente mais poderosos que os maus e basta a sua vontade para os afastar, mas assistem apenas aqueles que os ajudam, por meio dos esforços que fazem para melhorarem. Do contrário se afastam e deixam o campo livre para os maus Espíritos, que se transformam assim em instrumentos de punição, pois os bons os deixam agir com esse fim.

253. Mas é necessário evitar atribuir à ação direta dos Espíritos todas as nossas contrariedades, que em geral são consequência da nossa própria incúria ou imprevidência. Certo dia um lavrador nos mandou escrever que há doze anos todas as desgraças caíam sobre os seus animais. Ora morriam as vacas e deixavam de dar leite, ora morriam os cavalos, os carneiros ou os porcos. Fez muitas novenas que não remediaram o mal, o mesmo se dando com as missas que mandou rezar e com os exorcismos que mandou fazer. Acreditou, então, segundo as superstições do campo, que haviam feito algum mal para os seus animais. Julgando-nos sem dúvida com maior poder de conjurar que o padre da sua aldeia, pediu-

nos um conselho. Eis a resposta que obtivemos:

"A mortandade ou as doenças dos animais desse homem provêm dos seus currais infectados, que ele não manda limpar porque isso custa".

## Sucessos Barbara

E agora conheça outros títulos do autor Américo Simões, ditados por Clara, que falam de reencarnação para a evolução do espírito.

O resumo de cada título que você vai ler a seguir, revela apenas o essencial, para que o leitor se mantenha em suspense até o final da leitura, deliciando-se com as surpresas e impactos que terá a cada página. Pela mesma razão, pedimos a todos os leitores que nada revelem a seus colegas, amigos e familiares sobre as surpresas e emoções que terão ao longo de cada história.

## Quando o Coração Escolhe

O romance conta a história de um fazendeiro, político e severo que acha que só porque conseguiu fortuna e poder na vida, pode controlar seus filhos, netos e os demais a sua volta, inclusive a própria vida.

Os atritos em família começam quando Sofia se apaixona por um negro, despertando espanto e o racismo até então velado no coração de cada um. Quando todos lhe dão às costas, a revolta faz com que ela jogue para o alto todo o conforto, o *status*, os estudos e até mesmo sua herança para não deixar de viver esse grande amor.

Ettore, ao contrário da irmã, decide se tornar padre para se esconder da grande paixão que vive pelo melhor amigo, algo que também afrontaria todos.

Mas a vida dá voltas e nestas voltas a família Guiarone aprende que amor não tem cor, nem raça, nem casta, nem idade, nem religião. E que toda forma de amor também deve ser respeitada e vivida plenamente.

*Quando o coração escolhe* é porque a vida quis assim, porque só dessa forma os envolvidos poderão conhecer a evolução espiritual de fato!

## Suas verdades o tempo não apaga

No Brasil do Segundo Reinado, em meio às amarguras da escravidão, Antonia Amorim descobre que está gravemente doente e se sente na obrigação de contar ao marido, Romeu Amorim, um segredo que guarda durante anos. Sem coragem de lhe dizer olhos nos olhos, ela opta por escrever uma carta, revelando tudo, porém, para ser entregue somente após a sua morte. Romeu se surpreende com o segredo, mas, por amar muito a esposa, perdoa-lhe.

Tempos depois, os filhos do casal, Breno e Thiago, atingem o ápice da adolescência e para Thiago, o pai prefere Breno, o filho mais velho, o que o faz se revoltar contra os dois.

O desgosto leva Thiago para o Rio de Janeiro onde conhece Melinda Florentis, moça rica e de família nobre e europeia. Disposto a conquistá-la, trama uma cilada para afastar o noivo da moça e assim poder cortejá-la.

A ardente paixão entre os dois torna-se o centro das atenções da Cidade Maravilhosa; nenhum casal é tão perfeito quanto eles, julgam os cariocas. Mas quando Melinda descobre que o marido esconde algo de muito grave em seu passado, isso transtorna suas vidas. A paixão glamorosa torna-se um caos, mas as aparências devem ser mantidas para o bem de todos.

*"Suas verdades o tempo não apaga"* é um dos romances mais elogiados por leitores de todas as idades, casta e religião. Especialmente porque retrata o Brasil do Segundo Reinado, os costumes da época, os detalhes da cidade do Rio de Janeiro de forma realista e surpreendente e os horrores da escravidão.

## *Quando é inverno em nosso coração*

Clara ama Raymond, o humilde jardineiro, mas, aos dezessete anos, seu pai a informa de que chegou a hora de apresentar-lhe Raphael Monie, o jovem para quem a havia prometido em casamento desde que era menininha.

Clara e Amanda, sua irmã querida, ficam arrasadas com a notícia. Por tomar as dores da irmã, Amanda deseja sem pudor algum que Raphael morra num acidente durante sua ida à mansão da família.

Entretanto, quando Amanda conhece Raphael Monie, ela se encanta por ele e deseja que tivesse sido ela a prometida em casamento e não Clara. Se assim tivesse sido, ela poderia se tornar uma das mulheres mais felizes do mundo. Poderia haver um revés do destino?, pergunta.

*Quando é inverno em nosso coração* é um dos livros mais

elogiados da literatura espírita. Aborda a vida passada de cada um dos personagens, bem como as razões por terem sido unidos novamente na vida atual, para que o leitor compreenda o porquê reencarnamos ao lado das mesmas pessoas.

## Se Não Amássemos Tanto Assim

No Egito antigo, 3400 anos antes de Cristo, Hazem, filho do faraó e herdeiro do trono, se apaixona perdidamente por Nebseni, uma linda moça, exímia atriz. Com a morte do pai, Hazem assume o trono e se casa com Nebseni.

O tempo passa e o filho tão necessário para o faraó deixar como herdeiro do trono não chega. Nebseni se vê forçada então a pedir ao marido que arranje uma segunda esposa para poder gerar a criança, algo tido como natural na época.

Sem escolha, Hazem aceita a sugestão e se casa com Nofretiti, jovem apaixonada por ele desde menina e irmã de seu melhor amigo.

Não é somente o filho que Nofretiti quer dar ao marido, ela quer também destruir a primeira esposa, apagá-la para todo o sempre de seu coração para que somente ela reine ali.

Mas pode alguém apagar do coração do outro quem ele tanto ama? E tão facilmente?

**Se não amássemos tanto assim** é um romance que surpreende todos, a cada página, impossível de se adivinhar os rumos que a história vai tomar, especialmente seu final avassalador.

## A lágrima não é só de quem chora

Christopher Angel, pouco antes de partir para a guerra, conhece Anne Campbell, uma jovem linda e misteriosa, que se tornou muda depois de ter presenciado uma tragédia que abalou profundamente sua vida.

Os dois se apaixonam perdidamente e prometem se casar assim que a guerra tiver fim. Nos campos de batalha, Christopher, por momento algum, tira Anne dos pensamentos e anseia arduamente voltar para casa, para se casar com ela e ter os filhos com quem tanto sonham.

É ali que ele conhece Benedict Simons de quem se torna grande amigo. Ele é um rapaz recém-casado que também anseia voltar para a esposa que deixara grávida.

No entanto, durante um bombardeio, Benedict é atingido e antes de morrer implora a Christopher que ampare sua esposa e o filho que já deve ter nascido.

É assim que Christopher Angel conhece Elizabeth Simons e, juntos, descobrem que quando o amor se declara nem a morte separa quem tanto se ama.

*A Lágrima não é só de quem chora* é um romance imprevisível, sensível e emocionante do começo ao fim.

## Vidas que nos completam

**Vidas que nos completam** conta a história de Izabel, moça humilde, nascida numa fazenda do interior de Minas Gerais, propriedade de uma família muito rica e residente no Rio de Janeiro.

Com a morte de seus pais, Izabel é convidada por Olga Scarpini, proprietária da fazenda, a viver com a família na capital carioca. Izabel se empolga com o convite, pois vai poder ficar mais próxima de Guilhermina Scarpini, moça rica, pertencente à nata da sociedade carioca, filha dos donos da fazenda, por quem nutre grande afeto.

No entanto, os planos são alterados assim que Olga Scarpini percebe que o filho está interessado em Izabel. Para afastá-la do rapaz, ela arruma uma desculpa e a manda para São Paulo.

Izabel, então, conhece Rodrigo Lessa, por quem se apaixona perdidamente, sem desconfiar que o rapaz é um velho conhecido de outra vida.

Muitas surpresas e reviravoltas acontecem em meio a essa história contemporânea e comovente para lembrar a todos o porquê de a vida nos unir àqueles que se tornam nossos amores, familiares e amigos... Compreender também por que toda união é necessária para que vidas se completem e conquistem a felicidade que é um direito de todos.

## Ninguém desvia o destino

Heloise ama Álvaro e os dois se casam, prometendo serem felizes até que a morte os separe. Todavia, visões e pesadelos assustadores começam a perturbar Heloise. Seria um presságio ou lembranças fragmentadas de outra vida? De fatos que marcaram profundamente sua alma?

**Ninguém desvia o destino** é um romance de tirar o fôlego do leitor do começo ao fim, revelando que o destino traçado por nós mesmos em vidas passadas é o responsável pelas surpresas e reviravoltas que temos na vida atual.

## Só o coração pode entender

Tudo preparado para uma grande festa de casamento quando uma tragédia muda o plano dos envolvidos, o rumo de suas vidas e os enche de revolta. É preciso recomeçar. Retirar as pedras do caminho para prosseguir... Mas recomeçar por onde e com que forças? Então, quando menos se espera, as pedras do caminho tornam-se forças espirituais para ajudar quem precisa se reerguer e se reencontrar num mundo onde só o coração pode entender. É preciso escutá-lo, é preciso aprender a escutá-lo, é preciso tirar dele as impurezas deixadas pela revolta, para que se torne audível, límpido e feliz como nunca foi...

Uma história verdadeira, profunda, real que fala direto ao coração e nos revela que o coração sabe bem mais do que pensamos, que pode compreender muito mais do que julgamos, principalmente quando o assunto for amor e paixão.

## A Solidão do Espinho

Ele foi preso, acusado de um crime hediondo. Alegou inocência, mas as evidências o incriminaram. Veredicto: culpado! Sentença: prisão perpétua!

Na prisão, ele conhece a irmã de um dos carcereiros, que se apaixona perdidamente por ele e acredita na sua inocência. Visto que não há como prová-la, ela decide ajudá-lo a fugir para que possam construir uma vida juntos, uma família linda, bem longe da injustiça do passado.

O plano é posto em ação, ainda que o fugitivo tenha de viver escondido da polícia até que se prove sua inocência, algo pelo qual a mulher que tanto o ama, está disposta a lutar com unhas e dentes.

Este romance cheio de emoção e suspense, com um final arrepiante, nos fala sobre a estrada da vida que para muitos é cheia de espinhos e quem não tem cuidado pode se ferir. Sangrar! Só mesmo um grande amor para cicatrizar os ferimentos, superar desilusões, reconstruir a vida... Um amor que nasce de onde menos se espera e que nos leva para a felicidade tão almejada.

Uma história de amor como poucas que você já ouviu falar ou leu.

## Por Entre as Flores do Perdão

No dia da formatura de segundo grau de sua filha Samantha, o Dr. Richard Johnson recebe uma ligação do hospital onde trabalha, solicitando sua presença para fazer uma operação de urgência numa paciente idosa que está entre a vida e a morte.

Como bom médico, Richard deixa para depois a surpresa que preparara para a filha e para a esposa para aquele dia tão especial e vai atender ao chamado de emergência. Algo que vai mudar a vida de todos, dar um rumo completamente diferente do esperado, ensinar-lhes lições árduas...

**Por entre as flores do perdão** fará o leitor sentir na pele o drama de cada personagem e se perguntar o que faria se estivesse no lugar de cada um. A cada página viverá fortes emoções e descobrirá, ao final, que só **por entre as flores do perdão** podemos mesmo nos libertar dos lapsos do destino e renascer para a vida e o amor.

Um romance vivido nos dias de hoje, surpreendentemente e revelador.

## A outra face do amor

Verônica Linhares só conhecia a riqueza e o luxo. Não sabia o que era a pobreza tampouco fazia questão de conhecê-la. Tanto que jamais visitara as dependências dos empregados. Mas sua melhor amiga, Évora Soares era paupérrima e, mesmo assim, ela gostava dela, sempre gostou, sua condição financeira nunca prejudicou a amizade das duas como a própria Verônica pensou que aconteceria.

Quando Évora foi apresentar à amiga seu noivo, na esperança de que ela lhe conseguisse um emprego, ainda que de jardineiro na sua casa, Verônica olhou com grande interesse para o rapaz tímido e pobre que também não tinha, como se diz, onde cair morto. E foi a partir desse encontro que tudo mudou na vida dos três.

Prepare-se para viver fortes emoções com este romance favorito dos leitores.

## Sem amor eu nada seria...

1937. Explode a segunda guerra mundial. Um alemão, nazista, para proteger Sarah, sua mulher amada, uma judia, dos campos de concentração nazista, esconde-a num convento, onde ela conhece Helena, uma freira grávida, que guarda segredo sobre o pai da criança.

Por se achar uma pecadora e imoral, Irmã Helena pede a Sarah que crie seu filho como se tivesse nascido dela própria. Diante do desespero da mulher, Sarah acaba aceitando o pedido.

Helena, achando-se indigna de continuar no convento, abandona o lugar. Entretanto, ao passar por um bairro judeu, saqueado pelos nazistas, com pilhas e mais pilhas de judeus brutalmente assassinados, ela ouve o choro de um bebê. Em busca do seu paradeiro, encontra a criança agasalhada no meio dos braços de uma judia morta a sangue frio. Helena pega a criança, a amamenta e a leva consigo porque acredita que Deus a fez salvar aquele menino para se redimir do seu pecado. Assim, ela cria a criança como se fosse seu filho, ao lado de sua mãe, uma católica fervorosa.

É assim que a criança judia acaba crescendo no catolicismo e o filho de Helena, no judaísmo. O tempo passa e o destino une todos, no futuro, para mostrar que somos irmãos, não importando raça, credo, condição financeira ou religião.

## A vida sempre continua

Após a perda de um ente querido, Geórgia perde totalmente o interesse pela vida. Em meio à depressão, ela recebe uma carta, comunicando que sua tia Maila lhe deixara de herança, a casa no litoral onde vivera com o marido até o fim de seus dias.

Ainda que sem vontade, Geórgia se vê forçada a ir até o local para doar os pertences da tia e pôr a casa à venda. É assim que descobre algo surpreendente sobre a tia, faz novos amigos, ajuda muitos e descobre a razão por continuar existindo.

O romance "A vida sempre continua", inspirado numa história real, leva o leitor a descobrir junto com a personagem principal da história, que há amigos espirituais, invisíveis aos nossos olhos, nos amparando constantemente.

Um romance espírita maravilhoso. Emocionante e inesquecível.

## Falso Brilhante

Marina está radiante, pois acaba de conquistar o título de Miss Brasil. Os olhos do mundo estão voltados para sua beleza e seu carisma.

Ela é uma das favoritas do Concurso de Miss Universo.

Se ganhar, muitas portas lhe serão abertas em termos de prosperidade, mas o que ela mais deseja, acima de tudo, é ser feliz ao lado de Luciano, seu namorado, por quem está perdidamente apaixonada.

Enquanto isso, Beatriz, sua irmã, se pergunta: como pode alguém como Marina ter tanta sorte na vida e ela não? Ter um amor e ela ninguém, sequer alguém que a paquere?

Pessoas na cidade, de todas as idades, questionam: Como pode Beatriz ser irmã de Marina, tão linda e Beatriz, tão feia, como se uma fosse um brilhante e a outra um diamante bruto?

Entre choques e decepções, reviravoltas e desilusões segue a história dessas duas irmãs cujas vidas mostram que nem tudo que reluz é ouro, nem tudo que brilha é brilhante e que aquilo que ainda é bruto também pode irradiar luz.

## *Paixões que ferem*
### 1º livro da trilogia Paixões

Roberto Corridoni e Liberata Nunnari se conheceram a bordo do navio que trazia suas famílias para o Brasil em busca de prosperidade, uma vida mais farta e digna para todos. Jamais pensaram que essa mudança pudesse transformar seus destinos como aconteceu, despertando tanto paixão quanto ódio na mesma intensidade no coração de todos.

Todavia, por mais dissabores que tenham provado, o destino incumbiu-se de unir todos para se libertarem dos desagrados e excessos da paixão, encontrarem, enfim, a felicidade tão almejada.

O romance "Paixões que ferem", o primeiro livro da trilogia "Paixões", fala do poder do amor, unindo casais e mais casais para que cada um de nós nasça e renasça ao longo da vida. Fala também do desejo carnal que cega todos, muitas vezes sem medir as consequências, e do ciúme e frustração por querer um amor não correspondido.

## *O lado oculto das paixões*
### 2º livro da trilogia Paixões

Nesta surpreendente e comovente história, o leitor conhecerá os rumos que os personagens do livro "Paixões que ferem" tiveram, as conquistas alcançadas, as feridas que conseguiram curar com reencontros e amor verdadeiro, provando que as

paixões atravessam vidas, e são, para muitos, eternas.
Uma obra surpreendente e comovente, respondendo muitas das perguntas que fazemos em relação a nossa existência ao longo da vida.

## *Eternidade das paixões*
3º e último livro da trilogia Paixões

Em **Eternidade das paixões**, continuação do livro "O lado oculto das paixões" o leitor vai se emocionar ainda mais com a saga das famílias Nunnari e Corridoni.

Numa nova encarnação Roberto reencontra Inaiá para uma nova oportunidade de aprendizado no amor e no convívio a dois. Entretanto, quando nascem os filhos, Roberto acaba se esquecendo dos bons conselhos de sua mãe, voltando a ser novamente um homem severo e impiedoso, condenando-se a crescer espiritualmente pela dor que ele insiste em ser sua maior mentora.

Mais tarde, no Brasil da época do regime militar, todos que tomaram parte nessa história voltam a se reencontrar, para que juntos possam transpor obstáculos antigos, renovar o espírito, evoluir... Comprovar mais uma vez *a eternidade das paixões*.

## *Depois de tudo, ser feliz*

Greta tinha apenas 15 anos quando foi vendida pelo pai para um homem que a desejava mais do que tudo. Sua inocência não lhe permitia imaginar o verdadeiro motivo da compra.

Sarina, sua irmã, quis desesperadamente ir atrás dela para salvá-la das garras do indivíduo impiedoso, mas o destino lhe pregou uma surpresa, ela apaixonou-se por um homem cujo coração já tinha dona, uma mulher capaz de tudo para impedir sua aproximação.

Em meio a tudo isso, ocorre uma chacina: jovens lindas são brutalmente mortas e Rebecca, a única sobrevivente do caos, quer descobrir quem foi o mandante daquilo para fazer justiça.

Noutra cidade, Gabael, um jovem cujo rosto deformado por uma doença misteriosa, vive numa espécie de calabouço para se esconder de todos que olham horrorizados para ele e o chamam de monstro.

Num vale, Maria, uma linda menina, tenta alegrar todos os confinados ali por causa de uma praga contagiosa, odiada e temida pela humanidade, na época.

Dentre todos os acontecimentos desta fascinante e surpreendente história que se desenrola na época em que Jesus fez inúmeros milagres e marcou para sempre a história do mundo, os personagens vão descobrir que, por mais triste e desafiadora que possa ser a nossa vida, o que nos resta mesmo, depois de tudo, é procurar ser feliz.

### Amando em silêncio

Você acredita em destino?

A mulher que se tornou a grande paixão da minha vida me disse que havia sido o destino que nos unira e eu acreditei, até alguém suspeitar que fora ela quem arquitetara o nosso encontro. Não pode ser, se me amasse de verdade não teria feito o que complicou tanto as nossas vidas a ponto de destruir minha imagem perante a minha família.

Mas desde quando, todos que amam e se apaixonam intensamente jogam limpo quando o sua felicidade afetiva está em jogo? Verdade. Mesmo assim, continuei acreditando nela, pois para mim, ninguém tem o poder de manipular o destino.

Contanto, se o destino quis assim, o que estaria querendo nos ensinar obrigando-nos a viver amando em silêncio?

### O doce amargo da inveja

Em "O Doce Amargo da Inveja", vamos conhecer a família de Belinha, uma mulher que nunca desistiu da vida, mesmo nas piores circunstâncias e, por isso, teve êxito no amor, com o marido e os filhos, algo que incomodou profundamente os que acreditam que só podem ser felizes, destruindo a felicidade alheia.

Pessoas que não sabem que o amor, a paz, a sorte, a felicidade, tudo, enfim, que há de bom na vida e está para todos por igual, só depende da escolha certa de cada um para que se manifeste no seu dia a dia. É isso que podemos aprender, mergulhando neste romance de profundos ensinamentos para uma vida mais feliz, repleta de amor e bom humor e saúde física e espiritual.

## MAIORES INFORMAÇÕES
## WWW.BARBARAEDITORA.COM.BR

Para adquirir um dos livros ou obter informações sobre os próximos lançamentos da Editora Barbara, visite nosso site:

www.barbaraeditora.com.br
E-mail: barbara_ed@estadao.com.br

ou escreva para:
BARBARA EDITORA
Rua Primeiro de Janeiro, 396 – 81
Vila Clementino – São Paulo – SP
CEP 04044-060
(11) 26158082
(11) 992084999
(11) 55815472

Contato c/ autor: americosimoes@estadao.com.br
Facebook: Américo Simões - romances
Blog: http://americosimoes.blogspot.com.br